고대일본은 한국의 분국

고대일본은 한국의 분국

초판 1쇄 인쇄 2021년 7월 15일
초판 1쇄 발행 2021년 7월 20일

지은이 이대구
펴낸곳 한가람역사문화연구소

등록번호 제2019-000147호
주소 서울특별시 종로구 김상옥로 17 대호빌딩 신관 305호
전화 02) 711-1379
팩스 02) 704-1390
이메일 hgr4012@naver.com

ISBN 979-11-90777-24-7

값은 뒤표지에 있습니다.

고대 일본은
한국의 분국

한가람역사문화연구소

차례

고대 일본은
한국의 분국

Ⅲ. 천황족의 동진과 기비지방의 가야 왕국

Ⅳ. 일본으로 건너간 백제인, 백제 천황국

고대 일본은
한국의 분국

VI. 남만주의 지배자 고구려

VII. 맺음말

머리말

오래 전에 우연히 일본작가의 책「백제화원(百濟花苑)」이라는 제목에
이끌리어 읽어보는 가운데 기억나는 인상적인 작가의 말은

"나는『일본서기』를 읽으면서 '백제궁(百濟宮)'이라는 이름을 처음 발견
했을 때만큼 큰 충격을 받은 적이 없었다. 자기나라의 수도에 있는 궁전
에 외국의 이름을 붙이다니, 도무지 전례를 찾을 수 없는 일이다.
게다가 수도 안에서 장대한 가람(절의 큰 건물)을 자랑하는 큰 절의 이름
이 '백제대사(百濟大寺)'였다 그리고 각지의 절에 안치되어 있는 것은 '백
제관음(百濟觀音)'이었고, 또 수도 안에는 백제인(百濟人)들이 살고 있었
다. 이런 것들로 미루어 볼 때 백제인들이야말로 일본의 지배자였다고 생
각하는 것이 자연스럽지 않을까."[1] [2]

지은이 우다 노부오(宇田伸夫)의 소설 『백제화원(百濟花苑) : 일본은
백 제의 꽃밭이었다.』라는 책에 나오는 내용이다. 1996년에는 수수께끼

1 우다 노부오(宇田伸夫) , 『백제화원(百濟花苑)』, 1999년, 디자인하우스, p. 4
2 『일본서기』「서명기」(11년 추7월), 秋七月詔曰, 今年, 造作大宮及大寺. 則以百濟川側爲宮處. 是以,
   西民造宮, 東民作寺, 便以書直縣爲大匠. 同王, (13년동10월) 天皇崩于百濟宮. 丙午, 殯於宮北,
   是謂百濟大殯. 是時, 東宮開別皇子, 年十六而誄之.

의 시대로 알려진 한·일고대사와 일본천황의 비밀 그리고 일본의 왕실의 역사를 파헤친 야심작 백제화원을 출간하여 화제가 되었다. 이처럼 한일 고대사는 밀접한 관련을 가지고 있다. 이 한일고대사에서 2가지 관점이 있는데, 첫째는 국내 역사학자의 역사관이 있고, 현재 이 설이 주류학설이 되고있다. 두번째는 고구려, 백제, 신라, 가야가 일본열도에 진출해서 세운 분국설이 있다.

첫째, 국내 역사학자의 역사관과 그 현실

우리는 이웃 일본은 언제나 가까우면서도 먼 이웃이라 하며, 일제강점 기는 우리에게 역사상 가장 치욕적이고 씻을 수 없는 불명예로, 거북하고 잔인한 기억으로 남아 있다.

그러나 우리는 다시 한 번 뒤돌아보고 생각해 보아야 할 것이 우리는 해방이 된지 1세기가 다가오는데 진정 씻을 수 없는 잔인한 이 시간을 어떻게 무엇을 그리고 진정한 우리의 반성은 무엇이었는가. 일본에 대해 무얼 얼마나 알고 있는 것일까?

역사적인 반성의 이력을 역사학자들에 의해 증명되고 제시하여야 할 것들이 우리 이들(요즘 속칭 식민사학자들을 갱단이라고 한다)에게 속았다.

국가적인 정체성이나, 민족의 자존심까지 팔아버린 이 역사(강단사)학자들은 식민찌꺼기를 고스란히 이어받아 나라를 대표하여 국민을 속이고 마치 국양(國讓)이라도 해버릴 격이 마치 대한제국을 갖다 바친 이완용과 76인들처럼 하고 있는 것이 강단사학자의 현주소이다.

현재 국내에서 이루어지는 작태를 보면 독립한지 75년이 되었다고 하지만 대한민국에서 정부(교육부, 외교부)비롯하여 국민세금으로 집행되는 정부투자기관(동북아역사재단, 한국학중앙연구원, 국사편찬위원회)이 앞장서서 우리강역을 팔아먹는 역사를 조장하고 있다. 일제의 식민사관에 반하는 책자의 발간을 출판 금지시키는 행태가 바로 문재인 정부의 현실 정이다.

동북아 역사재단의 막대한 국고 47억을 들여서 고대 한국 고대지도집 의 발간이 한가람 역사문화연구소의 문제의 제기로 중단된 경우라든지, 한국학중앙연구원의 하버드대학에 10억 투자해 강역을 팔아먹는 고대 사 프로젝트의 중지사업이나 교육부의 최근의 일제강점기의 독립운동가 인 민족지도자들의 역사관과 국가건설론 연구의 일환으로 추진하던 사업 중 독립유공자의 후손이 쓴 김병기의 『이병도 신석호는 해방 후 어떻게 한 국사학계를 장악했는가』, 이덕일의 『한사군은 요동에 있었다』, 임종권의 『한국 실증주의 사학과 식민사관』, 재중교포가 쓴 임찬경의 『독립운동가 가 바라본 한국고대사』의 저서들을 출판 금지시키고, 연구비 환수조치를 내리고 있는 매국적인 행위를 하는 현 문재인 정부의 교육부와 정부투자 기관과 언론의 카르텔로 뭉쳐서 하나 되어 한가람역사·문화연구소 죽이 기에 하나같은 억압이 현재 대한민국의 실태이다.

동북아 역사지도사업에서 독도가 삭제된 지도사업이 한가람 역사문화 연구소의 문제의 제기로 고대사 지도발간사업은 다행히 폐기되었는데, 이 정부가 들어오면서 동북아 재단이사장의 취임인사가 폐기된 고대사 지도 발간사업이 외부의 압력(한가람 역사문화연구소)에 의해서 폐지된 사업 을 다시 발간하겠다는 발언이었다.

실정이 이러니 정상적인 국민이라면 제정신 아니고서는 통탄해 하지 않 을 수 없는 것이 정상적이라 볼 수 있느냐 말이다. 이런 실태를 보면서 맘 을 가다듬고 이에 다시 한번 우리의 역사를 뒤돌아보고 고대 역사의 흐름 을 알아보고 진정한 우리는 일본에 대한 어떤 나라였고. 어떠한 영향을

고대 일본은
한국의 분국

주었을까.

그래서 지금까지 30여 년간 관련 서책들을 보아 온 결론은 역사학자들의 주장이 마냥 터무니없는 임나일본부이니 한사군설이니 하는 양론이 모두 식민사학의 씻을 수 없는 상흔이 된 기억속에서 지워버리고 싶은 기억들이 하나의 애잔한 시공간의 결과이었다는 것이 쓰라린 아픔으로 새겨져 오고 있다.

뼈저린 아쉬움과 함께 다시 우리의 궁금증을 안고 지금까지 일본의 관찬서인 『일본서기』에 한반도의 남부지방을 신공왕후때부터 대가야가 멸망할 때까지 200여 년간 남한의 일부를 지배했다는 임나일본부설이 최근까지 마치 정설이 되다시피하고 지배적인 사실로 취급되어 왔었다.

이에 대한 진실을 파악하기 위하여 필자는 이 분야의 연구자의 연구논문과 일본의 전세기(前世紀 : 1900년대의 발굴 및 관련자료)에 연구관련 자료와 현지답사 등을 통해서 강단사학자 말대로 임나일본부가 사실인지 아니면 일찍부터 분국론을 주창한 북한의 사학자 김석형의 분국론이 사실인지 연구하였다.

역사는 창조적인 학문이 아니다. 흘러온 역사적인 흐름을 자연스럽게 사실(史實)을 기초한 탐구하는 학문이다. 여기에는 역사학자의 전유물이 아니다, 국민 모두가 알아야 하고 그래야 살아있는 민족이 되고 "역사를 잊은 민족은 미래가 없다"고 하였다.

역사는 인간만이 만들어낼 수 있는 산물이다. 그래서 역사를 신채호선생은 이렇게 말했다.

"「아」와 「비아」와의 투쟁이다

…… 「비아(非我)」를 정복하여 「아(我)」를 드러내면 투쟁의 승리자가 되

어 미래역사에서 그 생명을 이어가고, '아(我)'를 소멸시켜 「비아(非我)」

에 공헌하는 자는 투쟁의 패배자가 되어 역사에 그 흔적만 남기는데 이

는 고 금이 역사에서 바뀔 수 없는 원칙이다" [3]

  그래서 일본 고대국가에 대한 올바른 시각을 갖기 위해서는 문화적인
배경과 지리적인 특성, 인간집단의 구성, 그 흐름의 배경도 알아야 하고,
일본원주민과 일본으로 이주한 이주민을 구별하고 양자의 수와 문화, 수
준의 정도를 비교하고 동시에 그 이주민의 본래의 국적이 밝혀져야 할뿐
만아니라, 일본국사(日本國史)의 연구와 승문(繩文 : Jomon)·미생(彌生
: Yayoi)시대를 포함하는 일본고대사와의 흐름에 엄격히 구별되고 인식하
여야 한다.

  따라서 다음과 같은 시각도 아울러 가져야한다며. 일찍이 최재석 교수
는 「백제의 대화왜와 일본화 과정」에서 아래와 같이 제시하고 있다.

  "일본 고대 국가의 영역의 범위와 동시에 일본열도 각지에 존재하는 수많

  은 독립된 소왕국 내지 소군주의 실체의 파악, 대화왜의 해상 수송 수준

  내지 능력, 그리고 일본에서의 이주민 형태 즉 개별이주인가, 집단이주인

  가에 주의를 요할 필요가 있다. 그리고 일본의 정부에서 주관한 관찬서인

  『일본서기』의 올바르게 분석하는 시각이 필요하다." [4]

---

3 신채호, 『조선상고사』, 비봉, 2014, p 24, 26.
4 최재석, 『백제의 대화왜 와 일본화 과정』, 일지사, 1991, p. 12.

하나의 예를 들면 일본 동경대 하니와라 가즈로우(埴原和郎)교수는 인류학적 징표와 언어학적 구성을 통해 본 시각에서 서기 700년 현재 일본으로 건너간 이주민과 일본원주민의 수를 추정하여 이주민과 일본원주민의 수의 비율은 80~90%대 10~20% 라는 견해를 발표하였다.[5]

여기에서 이주민의 국적은 밝히지 않고 한반도를 경유한 아세아 대륙인이라고만 하였다. 이는 『일본서기』를 읽는 사람이면 누구나 한국에서 간 이주민 이라는 것은 말할 필요도 없이 자연스럽게 이주민의 대부분이 한민족(韓民族)이였음이 확인된다.

일본의 고대 한반도 남부지방일대를 지배하였다는 임나일본부설에 대응하는 일본 분국(소왕국, 소군주)이였는가를 옛날 일본열도에 고고학적인 연구를 토대로 볼 때 급격한 변화를 가져온 시기인 미생전기시대(BCE 3세기~BCE 1세기)인 중국의 전국시대 말~진~전한 초기에 해당하는 시기로 이 무렵에 북지나·만주·한반도의 넓은 영역에서 다수의 종족국가의 형성하였던 시기인 반면으로는 고조선족의 수난기였다.

연(燕)의 장수 진개(秦開)에 의해 나라가 위축되고(BCE 280), 우북평·어양·상곡의 땅을 떠나 동북지방으로 이동한 번조선인, 진시황의 장성역(長城役) 및 한 무제의 침략을 이겨내지 못하고 만주 한반도로 이동한 회(淮)(하남성)와 대(岱)(산동성)지방의 고조선인과 위만조선인 등에 의하여 만주와 한반도지역에서는 커다란 동요가 일어났다.

둘째, 일본열도는 삼한사국(가야 ·백제·신라·고구려)의 분국이었다.

BCE 200년경부터 시작된 일본의 미생문화는 바로 이러한 여파에 의한 결과였다. 미생중기는 만주~한반도에 있어서는 삼한 사국의 건설기였다.

---

5 하니와라 가즈로우(埴原和郎), 『일본인의 기원』, 편저 배기동역, 1992, p. 13.

북부여로부터 남하한 고주몽은 남만주 광녕~요동반도지방에서 고구려를 건설하였고, 발해만의 대방(오늘날 요녕성 금주 남쪽)에서 축출된 온조는 경기도 광주지방에서 백제국을 건설하였고, 산동반도와 낙랑지방으로부터 이주해 온 박혁거세는 신라를 건설하였다.

아직 이 부분은 좀 더 깊은 연구가 필요하다(박혁거세가 건설한 신라는 어딘가?, 백제가 건설한 비류백제는 어딘가? 등등). 새로운 국가의 출현은 그 지방의 기존세력의 소멸을 요구하였다. 즉 고구려의 건국은 12개국을 희생시켰으며, 백제의 설립으로 마한 50여국이 그 모습을 감추었고 신라의 형성으로 20여국이 멸망하였다.[6]

미생중·후기는 만주와 한반도의 고조선인들이 무리를 이루어 조수(潮水)처럼 일본열도로 밀려간 시기였다. 고조선인의 일본열도로의 이주는 다음과 같은 경로를 통하여 이루어졌다고 한다.

1) 서남해안(西南海岸)~대마도(對馬島)~일기도(壹岐島)~북구주(北九州)

2) 영일만(迎日灣)~목출도(木出島)~풍도(楓島)~은기도(隱岐島)~출운 지방(出雲地方)

3) 영흥(永興)·함흥만(咸興灣)~좌도도(佐渡島)~월전(越前)·월후지방(越後地方)

4) 나진만(羅津灣)·연해주(沿海州)~출우(出羽)·육오지방(陸奧地方)

대륙으로부터 축출되어 일본열도로 건너온 세력은 거기에서 먼저 도착한 고조선인 세력과 투쟁을 거친 다음 새로운 정권을 세울 수 있었다.

---

6 문정창, 『한국사의 연장 고대일본사』, 인간사, 1989, p. 257.

미생토기의 시기를 분초상황으로부터 추론해 보면 이 시기에 관동~육오 지방에도 삼한사국인의 정권이 성립되었을 것으로 생각되지만 『일본서기』에는 기록되어있지 않다. 미생문화인(고조선인)은 과거 수 천 년간 중국 한족에 굴하지 않는 강인한 종족으로 일본열도 내에 고립적이고 정체된 상태에서 지내 온 승문문화인(아이누인)을 개명시키고 문화를 발전시킨 현격한 문명을 창출해 낸 선진적인 문화를 소유한 종족이었다. 문화적인 상징적 유물이 요령식 세형동검과 다뉴세문경이다.

인류의 문명은 하나의 권역 즉 문명권을 이루어 생성하고 발달한다. 그리하여 문명의 교류는 곧 문명권간(文明圈間)의 교류라고 말할 수 있다.

영국의 저명한 문명사학자 토인비(Arnold Toynbee, 1889~1975)는 지금까지 인류가 창조한 문명(문명권)을 모두 30개로 헤아렸다.

그 중 성장도중 정체된 정체문명(停滯文明) 5개와 태어나기 전에 죽어버린 유산문명(流産文明) 4개를 제외하면 제대로 성장한 성장문명(成長文明)은 모두 21개다.

이 성장문명(成長文明)중에서도 14개는 이미 사명을 다한 사문명(死文明)이고, 지금(20세기) 살아 숨쉬는 생존문명(生存文明)은 고작 7개(인도·이슬람·극동·비잔틴·남동유럽·그리스정교·서구문명)뿐이라고 하였다.[7]

마지막으로 일본의 2대 역사사기꾼인 스에마스 야즈가즈(末松保和)의 임나일본부설은 있을 수 없는 역사적 사실을 스에마스가 고대 삼한사국의 흐름의 맥을 잡지 못 했든지 아니면 그 사실들은 황국사관에 철저히 조작된 타율성의 이론과 제국사관이었다.

흔히 말하면 이들은 조작된 역사를 제물로 삼는 시대적 사기꾼들이다.

7 정수일, 『고대문명교류사』, 사계절, 2010, p. 15.

그것은 한마디로 엉터리임을 문명·문화의 흐름과 흔적이 그것을 증명해 주고 있음이다. 그 대표적인 실례가 사국중 가야가 가장 먼저 일본으로 건너가 일본열도 전역에 가야지명이 광범위하게 펴져 있음에도 이를 극구 외면하고 있는 까닭일 것이다. 여기에 역사학자들은 아직까지 한마디의 변명이나 철의 왕국 가야라고 하면서도 그 사유를 밝히지 않고 국민을 기만(欺瞞)하고 있다.

그러면 일본열도 내 한반도의 사국(四國:가야·백제·신라·고구려)의 분국의 수는 얼마나 될까. 이 책의 끝머리에 제시하였다. 정치와 권력의 상징성으로 표출되는 일본열도내의 무덤의 분포 및 무덤떼, 『위서』의 대·소국의 규모를 감안하고 『송서』의 상표문 등을 고려해 볼 때 사국에 의한 분국의 수는 좀 더 연구해보아야 하겠으나 『삼국지』「위서」(동이전)의 나라의 규모를 감안해 보더라도 개략 수 백여 개 이상의 분국에 이르지 않을까 생각한다,

그리고 잃어버린 철의 강국인 가야의 모습을 찾아보려 각종의 문헌을 조사하고 관련지역을 수차례에 걸친 국내답사(고령·김해·함안·부산·창령) 등지와 일본의 후꾸오카를 시작으로 세도나이까이연안, 오카야마, 오오사카 등의 여러 곳의 신사와 유적을 둘러본 정리 끝에 오는 소감은 정말로 이렇게 황망하게 치밀어 오르는 이유를 누구의 탓이라고 해야 할까?

다시 말하면 대한민국 내 뿌리 깊게 박혀있는 국내역사(식민사)학자라는 자들을 욕하지 않을 수 없는 배신감, 특히 선(先) 가야인에 대한 위대함을 하나의 단적인 예를 들면 일본열도 내의 가야에 연원을 둔 지명이 열도 전체(북해도 제외)의 80% 이상을 점하고 있음을 보아도 알 수 있듯이 독자 분들이 읽어 가는 4국의 역동적 활동의 내용들이 모두 그 저변에는 가야를 토대로 하고 있음을 알게 될 것이며, 이는 상식적으로 생각해

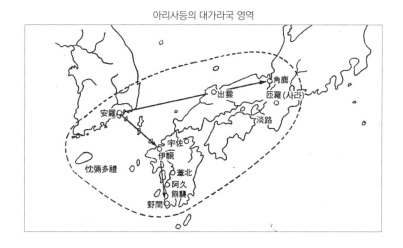

아리사등의 대가라국 영역

도 아침에 일어나면 눈앞에 저편 바다 건너에 떠오르는 섬을 일찌감치 신천지 '꿈의 땅, 미지의 꿈'과 희망을 찾아 나섰던 것이다. 그런데 지금까지 보아온 역사학자들의 행태에 세월이 무상하리만치 거꾸로 배워 온 타성의 역사관이었다.

4국 중 가야는 가장 먼저 열도를 개척하였고 이는 야요이문명시대부터 고분문화시기인 초기 3세기까지는 일본열도가 가야의 무대였다. 그래서 아라사등이 기기(紀·記)상의 최초로 보이는「숭신기」에 임나국인(任那國人)은 소나갈질지(蘇那曷叱智)란 이름으로 되어 있고,「수인기」에는 아라사등의 이명(異名)으로서 소나갈질지(蘇那曷叱智)(소·나·가시지), 도노아라사등(都怒阿羅斯等) (쓰누가·아라·시도), 우사기아리질지(于斯岐我利叱知)(우시·기·아리·시지), 등 셋이다.[8]

가라왕으로서 의부가라국왕자, 우사기아리질지간기(于斯岐我利叱知干岐)는 대가라국의 왕자로서 웅습국(소나라)을 개척한 안라의 시지왕이 되었다.

---

8 『일본서기』「숭신기」(65년조),「수인기」(2년 시세조)

이는 가라에서 구주남부에 있던 웅습국까지 아라사등의 지배영역임을 말해주고 아라사등이 개척 관장한 영역을 말하면 안라를 본거로 한반도의 남부지역 일대와 바다 건너는 왜의 서남부 전역과 후꾸이(福井)지역까지를 포괄하는 큰 나라였던 대가라국(大加羅國)은 바로 천황국 그 자체였던 것이다.

끝으로 이 책이 나오기까지 옆에서 갖은 어려움을 마다 않고 꿋꿋하게 지켜 보아준 내자에게 더 말할 수 없는 고마움을 생각하며 한창 재롱스럽고 어느 새 믿음직하게 취학 년령이 된 준서랑, 귀여운 손녀 서희와 함께하지 못한 것에 못내 안스러움으로 남지만 더 재미있는 미래를 기약하고,

그리고 이 책이 완성되는데 힘이 되어준 한가람 역사문화연구소의 노고에 깊이 감사하며, 흔쾌히 출판을 허락한 한일사 천경호사장께 특별한 사의를 드리며 우리는 광복 75주년을 맞는 지금도 총독부사관에서 벗어나지 못하고 식민사학에 관련하여 비판하는 연구서들이 정부기관으로부터 출판금지를 당하는 현실에 독립된 한국 문민정부라고 할 수 있냐고 통탄할 뿐이다.

한반도내의 한사군설, 임나일본부라는 사대주의적 사고와 식민사관이 버젓이 살아있는 현실이 하루 빨리 종식되고, 이제 21세기에는 우리의 사실적인 역사의 흐름을 사실대로 연구하는 실증주의적인 사관으로 보고 사대주의 사관과 식민사관으로부터 벗어나 인류의 시원문화를 가진 우리 역사를 우리의 관점에서 우리의 사관을 보는 미래의 인류에서 당당하게 홍익세계와 재세이화로 펼쳐지는 세상을 바란다면 지나친 과욕일까? 더 이상 바람이 없을 것 같다.

2020년 11월 20일

바람들이길 일우(一隅))에서 이대구 씀

I

개설

1. 일본인의 조상 야요이인과 고대 한반도인

삼한4국(사국: 가야, 백제, 신라, 고구려)의 이주민들은 일본열도로 부단하게 진출했다. 진출의 시기는 정확히 알 수는 없지만 이른 시기부터 진출했을 것이다. 왜냐하면 일본열도는 가야인이나 신라인들에게는 일상의 생활속에 언제나 아침이면 바다속의 보물처럼 신비의 세계를 간직한 보물섬처럼 보였을 것이기 때문이다.

그러나 역사학자들이 말하는 방식으로 간주하여 일본인 조상은 대륙으로부터 건너갔는데 그 중 신석기인 죠몽인은 일본 열도가 신비의 세계를 간직한 보물섬처럼 보였을 것이기 때문이다. 역사학자들은 일본인들의 조상은 대륙으로부터 여러 차례에 걸쳐 파상적으로 일본열도로 건너갔다고 말한다.

그 중 신석기인 죠몽인은 시베리아 동부로부터 이동해 한반도 동해안을 따라 내려와서 서기전 8000~7천여년경부터 동해안과 현해탄을 건넜다. 이 사람들이 가장 먼저 일본열도로 건너간 제1파이다.

그 후 BCE 3세기부터 한반도 남부에 정착했던 고조선족(요녕문화인)의 일부인 '전기(선)가야인'이 바다를 건너 북큐슈로 들어가 제2파인 야요이인이 되었다. 전기(선)가야인은 중국 하북 지방과 만주 요령지방에서 요령청동기문화권을 형성하고 고조선을 세웠던 맥족으로, 그중 일부가 한반도 중부와 남부로 이동한 뒤 가야의 전신을 이루었는데 그들 일부가 다시 남해안으로 내려왔다가 점차 북큐슈로 건너갔다는 것이다.

대략 서기전 4~3세기인 야요이 문화시기부터 시작하여 한국에서 삼국이 종말을 고하는 7세기 중엽까지이다. 약 천 년 간에 걸친 한국이주민들의 지속적인 진출은 일본의 역사발전에 큰 영향을 주었다. 이 천년 간 일본으로 건너간 한국의 문화는 줄곧 선진적이었다.

야요이시기는 물론 일본의 고분문화(3~7세기)도 한국적인 색채가 짙은 한국적 성격의 문화였다. 적어도 야요이 초기에 한국이주민들의 집단적 진출이 있었던 것은 확실하다.

산성을 비롯한 고고학적 유적유물들이 이를 말해줄 뿐 아니라 오늘날 일본에 남아 있는 무수한 한국 계통 지명들도 한국인들이 일본열도 진출이 이 두 시기에만 국한 되지 않았다는 것을 말해준다.

서기전 8,000~7,000년경부터 시작된 일본의 죠몽문화(신석기)는 기원전 4~3세기경에 와서 야요이 문화로 교체됐다. 7~8천년 동안 거의 큰 변화발전 없이 미미하게 흘러오다가 갑자기 사회경제적 발전을 가져온 직접적 계기는 무엇이었던가? 그것은 한국이주민 집단의 적극적인 진출과 활동의 산물이었다. 한국인들 활동에 의하여 일본은 원시적인 오랜 잠에서 깨어났다.[1]

한국이주민들의 본국과의 관계는 서기전 4~2세기부터이다. 그러나 이 시기 조일관계를 전해주는 일본측 기록은 없다. 이 관계를 전해주는 유일

---

1 조희승 『초기조일관계사(상)』, 사회과학사, 1988, p. 2

한 기록이라고 생각하는 『삼국사기』를 통해서 알 수 있는 사건들은 설화적인 것들을 포함해서 서기 전후 시기로부터 5세기 말까지의 기록들이다. 그리고 역사적인 기록인 고고학적 유물뿐이다.

『삼국사기』가 전하는 조일관계사들은 서기 전·후 시기부터 시작되며 7세기말로써 일단락을 짓게 된다. 이 시기에 일본땅으로 이주해간 한국인들은 자기들이 살던 본국 고장의 이름을 따서 이주해 가서 사는 마을과 고을, 소국에 붙였다.

일본열도 서부 도처에 굵직굵직한 것만 해도 가라, 아라, 시라기(신라), 고마(고구려), 구다라(백제) 등의 한국이름이 붙은 마을, 고을, 소국들이 생겼다. 이들 전기 가야인들은 일본큐슈로 건너가 청동단검과 적갈색 무문토기로 상징되는 야요이토기문화를 이륙했는데, 이 사람들이 야요이인(彌生人)이다.

야요이 후기시대가 끝나는 4세기말에서 5세기 초에 한반도 남부에 고구려 대군이 남하하던 시기를 전후하여 백제인과 후기 가야인들이 다시 대거 일본열도로 건너갔다. 이들이 가와찌(河內)와 나라(奈良)에 역사시대를 열고 일본의 고대국가를 형성하는 제3파로 일본의 이른바 고분(古墳)시기를 담당했던 사람들인데, 이들이 고분인들이다.

일본이 국가형태를 가지기 시작하는 것은 제3파인 고분인들에 의해서였다. 이들은 이주 초기부터 본국과 접촉했을 것인데, 북한의 김석형은 한국에서는 이들을 왜 또는 왜인이라고 불렀지만 처음에는 이들이 살던 고장 등의 이름으로 불렸을 것으로 보고 있다.

이 한국계통의 마을, 고을, 소국들과 거기 사는 사람들은 한국에서 볼 때에는 왜 또는 왜인이며, 일본땅에서 일본(야마또)을 중심으로 놓고 볼 때에는 가라, 시라기, 고마[2], 구다라였다는 것이다. 김석형은 야요이시대 북큐슈에는 이도국이란 소국이 있었고, 다른 여러 곳에 가라, 구다라, 미마나(임나), 시라기, 고마가 있었다고 본다.

북큐슈의 백제소국은 후꾸오까현의 야메시(八女市)와 구마모도현 다마나(玉名)군과 아시기다(葦北)군을 중심으로 하는 일대에 있었고, 가라소국은 후꾸오까현 이도시마(糸島)군과 무나가다(宗像)군을 중심으로 하는 일대에 있었고, 신라소국은 같은 현 다가와(田川)을 중심으로 있었던 것으로 본다.

시마네현 이즈모시(出雲市) 부근에는 신라소국이 있었는데 히노가와(檜之川) 하류 일대이거나 마쯔에(松江)시가 있는 옛 오우(意宇)군 일대로 추정된다. 김석형은 백제, 신라, 가라 등 한국 고대 국가들과 이들이 북큐슈, 이즈모 지방에 진출해 세운 소국들과의 관계는 매우 오래되었으며 교류형태도 다양했는데, 『삼국사기』의 5세기 이전의 왜관계기사가 이 관계를 전한다고 해석하고 있다.[3]

2. 삼한의 천황족·천신족 모두 일본으로 가다

『일본서기』의 신대기는 상하 11단으로 되어 있는데 그 내용을 보면 크게 천황족이 고천원에서 북구주로 현해탄을 건너는 모습, 북큐슈에서 천손족 4대의 모습, 천손족과 출운족이 얽히는 출운신화 등의 세 줄기로 나

---

2 정경희, 『백두산문명과 한민족 형성』, 만권당, 2020. p. 611. 한·중의 맥은 일본열도에 이르러 박(狛)으로 전화되었다. 일본에서 웅(熊)과 박(狛)의 훈독은 공히 고마이다. 물론 고마의 어원은 한국어 곰(熊)의 의미는 천(天)·신(神)이다. 한국의 곰·고마·개마(蓋馬)·금마(金馬), 또 일본의 고마·구마·가무·가모·가미 등이 공히 천(天)·신(神)의 의미를 지님은 주지의 사실이다.

3 김석형,『초기조일관계사(하)』, 사회과학사, 1988, p. 3

뉘어져 있다.

신대기 4단은 이자나기신이 일본팔도를 탄생시키는 단인데 일본팔주는 ①담로주(淡路洲) ②나량(奈良:나라)분지 ③이예(伊豫:四國 서반부) ④북큐슈 ⑤일기섬 ⑥대마도 ⑦월주 ⑧길비(岡山:아도)이다.

일본의 창세신은 남신(男神) 이자나기와 여신(女神) 이자나미 남매이자 부부신인데 『삼국유사』의 「가락국기」와 『동국여지승람』 「고령현조」 등을 살펴보면 남신 이자나기는 고령가야의 옛 왕국 '미오야마국(彌烏邪馬國)'의 왕이고 가야신이었다.

신대기 「상권」은 1단에서 8단까지인데, 천황족 황조신은 1단에서 7단까지 출현한다. 그 중에 천황족 황조신으로 천어중주신(天御中主神)과 고황산영신(高皇産靈神)이 있고, 고황산영신은 주요한 역할이 계속된다. 천어중주신은 격이 높은 신이지만 별다른 역할이 없다. 『고사기』에서도 천어중주신은 고황산영신보다 높은 서열의 신으로 나오지만 중요한 역할을 하는 신은 역시 고황산령신이다. 고황산령신은 천황족의 황조신(皇祖神), 최고·최초의 신이며, 북방신이고 고천원(高天原)의 신이다.

고황산령신(高皇産靈神)은 천손(天孫) 니니기노미꼬도(瓊瓊杵尊)의 외할아버지이고, 천황족이 가야에서 건너오는 과정과 천손이 북주에 강림하는 과정을 지휘하는 매우 역할이 크고빈번히 출현하는 신이다. 천황의 궁전에 모셔져 있는데 이 신은 가야신으로 여겨진다.

일본의 최고의 성전으로 불리는 천황족을 모시는 이세신궁에는 천황궁에는 삼좌신(三座神)을 모시고 있다.

지금의 도쿄 일왕의 궁성 내에는 아직도 나량(奈良)·평성경(平城京)이래 쭉 모셔오는 삼좌의 신전이 있다고 한다. 가야신 황령전(皇靈殿)·신라신 원신전(園神殿)·백제신 한신전(韓神殿)이다. 이 삼신은 『일본서기』

에 나오는 천황가의 유래를 그대로 말해주는 것이어서 참으로 흥미진진한 바가 있다.

황령전의 제신 다까미무스비신(高皇産靈神)은 천손 니니기미고도(瓊瓊杵尊)의 외조부이고 천황가의 고향인 가야의 신이다. 원신전의 소노기미(園神)는 신라신으로 천황족이 나라에 진입할 때 선주족 신라신 대물주신(大物主神)을 모시는 조건으로 들어왔는데 미와산(三輪山)의 오미와신사(三輪神社)에 모셨던 신이다.

천황족은 뒤에 가와찌왕조에 통합되는 데 가와찌왕조는 백제계이고 가라기미(韓神)는 백제계신이다. 또 13세기에 쓰인 천황론의 정통서인 기다하다게 찌가후사(北畠親房)의 『황통정통기』는 요시노조(吉野朝: 후제호왕조)의 천황의 정통성을 옹호하는 글로 여기서는 천황은 신황으로 정통을 삼는다고 주장하고 있다.

앞의 설명은 『神官의 長, 祭司長－神皇－天皇』이라는 뜻인데, 일왕은 2차 대전후 맥아더 사령부에 나가 '짐은 신이 아니다' 인간선언을 한 바 있다. 천황의 즉위식을 '대상제(大嘗祭)'[4]라는 일종의 제례행사로 신황적인 성격을 말해주는 것이다.

신사는 왕실과 밀접히 엉켜 있는데 국민의 숭앙의 대상인 왕실이 가장 중시하는 행사는 신궁에 제사지내는 일이다. 이세신궁은 황실 조상신인 아마테라스(天照大神)의 사당인데, 그 제사때의 노리또(祝:축사)에는 'からおぎせんや(韓招)'라는 구절은 가라가미(韓神)을 맞이하라 하는데

---

4 노성환, 『고사기』, 예전사, 1999, p. 39. 「이중기」 주 5). 천황이 즉위한 후 처음으로 행하는 니이나메사이(大祥祭)란 한 해의 벼 수확을 축하하고 이듬해의 풍년을 기원하는 제의(祭儀)이다. 이 제의는 궁중과 신궁 그리고 이즈모대사(出雲大社)에서 매년 행하지만 니이나메사이는 궁중에서 천황의 일대에 걸쳐 단 한번만 치르는 것이 특징이다. 즉위식이 7월 이전이면 그 해에 치르고, 8월 이후면 그 이듬해에 치른다. 이 제의가 무로마치시대(室町時代)에는 잠시 중단되었으나 에도시대(江戶時代) 초기에 다시 부활되었다.

고대 일본은
    한국의 분국

제례의 시작이 이 축(祝)이라고 한다.

한신(韓神)은 대상제(천황 즉위식)의 순서에도 들어있는 야소시마마쯔리(八十嶋祭)[5]에서 맞이하는 신인데 백제신이다. 『건무년중행사(建武年中行事)』기록에는 적어도 중세인 제96대 후제호(後醍醐)천황대(1318~1339)까지 일본왕실이 이 '한신제(韓神祭)'를 궁내에서 지냈다는 기록이 남아있다.

일본어사전 「광사원(廣辭苑)」에는 '가라노 가라가미(韓神)'항목에서 한신(韓神)을 백제신이라고 밝히고 있다.[6] 황조신궁인 이세신궁의 제례 절차에는 백제식 축사(祝詞)와 신악(神樂)과 신무(神舞), 신관과 무녀의 복장)등이 거의 그대로 백제식으로 남아 있다.[7] 야소시마마쯔리(八十嶋祭)는 천황 즉위식의 한 의례인데 그 의미는 새로이 즉위하는 천황은 가와찌(아스카베왕의 궁)에서 맞이한다는 의미있는 행사이다. 다시 말하면 야마또왕조의 정통성이 아스까베왕국에 있다는 것이다.

그런데 『일본어사전』에는 엉뚱한 제신에 제사드리는 것으로 왜곡되어 있다. 이해할 수 없는 내용으로 바뀌어 있다. 이 사전이 보수적이기 때문에 '아스까베왕국'의 존재를 나타내는 부분을 지우려 한 것이지만 이 제례(祭禮)는 5세기에 가와찌의 난파궁에서 시작되었다는 것은 바로 아스까베왕국을 말하는 것이다.

'가와찌(河內)의 나니와궁(難波宮)'이란 바로 아스까베왕국의 2대 왕궁을 말한다. 그리고 대팔주(大八洲)라는 개념은 있을 수 없고, 그런 신(神)

---

5 팔십도제(八十嶋祭)는 헤이안(平安:794년)시대부터 가마쿠라(鎌倉: 1185)시대까지 390년으로 천황 즉위의례(卽位儀禮)의 일환으로 나니와즈(難波津)에서 행하여진 제사였는데, 지금은 폐지되었다.

6 '한신(韓神)'일어사전 p. 509, 제3판 암파서점

7 김달수, 『일본 속에 한국문화유적을 찾아서(2권)』, 대원사, 1995, p. 99.

호접무 (출처 :일본열도에 흐른 한국혼, 김달수 저, 동아일보사, 1993)

도 없었다.

이 대팔주(大八洲)라는 용어는 기·기(紀·記)[8]편찬 후부터의 용어이다. 그런데 난파궁이 일반적으로 인덕궁(仁德宮)으로 알려져 있는 것은 『일본서기』가 아스까베 왕국을 야마또 왕조에 편입하면서 생긴 것이다.

일본정부는 2차 대전후 정교분리(政敎分離)에 의해 신사를 법으로 관리 관할하게 하여 국민의식(國民意識)을 바꿀 수 없다. 그래서 지금 일본의 신사(神社)는 신도(神道)라는 이름으로 점차 종교화(宗敎化) 하는 과정에 있다.[9]

---

8 기·기(紀·記)는 『고사기』와 『일본서기』를 말한다. 『고사기』는 712년, 『일본서기』는 720년에 편찬되었다. 일본 최고의 문헌인 『고사기』는 백제인 야스마로(太安萬侶)가 저작하였으며, 또 이는 『일본서기』의 저작에도 참여한 것으로 알려지고 있으며 두 저작은 모두 백제인에 의해 이루어졌다고 한다.

9 승천석, 『고대동북아시아와 예맥한의 이동』, 책사랑, 2011, p. 457.

고대 일본은
한국의 분국

Ⅱ

일본천황족의 원류인 가야(가라)왕국

1. 천황의 고향과 축자신화(築紫神話)—가야

1) 천황족의 고향은 가야다 [1]

천황족의 고향은 가야이다. 여기에서 중요한 것인 고천원(高天原)인데, 이는 『고사기』와 『일본서기』가 증명해 주고 있다. 『고사기』 「천손강림기」에는 천손 니니기(瓊瓊杵尊)가 다까마가하라(高天原:고천원)에서 북 큐슈의 고천수(高千穗) 구사후루봉(久土布留峰)에 내리는 기사가 있다.[2] 그 이야기는 『삼국유사』의 가락국기(駕洛國記)를 패러디했다는 것이 정설이다. '니니기'가 내렸다는 구사포류봉은 김수로왕이 내린 귀지봉(龜旨峯)과 이름이 유사하다.

---

1   이종기는 『가야공주 일본에 가다』에서 김수로왕은 아유타국 허황옥을 왕비로 맞았고, 그의 딸이 큐슈로 건너가 여왕으로 추대되었음을 밝혔다. 이종기(1929~1995)의 『가야공주 일본에 가다』(책장 2006)는 식민사학계의 외면으로 생전에 주목받지 못했지만 2006년 가락국사적개발연구원에서 수여하는 '가야문화상'을 수상했다.

2   『고사기』 「천손강림기」, "천지가 처음으로 생겨났을 때 천상계〔高天原:고천원:다카마가하라〕에 나타난 신의 이름은 아메노미나카누시노가미(天之御中主神)이다. 그 다음으로 나타난 신은 다카미무스히노가미(高御産巣日神)이고 그 다음으로 나타난 신의 이름은 칸무스히노가미 (神産巣日神)이었다. 이 세 신은 모두 단독의 신으로 있다가 몸을 감추었다〔天地初發之時, 於高天原成神名, 天之御中主神 訓高下天, 云阿麻. 下效此, 次高御産巣日神, 次神産巣日神. 此三柱神者, 並獨神成坐而, 隱身也〕

『고사기』에는 니니니가 구사후루봉에 내려 다음과 같이 제1성을 말했다고 한다.

"이 곳은 한국을 바라보고 있고, 카사사(笠沙)의 곳(岬)과도 바로 통하여 있어 아침 해가 바로 비치는 나라, 저녁 해가 비치는 나라이다. 그러므로 여기는 좋은 땅이다." [3]

이 구절에서 말하는 한국은 곧 가야이다. 한(韓)의 발음이 가라(から)로서 가라(加羅)와 같다. 북큐슈에서 가야가 바로 보이지는 않지만 북큐슈가 가야를 향하고 있다는 구절에서 나중에 야마토왜를 세우는 천황족이 가야에서 현해탄을 건너와서 북큐슈의 한 포구 '가사사노미마에(笠沙之御前)'에 상륙한 사실을 말하고 있다. '천손(天孫)니니기'가 떠나온 그 '가야(한국)'에 대해 일본인들도 대가야(고령)라고 생각한다. 지금 고령읍 가야대학교 교정에는 「고천원고지(高天原故地)」라는 비석이 한일학자들에 의해 세워졌다.

대가야가 있던 경상도 고령을 떠나 북큐슈로 건너간 천황족(天皇族)은 지금의 좌하현 동남부에 흐르는 축자천(筑紫川)상류 아마끼(甘木)에 정착했다. 감목(甘木)은 다(多)씨(천황족성)들의 본관이다. 아마끼 부근에는 천황족과 같이 움직이는 가야족(천신족) 평군(平群), 화이물부(和珥物部)씨들이 있었다.

천황족이 이동한 곳은 대화천지류 초뢰천(初瀬川)가이고 기기(紀記:고

---

3   『고사기』「천손강림기」, "此地者, 向韓國眞來通, 笠紗之御前而, 朝日之直刺國, 夕日之日照國也. 故, 此地甚吉地" 노성환, 『고사기(상권)』, 예전, 1991, 176쪽. 승천석, 『대백제의 꿈』, 국학원, 2015, 256쪽 참조.

고천원고지비. 일본왕가의 뿌리는 가야왕족에서 다가마노하라(高天原)의 다까마는 고유명사로 다까마(高靈)에서 온 말로 노는 조사, 하라(原)는 장소를 뜻한다고 하였다. 1999년 6월28일 국내외 600여 귀빈을 모신 가운데 제1회 고천원제와 비 제막식을 거행하였다.이후 고령군에서는 매년 4월 고천원제를 행사가 이루어지고 있다. (주요참석자는 마부찌카즈오(馬淵和夫)교수, 김문배, 김종황(전국민대학장), 엄경호(가야대)교수, 이경희총장(가야대), 외 다수)

천반좌비. 『일본서기』(신대기 하 9단)에 고황산영존(高皇産靈尊)이 황손인 경경저존(瓊瓊杵尊)이 이곳(高靈)에서 천반좌를 타고 떠나 일본 큐슈 일향(日向)의 고천수봉(高千穂峰)으로 갔다는 신화를 토대로 2010년 12월 대구학원 재단이사장 이경희 세움)

사기, 일본서기)에 나오는 시기(磯城)이다. 시기의 중심부(지금의 다와라
모도정(田原本町)에는 웅장한 '다씨신사(多氏神社)'가 있는데, 그 제신이
신무(神武)와 아들 신팔정이명(神八井耳命)이다.[4]

천황족 본성은 다(多)씨이다. 태(太), 대(大), 대생(大生), 의부(意富)
등으로도 쓰인다. 천신족인 가야가 일본천황족의 원류임을 알려주는 사
례로는 큐슈 동남부의 미야자키현 사이토바루(西都原)[5] 고분유적의 답사
를 통해서 확인할 수 있었다.

가야출토투구(좌)와 미야자키출토투구(우).

사이토바루 고분군은 일본에서도 천황가의 발상지라고 인정하는 유적
인데, 출토 유물이 가야계 유물이기 때문이다.

---

4 『일본서기』는 신들의 연대기인 신대기와 인간들의 연대기인 인대기로 구분되는데 천손강림기는
   신대기 8단에 나오고, 신무왕은 인대기 1세인 신무기에 나온다.

5 사이토 바루고분군(西都原古墳群)은 큐슈남부 미야자키현에 있는데 3세기말부터 6세기까지의 고
   분유적이다. 1952년 일본의 국가특별사적공원으로 지정받았다. 사적의 규모는 동서 2.6㎞, 남북
   4.2㎢의 넓은 면적의 고분군이다. 현재 전방후원분 31기, 원형분 279기, 방형분 1기와 지하식 횡혈
   묘 11기 등 다양한 형태의 고분들이 존재한다. 그 중 메사호츠카(女狹穗塚)고분은 길이 176m, 후
   원부가 96m, 높이가 14m에 달하는 큐슈제일의 전방후원분인데 오사호츠카(男狹穗塚)고분과 쌍
   을 이루고 있다. 1912년 도쿄제대에서 발굴한 후 일본 황실의 발상지로 여겨서 일왕 아키히도 부
   부도 2004년 이곳을 방문해서 지금도 기념식단이 존재하고, 궁기(宮崎)박물관에도 황실의 원류라
   고 하는 내용물을 전시하고 있다.

『일본서기』 신대기(神代紀)하(10단)에는 천손 '니니기(고황산령신의 외손자)'의 아들 야마사찌(山幸)의 행궁유행(行宮遊幸)이야기가 있다. 천황족이 가야에서 북큐슈로 건너와서 4대를 산 이야기이다. 니니기는 북큐슈에서 대산지신(大山祇神)의 딸 목화개야희명(木花開耶姬命)에게 장가들어 화초근명(火酢芹命)과 언화화출견(彦火火出見)을 낳는다. 이들의 별명은 각각 우미사찌(海幸)과 야마사찌(山幸)이다.

야마사찌(山幸)가 행궁으로 가 용왕의 딸과 결혼하여 우가야후기아에스 노미고도(鸕鶿草葺不合尊)를 낳았는데 그가 신무를 낳았다는 것이 축자신화(築紫神話)의 줄거리이다. 그 후 신무가 동천하여 나라분지의 시기(磯城)로 옮겨가 야마또왕조(왜국)를 세웠다는 것이 소위 신무동정(神武東征)론이다. 다시 말하면 축자신화(築紫神話)는 천황가의 유래를 말해주는 이야기이다. 천황족의 황조신(皇祖神)이고 최고 최초의 신인 고황산령신(高皇産靈神)은 북방신이고 고천원(高天原)의 신이다.

『고사기』의 제신 탄생기에는 천지창조의 개벽의 신이 아메노미나가누시노가미(天御中主神), 고황산령신(高皇産靈神), 신산영신(神産靈神) 3신이 함께 등장한다. 이들 3신은 별천신이라 하였는데 이 3신은 최고신이지만 고황산령신을 제외한 2신의 역할은 거의 없다.

고황산령신만이 천손의 북큐슈 강림과 나라분지 입주과정 등 천손족이 나라정착을 이끄는 것이다.

기기(記紀)상의 황조신 계보서열은 고황산령신이 최고신이고 그 후 일본팔주를 낳은 창세신 이자나기(伊邪那岐)와 이자나미(伊邪那美)는 남매신이자 부부신이다. 천조대신(天照大神)은 이 창세신이 낳은 4대 신이다. 고황산령신은 다가끼오가미(高木神)라는 별명도 있다.

이 신은 야마또왕실 황조 니니기의 외조부이다. 창세신 이자나기신과 이자나미신 두 신은 남매신이며 동시에 부부신이다. 그런데 남신 이자나기는 고령가야에 있던 옛 왕국 '미오야마국(彌烏邪馬國)'[6]의 왕이고 동시에 가야신이었다.

이 신은 고황산령신의 지시를 받아 천황족을 가야에서 대마도로 옮기고, 거기서 다시 차례로 일본 각지(팔주)로 이주시킨다. 『일본서기』와 『고사기』를 함께 살펴보면 천조대신과 수좌지남명(須佐之男命)이 교합으로서 세 딸 전심희(田心姬), 단진희(湍津姬), 시저도희(市杵島姬)와 다섯 아들을 낳는 이야기가 있다. 이중 맏이가 고황산령신의 딸과 결혼하여 천손 니니기노 미고도(瓊瓊杵尊)를 낳는다. 이 천손이 일본왕실의 1대 조상이고, 인대기의 첫 왕이 신무의 4대조라는 것이다.

대마도는 천황족이 가야를 떠나 처음 정주한 곳으로 기기(紀記) 신대의 조신들의 사당이 다 모인 곳이다. 대마도 미쯔시마죠(美津島町) 고후나고시(小船越)에는 「아마데루(阿麻氏留)신사」라는 고(古)신사가 있다. 이 신사에 천조혼(天照魂) 또는 천일신(天日神)으로 전해 오는 신이 제신으로 모셔져 있다. 천손 천조대신의 또 다른 모습이다. 이 해신의 세 딸〔전심희, 단진희, 시저도희〕이 스사노오노 미고도(須佐之男命)와 천조대신 사이에서 난 세여신이고 현해탄 항로를 지키는 여해신(女海神)이다. 천조대신은 천손 경경저존(瓊瓊杵尊)의 조모이고 일본황실 황조신이라지만 그 유래는 이처럼 복잡하다. [7]

---

6 『동국여지승람』미오야마국(彌烏邪馬國)은 고령현 대가야을 의미하며 경상북도 고령지역의 소국으로 비정된다.

7 승천석, 『대백제의 꿈』, 국학자료원, 2015, p. 258.

고대 일본은
한국의 분국

2) 천황족(가야족)의 현해탄 도해기

뒤에 야마토왜를 세우는 가야계 사람들이 대마도를 거쳐 도착한 북큐 슈의 지리적 특성을 조금 더 살펴보자. 북큐슈시(北九州市:きたきゅうしゅう し)는 후쿠오카현(福岡縣)의 북부에 있는 도시로 관문해협(關門海峽)과 맞닿아 있으며, 큐슈 최북단에 있는 도시로 큐슈의 관문 역할을 한다. 시 의 북측은 일본해이고, 동측은 세도나이카이(瀨戶內海)의 주방탄(周坊 灘)에 면하고, 본주(本州)의 하관시(下關市)와는 관문해협 중에서도 가 장 폭이 좁은 조병뢰호(早鞆瀨戶)에 닿아 있는데, 수심(水深) 47m이고, 조류(潮流)는 최대 10노트, 대뢰호(大瀨戶)의 폭은 약600m에서 마주 보 고 있다.[8]

이러한 지리적 특성은 『일본서기』에도 잘 나타나 있다. 천황족(가야 족)의 현해탄 도해기를 살펴보면 신대기 상의 3~5단에서는 창세신 이자나 기신 부부가 일본열도와 일본열도의 사신출생 등 모두 낳는다는 뜻의 단 락이다. 일본의 탄생을 말하는 대팔주출생(八洲出生)이란 가야인들이 일 본열도 각지로 이주하는 과정을 그리고 있는 것이다. 야요이시대부터 가 장 먼저 이주집단을 형성해서 정착한 것으로 말하는 일본 대팔주는 ①담 로주(淡路洲) ②나량분지 ③이예(伊豫)(사국(四國)서반부) ④북큐슈 ⑤ 일기섬 ⑥대마도 ⑦월주 ⑧길비(강산, 아도)이다.[9]

이는 기록마다 조금씩 차이가 나는데 『고사기』와도 조금 다르다. 『고 사기』에는 월주 대신 시마네현 앞바다의 은기(隱岐)섬과 니이가타(新潟) 앞바다의 좌도(佐渡)섬이 들어있다. 8주의 반이 작은 섬이다. 『고사기』는

8　야후재팬 Wikipedia : 關門海峽(日语 : 関門海峡/かんもんかいきょう kanmon kaikyō)

9　『일본서기』 「신대기」 4단 대팔주생성 제1서(書)에서~10서(書)까지의 이야기인데, 담로주를 시작 으로 하지만 배열되는 지명은 조금씩 달라지고 있다.

고대일본 대팔주탄생(자료:『일본 고사기 상』, 노성찬 역주, p.42)

이 여덟 주 중 한반도 남부(고천원, 가야)를 향한 섬에 모두 '천(天)'자를 붙였다. 다까마가하라(高天原)가 가야라는 것을 말하고 있는 것이자 바다 건너 온 자신들이 천신족임을 나타내는 것이다. 기기의 팔주탄생기라는 것이 사실은 가야에 살던 천황족인 천신족이 일본열도(八洲)로 이주하는 과정을 그린 이야기인 것이다.

일본고대사 연구자인 사와다(澤田洋太郎)는 「가야(伽倻)는 일본의 루 -트」에서 가야인들인 천황족(天皇族)과 천신족(天神族)들이 포상팔국 (蒲上八國)[10]의 도움을 받아 연합하여 일본열도의 다음 각지로 이동하는 과정을 다음과 같이 추정하고 있다.

---

10 포상팔국은 후에 신라에 정벌당한 이름은 다 전하지 않지만,『삼국사기』물계자전에서 보이는 골포(지금의 창원)·칠포(지금의 칠원)·고사포(지금의 진해)의 3국과 『삼국유사』 권5 〈동인전〉에 나타나는 보라(미상)·고자(지금의 고성)·사물(지금의 사천)등의 나라들이다, 여기서 포상팔국의 중심거점으로 기대되는 늑도 유적의 발굴이후 그 당시(기원전2~1세기)남해지방의 대외교류성격을 보면 중국~늑도, 서해안~늑도, 일본~늑도, 동남아시아, 연해주에 이르기까지 활발하게 활동하는 해상세력집단들은 근거리 항해라기보다는 원거래 항해 집단들이 주류를 이루었던 것으로 보아 국제무역의 거점으로도 볼 수 있다.(자료 : 방민규, 『치아고고학으로 본 한국인의 기원』, 2017, 맑은 샘, p 90~94)

① 대가야(천황족, 고령)→ 북큐슈 박다만(博多灣)→ 풍전중진, 노국건설

② 탁순(천신족, 대구)→북큐슈 당진만→신진(神湊), 말로국 건설

③ 반파(천신족, 성주)→ 큐슈동안 → 뢰호내해 대삼도, 투마국 건설

④ 다라(천신족, 합천)→북큐슈 박다만 →하관해협, 이도국 건설

⑤ 안라(천신족, 함안)→도근해안, 출운국 건설

⑥ 금관(천신족 구사한국)→서북큐슈 유명해안, 구노국(狗奴國)건설

이것은 중국 『삼국지』 「위지 동이전」 왜인조와 연결시킨 것인데 『삼국지』 왜인조에 나오는 북큐슈의 많은 나라들이 선(先)가야인(야요이인)들이 건너가 사는 모습을 묘사한 것이라고 본다면 사실에 상당히 접근한 시나리오라고 할 수 있다.[11]

『고사기』에 나오는 천자(天字)가 붙어있는 섬들은 아래와 같다. 대마도〔對馬島:천지협수의비매(天之狹手衣比賣)〕, 일기〔壹岐:천지비등도주(天之比登都柱)〕, 은기〔隱岐:천지인허여별(天之忍許呂別)〕, 양아도〔兩兒島:천량옥(天兩屋)〕, 지가도〔知訶島:천지인남(天之忍男)〕, 여도〔女島:천일근(天一根)〕, 은기섬은 시마네현 마쯔에(松江) 앞바다에서 한반도를 바라보는 섬들이다.

'天(천)' 자의 의미는 『고사기』에 의하면 한반도 남부 가야를 고천원으로 본다는 뜻이다. 예외적으로 나라(奈良:나량)의 위원중진국(葦原中津國)을 아메노미조라도요아즈와께(天御虛空豊秋津別)라고 했는데 그것은 나라(奈良)가 천황족의 최종 목적지였기 때문에 가야의 하늘을 볼 수는 없지만 상징적으로 붙인 이름이다.

---

11 승천석, 『대백제의 꿈』, 국학자료원, 2015, p. 261.

그리고 수좌지남명(須佐之男命)은 천조대신(天照大神)의 남동생이지만 두 신 사이에서 8남매가 탄생했는데, 그 맏이가 고황산령신의 딸과 혼인해서 그 사이에서 천손 '니니기노 미고도(瓊瓊杵尊)'가 나왔다. 수좌지남명은 이즈모국(出雲國)의 조신이고, 천황국가로서는 외신격(外神格)이다. 그런데 『일본서기』는 수좌지남명과 천조대신을 남매라고 하면서 그 사이에서 8남매를 낳았다고 하는데, 그 중 세 딸은 해신이다.

3) 한인들의 정착지와 각 지역의 한(韓)삼국계 독립왕국들

큐슈 서북부〔자하+장기+웅본: 뒤의 비국(肥國)〕에 구마소〔웅습국(熊襲國)〕, 후꾸오까〔복강현(福岡縣)〕 쯔꾸시〔축자왕국(筑紫王國)〕, 북동부〔복강현 동부+대분현(大分縣)〕에 하다국〔태국(泰國) 또는 풍국(豊國)〕이 있었다. 구마소국은 가야인과 백제인들의 나라로 유적과 지명에 가야·백제문화의 흔적이 많이 남아있다. 쯔꾸시왕국에는 역시 가야사람들이 주로 살면서 신라와 가까웠으며 말기에 가와찌(河內)의 계체왕[12]과 전쟁을 벌이다 패망한 이와이〔반정(磐井)〕가 마지막 왕이었다.

동북부의 하다국 또는 주고꾸(中國)에는 지금 신일본제철소가 있는 우좌시(宇佐市)를 중심으로 가야인들인 하다씨(秦氏) 왕국이 있었지만 그

---

12 『일본서기』,「계체기」, 21년6월조
"이때 반정이 화(火)와 풍(豊)의 두 나라에 세력을 펼쳐 직무를 집행하지 못하게 하였다. 밖으로 해로를 막고 고구려, 백제, 신라, 임나 등이 매년 공물을 보내는 배를 가로막고, 안으로는 임나에 보내 모야신의 군을 차단하여 말을 퍼뜨려 '지금은 사자가 되어 있으나 옛날에는 나와 친구요. 어깨를 나란히 하고 팔꿈치를 스치며 같은 그릇으로 밥을 먹었다. 어찌서 졸지에 사자가 되어 나를 그대에게 자복하게 하는가'라고 하고, 싸워서 받아들이지 않았다. 교만하여 스스로 자랑하였다."(於是, 磐井, 掩據火豊二國, 勿使修職, 外邀海路, 誘致高麗·百濟·新羅·任那等國年貢職船, 內遮遣任那毛野臣軍, 亂語揚言曰「今爲使者, 昔爲吾伴, 摩肩觸肘, 共器同食. 安得率爾爲使, 俾余自伏儞前.」遂戰而不受, 驕而自矜)

왕력을 비롯해 그에 대한 기록은 지워져 아무데도 없다. 『정창원문서』를 보면 하다씨들의 인구가 절대 다수였다는 것을 보여주고 있다.

혼슈(本州)에는 시네마(島根)현 동부에 이즈모(出雲)왕국, 오까야마 (岡山)현에 기비(吉備)왕국, 나라(奈良)와 가와찌(河內)에 미와(三輪)왕 국과 가와찌(河內)왕국, 교토(京都) 동남부에 야마시로(山城)왕국 등이 있었고, 후꾸이(福井)현에 고시국(越國)과 동북부 군바(群馬)에 상야국 (上野國)이 있었다.

도찌끼(栃木), 지바(千葉), 사이다마(埼玉)현 등의 고분에서도 왕관과 금동신발 환두대도 등이 출토되어 이곳에도 소국들이 있었음을 보여주고 있다. 고분(古墳)시기에는 근기지방에 별 영향을 미치지 못해서 왕국의 활동상에 대한 기록이 없다. 동북에는 죠몽인의 후예 모인국(毛人國)이 큰 세력을 형성하고 8세기 말까지 존재했었다.

선가야인들이 남긴 무덤문화가 서북 큐슈(九州) 일대의 지석묘(고인 돌)[13], 토광묘, 옹관묘, 석관묘 등이다. 거기서 나오는 유물들은 고조선문 화의 향기가 짙은 요녕청동기 후속문화유물들이다. 이런 무덤들이 사가, 후꾸오까, 구마모도 등에서 많이 발견되는데 약 6백기여의 지석묘도 거의 이 지역에 있다.

지석묘는 야요이 문화의 바로 선행문화인데 고조선 묘제이다. 아리아께 (有明海) 연안에서 간돌석기, 빛살무늬토기, 무문토기, 청동기, 쇠도끼 등

---

13 김원룡,『한국문화의 기원』, 탐구당, 1976, p. 55. 우리나라의 석묘는 미누신스크의 카라스크期의 '거석아이디어'가 흘러내려와 요동반도-대동강 하류지방, 즉 발해만을 둘러싼 지방에서 형태를 정 비 또는 具形化한 것이 아니가 생각된다. 또 울주군에서 발견된 바와 같은 암각화(岩刻畵)는 스칸 디나비아에서도 볼 수 있으나 시베리아의 타가르문화에도 나오고 만주의 흑룡강성에서도 발견되 고 있어 이것 역시 북방계라고 할 수 있을 것이다. 그리고 우리들의 단군신화, 즉 곰의 신격화 사상 은 이들 예맥족의 신앙이며 예맥이라는 한자의 古音이 '과이모'여서 '검', '곰'의 표기인 듯하고 개마 고원의 개마 역시 같은 음에서 출발한 것이라고 생각되는 것이다.

한반도인의 주요 정착지역

(출처: 승천식, 『백제의 영남공략실패와 새로운 선택』, 국학자료원, 2007, 32쪽)

도래인	미생시대	고분시대	근거
선가야인 (先加耶人) (야요이인)	좌하(佐賀), 웅본(熊本), 복강(福岡), 대분(大分), 산구(山口), 정강(靜岡)		부현문화사(府縣文化 史), 미생유적(彌生遺 跡), 일본서기(日本書 紀), 풍토기(風土記)
선신라인 (先新羅人)	출운(出雲), 길비(吉備)	나량(奈良), 기이반도(紀伊半島)	부현문화사(府縣文化 史), 고분유적(古墳遺 跡), 고신사(古神社), 일본서기(日本書紀), 풍 토기(風土記)
백제인 (百濟人)		웅본(熊本), 섭진(攝津), 하내(河內), 화천(和泉)	부현문화사(府縣文化 史), 미생유적(彌生遺 跡), 고신사(古神社), 일본서기(日本書紀) 풍토기(風土記), 신찬 성씨록(新撰姓氏錄), 속일본기(續日本記)
후가야인 (後加耶人) (고분시기의 이동가야인)		북구주(北九州), 기이반도(紀伊半島), 경도(京都), 하내(河內), 나량(奈良), 사국(四國), 정강(靜岡), 안배(安倍)	부현문화사(府縣文化 史), 고분유적(古墳遺 跡), 고신사(古神社), 일본서기(日本書紀)
고구려인		경도(京都), 군마(群馬), 장야(長野), 관동(冠東)	부현문화사(府縣文化 史), 고분유적(古墳遺 跡), 고신사(古神社), 속 일본기(續日本記)

고대 일본은
한국의 분국

이 출토된 제등산(齋藤山) 패총(貝塚)과 선산(船山)고분이 있는 옥명군(玉名郡) 등에서 이른 시기의 한반도 석기, 청동기, 철기 문화유물들이 발견되는데 이는 일찍부터 한반도인의 유입이 시작되었음을 의미한다.[14]

사가와 후꾸오까에는 야요이시대의 유적이 많은데 주로 옹관묘, 목관묘 무덤이다. 가장 규모가 큰 야요이 유적인 요시노가리(吉野ゲ里遺迹:서기전 2~서기 2세기)에서 옹관묘 2천여기와 200여구의 인골이 수습되었다. 가네모구마(金隅) 미즈나가다(三津水田) 야마구찌(山口)현의 도이가하마(土井ゲ浜) 유적 등에서도 동일형질의 야요이인 인골 약 4백여 구가 나왔다.

이는 모두 한반도인의 유골이다. 대규모 취락유적과 옹관묘는 한반도에 그 선행유적이 있는데, 울주의 검단리와 진주 남강 사천 이금동에 같은 형태의 대취락이 발굴되었고, 김해와 나주에서는 대규모 옹관묘군이 발굴되었다. 미가미쯔끼(三上次男)의 조사에서는 옹관묘는 중국의 하남·하북·요녕지방에 소수 발견되지만 주로 한반도의 경남, 전남, 충남, 평남지방에 집중적으로 분포되었다고 말하고 있다.

일본의 고고학자인 오오츠카 하츠시게(大塚初重)가 저술한 『고분(古墳)』에 따르면 위에 제시한 분묘형식은 고분기(4~6세기)에 형성된 묘형의 전형이다. 대부분은 둥그런 원분(圓墳)과 네모난 방분(方墳)인데 그 중 앞은 네모이고 뒤는 원형인 전방후원(前方後圓)의 독특한 무덤이 전중기(4~5세기)의 무덤에 상당수 섞여 있다. 일본의 학자들은 이 전방후원무덤이 야마또(大和)왕조의 정책에 의해 기획 축조된 것이라 주장하면서 각 지역의 전방후원무덤은 야마또 왕조의 허가 하에 만들어진 것이란 주장을 해왔다.

---

14 승천석, 『백제의 영남공략 실패와 새로운 선택』, 국학자료원, 2007, 33쪽.

이 무덤형태가 일본에서만 발견된다는 것을 근거로 야마또왕조가 일찍부터 통일왕조였다고 고증해보려는 의도였지만 한반도에서도 전방후원분[15]이 발견되는 것은 둘째치고라도 보수적인 「일본역사대계」에서도 전방후원무덤의 가장 오랜 원형(原形)이 나라분지가 아닌 서부일본에서부터 발생하였음을 시인하고 있다.

4) 『삼국지』「위지 동이전 왜(倭)」의 이도국

중국의 『삼국지』「위지 동이전 왜(倭)」조에 이도국(伊都國)이란 나라가 나온다. 현재 일본 학계에서 큐슈 북부 후쿠오카현 이도지마시(糸島市)와 후쿠오카시 서구(西區) 부근으로 비정하는 고대국가다. 『삼국지』「위지 동이전 왜(倭)」조는 이도국까지 가는 길을 이렇게 설명하고 있다.

「왜인은 대방의 동남쪽 큰 바다 안에 있다. (…) (대방)군에서 왜에 이르려면 해안을 따라서 물길로 가는데 한국을 거쳐 조금 남으로 조금 동으로 가면 그 구야한국의 북안에 도달하게 되는데 여기까지가 7천여 리이다. 바다 하나를 건너 천여 리에 대마도에 이르는데, 다스리는 관리를 비구(卑狗)라 하고, 그 다음 관리를 비노모리(卑老母離)라고 하고, 절도(絶島)에 거주 하는데 사방이 사백여리이고, 땅은 험하고 숲이 우거졌으며 길은 새, 사슴이 다니는 길과 같다. 천여호가 사는데 좋은 밭이 없어서

---

15 정경희, 『백두산문명과 한민족의 형성』, 만권당, 2020, p. 491. 전방후원형은 배달국시기 적석 단총제는 애초 요동 백두산 서편 천평지역에서 전방후원의 형태로 시작되어 요서 대릉하 청구지역으로 전파되었으며 이후 시간이 흐르면서 원단·방총으로 분기하였다. 배달국 적석 단총제의 가장 고형이 전방후원형이었는데 서기전 3세기 이후 백두산 천평지역에서 이러한 형태가 나타났다. 배달국시기의 구식으로 전방원형, 원형 방형의 형식이 계승되는 한편으로 고구려시기에는 신식으로 방형의 변형,사우돌출형, 전방후방형, 전원후방형, 내원외방형또는 상원하방형, 팔각형 등이 새롭게 나타났다.

먹는 것을 해물로 자활하고, 배를 타고 남과 북의 시장에서 쌀을 산다. 또 바다를 하나 건너 천여 리를 가면 이름을 한해(瀚海)라고 하는데 일대국(一大國)에 이른다. 다스리는 관리를 또한 비구(卑狗)라 하고, 그 다음 관리를 비노모리(卑奴母離)라고 하는데, 사방 3백여리로서 많은 대나무와 나무가 숲을 이룬다. 삼천여 가(家)가 살 수 있는데, 전지(田地)가 있어서 (대마도와) 차이가 있으나 농사지은 밭으로는 부족해서 역시 남북 시장에서 쌀을 산다. 또 바다를 하나 건너서 천여 리를 가면 말노국(末盧國)에 다다르는데 4천여 호가 있으며 산기슭과 해안에 거주하고, 초목이 무성해 앞서 가는 사람이 보이지 않는다. 물고기와 전복 등을 잡는 것을 좋아해서 물이 깊고 얕은 것을 가리지 않고 모두 들어가 잡는다. 동남쪽 육로로 5백리를 가면 이도국에 닿는데, 다스리는 관리를 이지(爾支)라고 하고, 그 다음 관리를 설모고(泄謨觚), 병거고(柄渠觚)라고 한다. 천여호가 있는데 왕이 있어서 모두 여왕국에 통속되어 있다. 군의 사신이 왕래하면서 늘 거주한다.」[16]

이 구절은 많은 수수께끼가 있는 내용이다. 먼저 이 기사의 대방군은 남한의 강단사학에서 주장하는 황해도는 아니다. 이 기사의 구야한국을 김해의 금관가야로 보는 시각이 많은데 황해도에서 김해까지는 어느 뱃길

---

16 『삼국지』「위지 동이전 왜(倭)」 "倭人在帶方東南大海之中…從郡至倭, 循海岸水行, 歷韓國, 乍南乍東, 到其北岸狗邪韓國, 七千餘里. 始度一海, 千餘里至對馬國. 其大官曰卑狗, 副曰卑奴母離. 所居絕島, 方可四百餘里, 土地山險, 多深林, 道路如禽鹿徑. 有千餘戶, 無良田, 食海物自活, 乘船南北市糴. 又南渡一海千餘里, 名曰瀚海, 至一大國, 官亦曰卑狗, 副曰卑奴母離. 方可三百里, 多竹木叢林, 有三千許家, 差有田地, 耕田猶不足食, 亦南北市糴. 又渡一海, 千餘里至末盧國, 有四千餘戶, 濱山海居, 草木茂盛, 行不見前人. 好捕魚鰒, 水無深淺, 皆沈沒取之, 東南陸行五百里, 到伊都國」, 官曰爾支, 副曰泄謨觚, 柄渠觚. 有千餘戶, 世有王, 皆統屬女王國, 郡使往來常所駐"

對馬島와 伊都國間의 航路

정규항로
비정규항로

對馬島

又南渡海一千余里
至一大國

一大國
(壹岐島)

정규항로

又渡海千餘里 至末盧國

伊覩國
(糸島半島)

末盧國
(東松浦半島)

東南陸行五百里到 伊覩國

九 州

山門

로 가도 7천리가 될 수 없다. 『수서(隋書)』 「지리지」 요서군(遼西郡)조
에는 "요서군에는 대방산, 독려산, 계명산, 송산이 있다"[17]는 기록처럼 수
나라 때 대방산은 요서군에 있었다.

『삼국지』 위지 동이전에서 말하는 이 이도국은 야요이 시기의 북큐슈
이도국을 뜻하는 것으로 해석된다. 『삼국지』 「위지 동이전 왜」조는 구
야한국 → 대마도 → 일지국 → 말로국 → 노국 → 불미국 → 투마국 →
사마국까지 가는 노선을 설명하고 있다. 일련의 연속 노선인 것처럼 설명

---

17   『수서』 「지리지」 '요서군' "大業初, 置遼西郡. 有帶方山, 禿黎山, 雞鳴山, 松山"

하는 것이다. 이 기록은 2~3세기경의 사실을 정한 것이다. 이는 앞에서 본 사와다(澤田洋太郞)가 본 천황족의 현해탄 도해기와 같은 이주과정을 보여주고 있다.

『삼국지』「위지 동이전 왜」조에 나온 이도국은 4세기경의 사실을 전한다고 볼 수 있는 『일본서기』「중애기」8년 정월조[18]에 나온다.

「8년 춘정월 기묘삭 임오(4일) 축자에 갔다. 그때 강현주(岡縣主)[19]의 선

---

18 『일본서기』「중애기」8년 정월 기묘삭 임오(4일)기(記) 원문 〔八年春正月己卯朔壬午, 幸築紫. 時 岡縣主祖熊鰐, 聞天皇之車駕, 豫拔取五百枝賢木, 以立九尋船之舳, 而上枝掛白銅鏡, 中枝掛十 握劒, 下枝掛八咫鏡, 參迎于周芳沙麼之浦.〕(본문참조)

19 윤영식은 『백제에 의한 왜국 통치 삼백년사』(28쪽)에서 이렇게 말했다.
축자(筑紫)국의 이도현주(伊都縣主)의 조상으로 오십적수(五十迹手)가 있는데, 나중에 이소지(伊 蘇志)로 고쳐 불렀다. 이도현주 이소지를 『신찬성씨록』에서 확인하면 신라왕자 천일창(天日槍) 집안으로 연결된다. 축자국이 있던 북큐슈 지역의 이도현이 신라인 천일창 집안에 의해서 관장되었다는 것을 알 수 있다. 『일본서기』「중애기」에서 이소지를 특별히 거론한 이유가 이 때문이다. 다른 사료인 『풍토기』의 축전국(筑前國) 이토(怡土)군조에는 "중애천황이 이소지에게 신분을 물었더니 오십적수(五十迹手 : 이도데)가 상주하기를 '고구려국 의려산에 하늘로부터 내려온 일모(日桙 : 히호고)의 후예입니다'라고 말했다(天皇勅問阿誰人, 五十迹手奏曰 高句麗國意呂山 自天降來日桙之後裔)"는 기록이 있다. 이 기록에서는 이소지가 고구려의 후예로 나오고 있는데 이는 이도현주가 천일창의 후손이고 천일창의 선조는 고구려인임을 표현인 것이다.
19-1 김문배·김인배는 『역설의 한일고대사 임나신론』에서 삼종신기(三種神器)라고 하는 곡옥(曲 玉)·동경(銅鏡)·동검(銅劍)을 이도데가 중애천황에게 바치자 중애가 이도데를 칭찬하여 이소지라 했고, 그래서 당시 사람들이 이도데의 본토를 이도소국이라 하였다고 말했는데, 지금 이도라고 하는 것은 와전된 것이라고 말했다. 김문배·김인배는 이도군(伊都郡)이 이토군인데 시마군과 합쳐 현재는 이토시마군(사도군)이 되었다는 것인데, 지금 이토시마 반도 남부에 있는 마을이 옛 이도국(伊都國)이라는 것이다. 『고사기』·『일본서기』 등에서 천일창을 신라왕자라고 명기하고 것처럼 신라계통 이주민집단을 뜻하는데, 그 후손인 이도데가 그의 조상의 나라를 고려국이라 한 것은 고대한국을 총칭하는 일반적인 뜻이라는 것이다.
19-2 북한의 조희승은 『초기조일관계사(상)』에서 고려국이란 한국을 총칭하는 일반적인 말이기 때문에 고구려에서 왔다고 보기는 힘들며 오려산에서 온 것으로 이해하는 것이 좋다고 말했다. 그는 오려산을 경상북도 청도군에 있는 오례산(烏禮山)일 것으로 추측했다. 『동국여지승람』에 의하면 청도는 본래 이서소국(伊西小國)이었다가 신라유리왕(24~57년) 때 신라땅으로 되었다고 한다. 구도산, 오야산, 오례산 등 여러 이름으로 부르다가 지금은 오례산이라고 부르는데, 오려산(意呂山)

조 웅악(熊鰐)은 천황의 거가(車駕)가 왔다는 것을 듣고, 미리 오백지의 현목을 뿌리째 뽑아 구심의 뱃머리에 세우고 상지에는 백동경(白銅鏡)을 걸고, 중지에는 십악검(十握劒)을 걸고, 하지에는 팔지경(八咫鏡)을 걸고서 주방의 사마의 포구에 나갔다.」[20]

『일본서기』의 축자(쯔꾸시)는 북큐슈를 뜻한다. 쯔꾸시 이도국의 아가따누시(縣主)인 조상인 이도떼가 나뭇가지를 뱃머리에 세우고 윗가지에는 붉은 구슬(적옥)을 걸고 가운데 가지에는 흰 구리거울(동경)을 내걸고 아래 가지에는 검을 걸고 아나도의 섬까지 천황을 마중 나왔다. 천황이 "그대는 누구인가?"라고 묻자 이도떼가 "고구려국 의로산에서 하늘로부터 내려온 천일창의 후손 이도떼입니다"라고 말했다. 이 의로산을 경상북도 청도군 매전면에 있는 오례산과 거기에 있는 오례산성으로 추정하는 견해가 있다.[21]

서기전 1세기경에 신라의 판도로 들어간 오례산(烏禮山) 일대에서 건너간 사람들이 이도국(伊都國)을 세운 것으로 유추할 수 있다. 이도국의 현주(縣主)인 이도떼가 본토에 있던 이서소국(伊西小國)을 따라서 이소국이라 하였다는 것이다. 이도국은 신라 유리왕에게 나라를 빼앗기고 일본 열도로 건너간 이서소국의 유민들이 건너가 세웠던 나라였다. 713년

은 오례산(烏禮山)과 음이 통한다고 본다. 조희승은 삼종신기는 하늘(한국)에서 일본에 사람을 내보낼 때 갖추어 보내던 물건으로서 천일창이 일본에 건너갈 때 가져간 8가지의 물건중 대표적인 것들이라면서 야요이 시대 나라를 다스릴 때 필요한 정치권력의 상징적 물건들이라는 것이다.

20 문정창은 『한국사의 연장 일본고대사』에서 나무 가지에 령(鈴)·옥(玉)·폐백(幣帛) 등을 걸어두고 무당들이 기도를 올리는 것은 고조선족의 고유의 풍속이라고 설명했다. 따라서 천조대신은 고조선인임이 자명하다는 것이다. 『후한서』「동이열전 한(韓)」조에도 "소도(蘇塗)에 큰 나무를 세우고 방울과 북을 달아놓고 귀신을 섬긴다"고 말하고 있다.

21 정연규, 『언어속에 투영된 한민족의 고대사』, 한국문화사, 2002, 235쪽.

죠몽시대와 야요이시대 문화와의 차이 (출처: 조희승, 상게서, 21쪽.)

시대별 구분	죠몽시대 말기	야요이시기 초엽
지배적 경리형태	채집과 획득	논벼생산을 위주로 한 농경
집자리의 위치	비교적 높은 대지, 또는 대지의 끄트머리, 건조한 곳을 택한다.	저습한 저지대, 집자리는 충적지대 또는 약간 높은 구릉지대
노동도구	타제석기와 마제석기를 공용(생산적인 노동기구는 아니다)	청동기와 철기일부 마제석기를 명용(생산적 도구가공에 쓰임)
질그릇 형태	질그릇모양과 형식이 복잡하여 주술적 무늬가 많은 것이 특징	비교적 단순하며 무늬 없는 토기가 많다. 한국의 팽이그릇, 빛살무늬그릇에 원형을 둔 여러 가지 단지가 지배적임.
식량	나무열매와 조개, 물고기와 사슴, 멧돼지, 개, 여우, 승냥이,	벼, 조, 수수, 등이 오곡을 기본으로 하면서 물고기와 집짐승을 부식으로 함
의복	기본적으로 입지 않음, 짐승가죽으로 몸을 가림	길삼을 하여 실을 뽑아 옷을 지음
무덤	굴신장이 기본, 일부 신전장	일정한 곽에 넣고 매장 움무덤, 독무덤, 돌상자 무덤, 나무곽무덤 등 한국에 연원을 둔 무덤이 보급

편찬된 일본의 『풍토기(風土記)』에는 천황이 이도떼를 칭찬하면서 이소지(伊蘇志)라고 했다는 기록이 있다. 북한의 조희승은 경북 청도의 오례산(烏禮山)일대에서 건너간 사람들이 이도국을 세운 것으로 보고 있다.[22]

---

22 조희승, 상게서, 128쪽.

2. 야요이 전기(서기전300년~ 서기 100년)의 유적분포

1) 일본열도 내의 야요이유적의 분포현황

일본 고고학에서 야요이(彌生:미생)문화라는 명칭이 생기게 된 것은 1884년 동경도(東京都) 중야구(中野區)의 미생정(彌生町)에서 단지형 토기가 나온 데에 유래한다. 그 후 1898년 야요이식 토기라는 이름이 일본학계에서 쓰이기 시작하였다. 야요이식 후기 미생토기(서기100~300년)가 발견된 데서 유래하였다.

야요이시대란 야요이식 토기가 사용된 후기신석기시대를 말하는데 일본에서 한국적 벼농사[23]가 시작된 큐슈땅은 맨 먼저 한국의 논벼문화를 받아들인 선진지대였다.

비옥한 습지대. 해류관계 등 농사에 적합한 조건들이 갖추어진 곳에서는 한국사람들이 정착해서 벼농사를 시작할 수 있었다.[24]

---

23 김성호, 「논농사 기원의 왜곡」, 1986.8.23. 조선일보(1). 일본에서 「고메」(쌀)와 「이네」(벼)는 동남아시아에서 전래된 어휘이다. 따라서 고대 인도어에서 전파되어 온 우리의 쌀과 벼는 구분된다. 그런데 이상하게도 한반도에서는 서기전 3세기이전의 쌀유물이 출토됨에도 일본서는 이 시기(승문시대)의 쌀유물이 아직 발견되지 않았다. 한반도에는 도작민이 정착한데 반해 일본에는 남반계의 해상족 휴대식량으로 고메와 이네를 전했기 때문에 이름만 있고 실물이 없는 것이 아닐까 한다. BC 3세기이전의 쌀농사는 생산력이 낮은 밭벼재배에 불과했다. 적어도 도작문화라고 한다면 인공관개에 의한 논농사라야 한다. 우리나라에서는 아직 발견되지 않았지만 일본의 북큐슈 이다쓰게(板付)에는 한반도의 문화가 본격적으로 파급되기 시작한 BC 3세기 이후(미생시대)의 관개유적지가 있다. 이것이 한일 두 지역에서 찾을 수 있는 가장 오래된 관개유적이다. 때문에 관개농업이 일본에서 한반도로 전해졌을 것이라고 추측하기까지 이르렀다. 원래 관개농업이 최초로 기원된 곳은 일본이 아니라 북방계 볍씨(Japonica-Type)가 최초로 출토된 양자강 유역의 강남지역에서 기원된 것이다. 이 논농사를 『사기』는 「화경수누(火耕水耨)」라 했다. 동지나해와 황해연안에서 광범위하게 출토되는 반월형 석도가 이에 사용된 농구였다. 이 도구로 벼이삭을 잘라서 수확하고 줄기는 태우고(화경) 볍씨를 뿌리고 모가 자라면 물을 대서 잡초를 죽이는(수누) 것이 화경수누(火耕水耨)이다. 고대농업의 획기적인 기술혁신인 것이다.

24 김성호, 「논농사 기원의 왜곡」, 1986.8.23., 조선일보(2). 그러면 논농사는 누가 개발했을까. 이는

야요이시대는 대체로 서기전 4, 3세기경부터 기원후 3세기 중말엽까지를 가리킨다. 야요이시대는 새로운 고고학적 발굴이 계속되면서 계속 갱신되어 전기, 중기, 후기의 세 시기로 구분된다. 전기는 큐슈로부터 긴키지방까지 퍼지고 중기에는 도호꾸(동북)지방에까지 급속히 파급되었다. 이 시기의 특징은 생산과 분배, 소비, 집자리, 묘제 등의 생산활동과 생활양식 전체가 완전히 한국적이라는데 있다.[25]

일본 승문(죠몽)문화 유적의 분포정형을 살펴보면 동부일대에 치우쳐 있다고 말할 수 있다. 죠몽문화유적은 주로 동일본에 많이 분포되어 있을 뿐 아니라 시나노지방과 같이 내륙의 고산지에도 집중 분포되어 있는데 이는 이 시대의 사람들이 바닷가나 강하천의 저습지에 생활한 것이 아니라 건조한 산간 오지에 살았다는 것을 말해준다.

이와 달리 야요이 문화유적과 그 분포정형은 한국과 가까운 서쪽에 치

고대 중국의 고전의 하나인 「한비자」 (BC 223년)에는 강남에 있던 서국(徐國)의 서언왕(徐偃王)이 지방 5백리를 다스렸고, 인의로써 35국을 거느렸다고 했는데, 상당히 컸던 나라였다. 서언왕은 일본학자도 부인할 수 없는 동이족의 심벌인 난생신화의 소지자였다. 중국고전에 해박한 김양기 박사도 이미 오래전에 동이족임을 지적했다. 이와 같이 논농사는 강남에 선주했던 동이족이 개발한 인류의 걸작품이다. 그런데 서언왕이 초나라 목생(BC 625~614)에게 격파당한 이후, 동이족은 북방의 회수(淮水)와 사수(泗水) 및 산동반도 일대로 이동했다. 그랬다가 중국을 통일한 진시황(BC 221~210)이 「회사(淮-泗)지역의 동이족을 흩뜨려서 중국의 백성으로 삼았다.(皆散爲民戶)」 (「후한서 동이전 서문)고 했다. 이때 동이계의 일파가 한반도로 이동했음은 「사기」와 「후한서」 등에 모두 적혀 있다. 민족의 이동하면 그의 생산기술도 함께 이동하게 된다. 이 점은 북큐슈의 관개유적이 바로 이 시기의 것임에서도 확인된다. 고대 강남지역에서는 벼를 「완(緩)」으로 기록하고 nuan으로 발음했다. 이에 착안한 일본의 농학자 안등광태랑(安藤広太郎)은 nuan과 이네(ine)에 n음이 공통된다는 사실에 근거해서 강남지역의 도작문화가 일본으로 직수입됐다고 주장했다. 그러나 속단은 금물이다. 우리 언어학계에서 이미 밝혔듯이 동이어의 u 음은 o으로 변했다.(이기문). 이에 따라nuan의 u가 o 으로 변하면 noan이 된다. noan은 바로 우리의 논(수전)이다. 추측컨대 동이족이 한반도로 왔을 때에는 인도계의 「벼」가 사용되었기 때문에 nuan(벼)은 관개농업의 핵심인 논을 가리키게 된 듯하다.

25 조희승, 상계서, 8쪽.

우쳐 있는데, 서쪽일수록 초기의 것이 많고 동쪽으로 갈수록 후기의 것이
많다는 것이 일반적인 법칙처럼 되어 있다.[26]

중부 동쪽의 야요이문화 유적은 전기의 것은 없고 중기 이후, 특히 후기
의 것이 압도적으로 많다. 이상과 같은 사실은 죠몽문화와 야요이문화의
발생과 파급 방향이 다르다는 것을 보여주고 있다. 그 분포현황을 지구별
로 크게 구분하여 보면 큐슈지구(쯔꾸시마)지구, 세도내해 연안 및 산임지
구, 오사까만(오사까연안만은 제외)지구 등인데 아래 도면과 같다.

이도의 고을이란 찌꾸젠(筑前)국에 있던 이도(恰土)군이다. 현재는 시
마군과 합쳐 이도지마(糸島)군이 되었는바 이도지마반도 남부에 위치한
고을이 바로 옛 이도왕국(伊都王國)이다.

야요이 전기 유적분포도 (규슈)

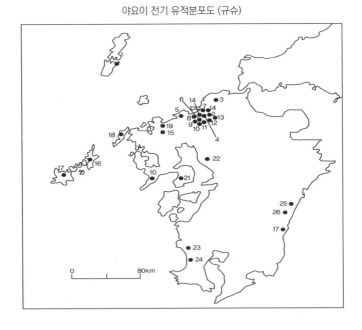

26 조희승, 상게서, 66쪽.

지도 번호	유적명	지도 번호	유적명
1	요시다유적(나가사끼현 쯔시마)	15	우끼군덴유적(사가현)
2	유우스유적(후꾸오까현)	16	아리가와유적(나가사끼현)
3	다떼아 시끼유적(후꾸오까현)	17	기슈꾸유적(나가사끼현)
4	이따쯔께유적(후꾸오까현)	18	네시시유적(나가사끼현)
5	사또유적(후꾸오까현)	19	나하다께유적(나가사끼현)
6	아리따 시찌덴마에유적 (후꾸오까현)	20	후꾸보리유적(나가사끼현)
7	후꾸오까시 이시마루 후루가와유적(후꾸오까현)	21	하라야마유적(나가사끼현)
8	후꾸오까시 이시마루 후루가와유적(후꾸오까현)	22	사이또산유적(구마모도현)
9	후꾸오까시 아리따유적(후꾸오까현)	23	구로가와유적(가고시마현)
10	후꾸오까시 쥬로꾸죠유적(후꾸오까현)	24	다까하시유적(가고시마현)
11	후꾸오까시 시꼬유적(후꾸오까현)	25	데라바루유적(미야끼현)
12	후꾸오까시 후지사끼유적 (후꾸오까현)	26	아오끼유적(미야자끼현)
13	후꾸오까시 죠난구 다지마유적 (후꾸오까현)	27	에다바라유적(미야자끼현)
14	후꾸오까시 죠난구 죠센지유적 (후꾸오까현)		

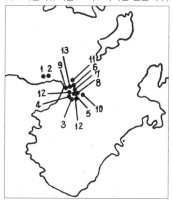

야요이전기유적분포도(오사까만 연안지구)

지도 번호	유적명
1	가미노시마유적(효고현)
2	다노유적(효고현)
3	구보지유적(오사까부)
4	야마가유적(오사까부)
5	우류도유적(오사까부)
6	모리모도유적(오사까부)
7	와까에 기다유적(오사까부)
8	신께유적(오사까부)
9	모리노미야유적(오사까부)
10	가라고유적(나라현)
11	아마유적(오사까부)
12	요쯔이께유적(오사까부)
13	이께가미유적(오사까부)

야요이전기유적분포도(한국 동해 및 세도나이까이연안지구)

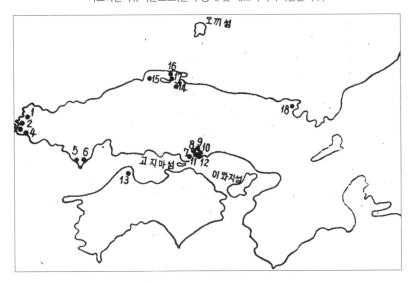

지도 번호	유적명	지도 번호	유적명
1	도이가하마유적(야마구찌현)	10	핫켄가와하상유적(오까야마현)
2	우에노바라유적(야마구찌현)	11	미나미가다유적(오까야마현)
3	나까노하마유적(야마구찌현)	12	가도따유적(오까야마현)
4	아야라기유적(야마구찌현)	13	아가다 가따야마유적(에히메현)
5	이와따유적(야마구찌현)	14	후시끼유적(시마네현)
6	도리고시유적(야마구찌현)	15	하라야마유적(시마네현)
7	쯔시마유적(오까야마현)	16	고우라유적(시마네현)
8	쯔시마 에도유적(오까야마현)	17	니시가와즈 까이자끼지구유적(시마네현)
9	오마찌유적(오까야마현)	18	하꾜이시하마유적(꼬또부)

2) 야요이시대의 대표적 유물·유적

① 좁은 놋단검과 잔줄무늬거울

야요이문화시기 전기말~중기초(서기전 1세기) 현해탄에 면한 북큐슈 일대에 좁은 놋단검 등을 가진 이주민집단들이 집중적으로 진출 정착하였다. 그 일대의 독무덤이 다른 무덤형식을 누르고 갑자기 대형화되면서 보급되었다. 독무덤의 형태는 팽이그릇에 연원을 둔 이른바 김해식 독무덤이다. 이히모리 다까기(飯盛高木) 유적은 야요이문화시기의 무덤들로서 5개 지구로 나뉘어 있는데 그곳에는 독무덤이 많은 수를 차지하고 돌관무덤, 나무관무덤, 돌뚜껑무덤 등이 발굴되었다.

이 무덤들의 출토 유물들에 대해 북한의 조희승은 "표에서 보는 바와 같이 한 개 지구에 있는 수십 개 이상의 무덤(독무덤, 나무관무덤) 가운

다까기 유적 출토유물 현황
※ [요시다 다까기유적의 발굴조사 4월간문화재 11호 1985년 NO. 266]
〈조희승, 『일본에서 조선소국형성과 발전』 130쪽에서 발췌〉

지구별	유물					
	무덤 형태	청동기	철기	구슬류	석기	질그릇
제1지구	독무덤	좁은놋단검				
제2지구	독무덤 나무관 무덤	좁은놋단검(1) 검자루맞춤개(1) 통권성문경(1)	검(3) 민고리 자루칼(2) 활촉(1)	벽옥제관옥 (14) 수정구슬(2) 유리구슬(36)		
제4지구	독무덤		민고리 자루(1)			
제5지구	독무덤	좁은놋단검(9) 좁은놋창(1) 놋과(1) 잔줄무늬거울 (1)		벽옥관제 (469) 굽은구슬(4)	검자루달린돌단검 (1)	단지 (11)
	나무관 무덤	팔찌(2)			버들잎모양활촉 (2)	

데서 유물이 있는 것은 아주 드물다."고 말하고 있다. 그런데 유독 제5지구의 일부무덤들에서는 권력과 재부를 상징하는 여러 가지 유물들이 나왔다는 것이다. 제5지구의 야요이전기 말경으로 편년되는 김해식 독무덤을 위주로 한 무덤과 나무관 무덤 총 38기 가운데 11기의 매장시설에서 좁은 놋단검 9개, 좁은놋창 1개, 놋과 1개, 구리팔찌 2개, 잔줄무늬거울 1개 그리고 굽은 구슬과 관옥류 473개가 나왔다.

여기의 잔줄무늬거울을 비롯한 모든 좁은단검 관계유물들은 모두 한국식 유물들이다. A호 나무관 무덤에서 드러난 잔줄무늬거울(직경 약12㎝)은 일본에서 나온 잔줄무늬치고는 가장 오래된 것이다. 거울의 모양은 봉산군 송산리 솔뫼골무덤을 비롯하여 전라남도 대곡리유적, 전라남도 영암 등지에서 나온 것과 같다. 좁은 놋단검 역시 함경남도 금야군 연동리, 함흥시 이화동유적, 경주 입실리, 전라남도 영암, 김해조개무지의 독무덤들에서 나온 것과 유사하다. 그 가운데서도 좁은놋단검, 놋창, 놋과 등은 1985년에 발굴 조사된 충청남도 구봉리 유적의 그것들과 생김새가 아주 같다.

제5지구의 독무덤에서는 일본에서 가장 오래된 초기의 좁은 놋단검이 나왔다. 이히모리 다까기 유적은 좁은 놋단검 관계유물 뿐 아니라 매장시설도 한국 것 그대로이다. 이 유적의 무덤은 독무덤이 기본이고 일부가 나무관 무덤이다.

잔줄무늬거울 등이 나온 A호 나무관 무덤은 돌무지무덤으로서 황해북도 신계군 정봉리유적, 대전시 괴정동유적, 충청남도 예산군 동서리유적 등지의 돌무지무덤과 같으며 한국에서 그 연원을 찾을 수 있는 한국식 무덤형식이다. 독무덤 역시 김해식 무덤인데, 김해식 독무덤은 아가리부분이 약간 좁아들고 거기에 덧띠를 돌렸으며 몸체는 둥글게 불렀다.

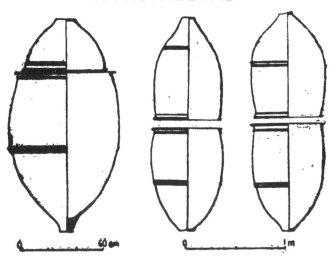

큐슈의 사가현에서 나온 김해식 독널

북한학자 조희승이 이 유물들은 한국 특히 서북일대의 신흥동유적이나 중부의 가락동유적의 팽이그릇에서 그 연원을 두고 있는 질그릇으로 보면서 일본학자들이 말하는 것처럼 북큐슈의 것이 한국으로 건너온 것이 아니라 한국 것이 북큐슈로 건너간 것이라고 보고 있다. 좁은 놋단검과 구리, 팔찌 관옥 등이 나온 독무덤은 생김새로 보아 전형적인 김해식 독무덤이라는 것이다.[27]

죠몽말기의 일본 열도 진출 이후 2~3백년이 지난 서기전 2세기 말경(야요이 전기말 ~ 중기초까지)에 한국에서 또 한 차례의 대규모의 집단이주가 있었다. 이때의 진출이 그 이전과 차이나는 것은 이 집단들은 이미 상당한 정도로 계급이 분화된 상태라는 점이다. 죠몽말기 경에 일본 열도로 진출한 집단은 좁은 놋단검, 좁은 놋창, 한국식과, 잔줄무늬거울로 대표되는 문화 갖춤새를 가진 집단들의 집단 이주였다. 좁은 놋단검 등은 서기

27 조희승, 『일본에서 조선소국 형성과 발전』, 한국문화사, 1996. 131쪽.

좁은 놋단검관계유물일식(함흥 리화동 유적)

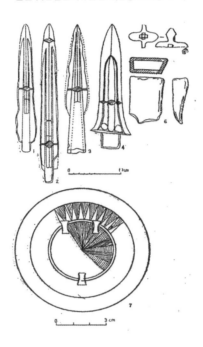

전 1,000년기 후반기에 한국 고대문화를 대표하는데 고조선에서 발전한 비파형 단검이 보다 실용화된 살상무기이다.

잔줄무늬 거울 역시 한국의 독특한 고유 거울이다. 거울은 권력의 상징으로서 초기계급사회에서 일정한 권력과 재부를 소유한 자나 집단만이 가질 수 있는 것이다. 이는 야요이문화 전기 말부터 시작되는 좁은 놋단검 관계유물들을 가지고 간 한국 이주민 중에서 처음으로 진출한 집단의 무덤유적이라는 사실을 보여준다. A호 나무관 무덤은 바로 그 집단의 우두머리의 무덤일 것이라고 추측된다.

이히모리 다까기(飯盛高木)유적은 유적의 규모에서나 유물의 풍부함에 있어서 같은 시기의 유적과 대비가 안 되는데, 이도국왕(伊都國王)의 무덤으로 추측되는 미구모(三雲) 유적보다도 150년이나 앞선다. 조희승은

고대 일본은
한국의 분국

서기전 2세기경의 무덤일 수도 있다고 보고 있다. 그는 유적을 현재로서는 일본최초의 초기소국이자 곧 첫 한국계통소국의 우두머리인 국왕의 무덤 유적으로 보고 있다.[28]

좁은 놋단검과 놋창 등 일련의 좁은 놋단검 관계유물은 거의 다 한국 고대무덤의 기본형식들인 독무덤, 고인돌,[29] 돌상자 무덤, 나무곽움무덤에서 나온다. 일본 북큐슈를 중심으로 한 좁은 놋단검 관계유물은 한국에서 건너간 이주민들에 의해서 전해진 것이다.

일본에 분포되어 있는 잔줄무늬거울은 비록 수적으로는 많지 않으나 그것은 모두 한국이주민집단의 우두머리들이 쓰던 물건이었는데, 그 분포지는 서기전 1세기경 강력한 한국 이주민 집단의 정착지라고 볼 수 있다.[30] 이때 또 한 차례 한국 고대인들의 일본 열도로 대거 진출이 있었음을 알 수 있다.

고인돌은 넉 장의 판돌을 세워 네모난 모양의 돌칸을 만들고 그 위에 넓적한 판돌을 뚜껑돌로 세우는 것이다. 고인돌의 분포로는 고조선땅인 대양하, 장하, 벽류하류 유역과 대동강유역, 예성강, 임진강, 한강, 금강, 낙동강유역 등지에 많이 분포하며 경상남북도와 전라남북도의 해안이나 섬들에도 밀집해 있다.

고인돌은 돌상자 무덤과 더불어 한반도를 중심으로 한민족의 거주 지역에만 발전한 독특한 묘제이다. 일본학자들은 '대륙'이라고 표현하지만 이는 곧 고대 한국을 가리키는 것이다. 조희승이 지적한 것처럼 한국인이

---

28 조희승, 『초기조일관계사(상)』, 사회과학사, 1988, 124쪽.

29 고인돌은 청동기시대에 성행해서 초기철기시대까지 존속한 거석문화(巨石文化)의 일종으로 지역에 따라 호칭이 다른데 한국은 고인돌, 일본에서는 지석묘(支石墓), 중국에서는 석붕(石棚), 유럽 등지에서는 돌멘 등의 명칭으로 부른다.

30 조희승, 상게서, p. 73.

일본에 건너가서 만들었다고 말하기 어려워하는 것은 일본인들 속에서 하나의 경향성이라고 볼 수 있다.[31]

　서기전 4, 3세기부터 서기 6세기까지 일본에 전래된 모든 선진적 유물이 한국의 영향으로 이룩되었다는 것은 여러 고고학적 자료로 확실하게 알 수 있다. 즉 야요이시대부터 삼국시대에 걸쳐 일본열도의 정치세력 형성이 한반도 남부의 직접적인 영향 하에 전개되는 것은 이제 일본에서도 움직일 수 없는 사실로 받아들이기도 한다.[32]

좁은 놋단검관계유물이 나온 무덤별 통계(일본) (출처: 조희승, 상게서, p.30) (단위: 자루)

무덤의 종류	단검	창	과	비　고
독무덤	21	14	6	
고인돌	5	3	1	
돌상자	6	1		

② 라이산성의 수문(쯔쯔끼)구조

　성벽은 기본적으로 직선이지만 지세에 따라 방향을 바꿀 경우는 일정한 각도를 가지고 구부러진 곡선을 이루고 있다.

　수문은 남북 두 곳에 설치되었다. 산성 안은 산꼭대기 부분을 거쳐 점차 완만한 경사를 이루는 곳과 계곡쪽의 평탄한 곳으로 갈라진다. 평탄한 곳의 가운데 부분에는 한줄기의 시내가 흐르고 있으며 그 유역부근에는 3정보 가량의 개간된 논이 있다. 그리고 서남 모퉁이 쪽에는 길이 2간이나 되는 돌무지가 있다.

　시내는 라이산 꼭대기가 시원지인데 우묵한 골을 따라 두 줄기의 시내물이 흐른다. 보통 때의 물량은 그리 많지 않은데 평탄한 남쪽의 성벽을

31　조희승, 『초기조일관계사(상)』, 사회과학사, 1988, 33쪽.

32　『가야지역과 북큐슈』『큐슈역사자료개관』「10주년기념 태재부고문화총론」 (상권) 요시가와 홍문관 1983, 54쪽.

고대 일본은
　　　한국의 분국

통과해서 두 줄기의 시내는 하나로 합친다.

이어 북으로 흘러 북쪽 수문을 거쳐서 폭포를 이루는데 이것을 두둑폭 포라고 부른다. 강폭은 5~6자이며 평소의 강물 깊이는 5치 정도로 얕지 만 성 안의 군사들이 오랫동안 마시기에는 충분하다. 여러 모로 보아 이 산성은 가야소국의 주민들이 쌓은 것이다.

일본에서는 《일본서기》 등에 축성연대 등이 나와 있는 산성의 경우 한 국식 산성, 또는 고대산성이라고 부르고, 축성 사실에 대한 문헌기록이 없 을 경우 신롱석(神籠石) 산성이라고 부르는데 이 신롱석 또한 이 땅에서 건너간 사람들이 쌓은 산성들이다.

북한학자 조희승은 라이산성을 가야계 소국의 것이라고 보고 있는데 그 근거는 여럿을 대고 있다.

첫째, 이 산성은 오래 동안 쯔쯔끼라는 한국말로 불려왔다는 것이다.

둘째, 지금까지도 산성 안에 있는 고소신사(層祖神社)는 옛날에는 가 라궁(加羅宮)으로 불렸다는 것이다. 가라는 물론 가라에서 온 말이다. 가 라사람이 지은 산성이기 때문에 가라궁이라는 이름이 오래 동안 전해오 는 것이다.

셋째, 산성이 아주 오래된 축조형식을 가지고 있을 뿐 아니라 축성방식 이 완전히 한국식이라는 사실을 든다.

넷째, 산성에 가야 특유의 베천을 댄 기와가 나왔다는 점이다.

다섯째, 라이산성이 위치한 세부리(脊振) 산지 자체가 한국말에 어근 을 두고 있는 가야 및 신라적 말이라는 사실이다.

여섯째, 산성에 가까운 곳에 있는 라이산무덤에서 가야의 녹각제(鹿角 制) 칼이 나왔다는 사실을 든다.

그는 일곱째로 이도지마가야국과 라이산성이 깊은 연관을 가지고 있다

라이산 산성의 수문(쯔쯔끼) 구조

고 본다.[33]

이도국의 방어시설인 한국식 산성은 이도지마군 이도촌 다까수산 (415.5m)을 중심으로 약 1,635m의 길이를 가진 크지 않은 산성이다. 서쪽에는 산지가 전개되고 있고 산기슭경사면을 포함하는 산성이다. 이도산 성은 산성유적 꼭대기에 서서보면 이도지마 고을을 한 눈에 바라보고 동쪽으로는 가라쯔만 방면부터 이끼섬을 바라보는데, 이끼섬 너머 대마도까 지도 볼 수 있다. 뿐만 아니라 하까다(博多)만과 태재부(太宰府) 역시 한 눈에 들어오는 요충지다.

이도산성은 다까수산의 서쪽경사면을 이용하여 쌓았다. 즉 산의 가장 높은 지대의 분수령을 경계선으로 하여 동쪽에서 서쪽에로 봉우리를 따라 점차 내려오면서 성벽을 형성하고 있다. 성벽의 바깥면은 될수록 험준한 자연지세의 가파로운 경사면을 골랐으며 또 곳곳에 인공적으로 깎아내어 절벽을 조성하였다. 서변쪽은 평탄한 평지로 흙담을 쌓고 수문과 성문을 설치하여 정면으로부터 방위 성역을 구축하였다.

---

33 조희승, 『조선단대사(가야사)』, 과학백과, 1996, p. 103.

③ 동탁(銅鐸)

일본에서 출토되는 동탁의 기원은 한국이다. 일본 여러 곳에서 출토되고 있으나 점차 대형화하는 경향성을 띄고 있다. 동탁은 주로 이즈모, 오사까를 비롯한 연해지방과 긴끼지방에 널리 분포하는 데 그 중 세도내해 연안과 긴끼지방의 동탁은 아주 크다. 이것은 이주집단의 후손 또는 원주민들이 한국의 소형동탁을 본받아 만들었다고 생각 할 수밖에 없다. 일본의 동탁은 몸체 표면에 여러 가지 모양의 무늬를 그리지만 고대 한국의 동탁은 문양을 그리지 않았으며 크기도 10㎝안팎의 것이 일반적이다.[34] 한국의 동탁은 수레나 말 같은데 달아매는 구리방울에서 변화 발전하였기 때문에 크게 만들 필요가 없었다. 동탁의 분포는 동해안으로 진출했다고 추측할 수 있는데 그 수는 좁은놋단검 관계유물을 가지고 간 집단보다 적었다고 생각된다. 한국에서 쓰인 소형의 동탁이 발견된 예는 적고 그 대신 주술화된 대형 동탁이 비교적 많다. 북큐슈는 좁은놋단검, 동해연안쪽은 동탁이라는 기성관념으로는 나온다는 것을 무시할 수 없는 것이다.

한국에서 발굴된 동탁(좌)과 일본에서 발굴된 동탁(우) [35]

---

34 조희승, 상계서, p. 38.

35 한국 동탁은 김원룡, 『한국고고학개설』, 일지사, 1992, 112p.
일본동탁은 김달수, 『일본열도에 흐르는 한국혼』, 동아일보사, 1993, 133p.

일본 내 고분군의 분포현황

지도 번호	지구별 고분군분포권	대표적인 고분떼와 고분명
1	북큐슈(きたきゅうしゅう), 후꾸오까지구(ふくおか)	히노오까고분(日岡古墳 (ひのおかこふん) , 수끼사끼고분(しりゅさき古墳), 쯔끼노오까고분(月岡古墳 (つきのおかこふん), 오오쯔까(大津) 등 로오지(路地)고분
2	기꾸찌(鞠智)강유역지구	찌꾸산고분(築山古墳 (つきやまこふん) 에다후나야마고분(江田船山古墳 (えたふなやまこふん) 등
3	휴가 미야자기지구	센남(泉南)고분군, 모찌다(持田)고분떼, 사이또바루고분떼(西都原) 등 늦따바루고분떼
4	수와,구마게지구	시라도리진쟈고분(白鳥神社古墳), 챠우스야마고분 등
5	기비 오까야마지구	쯔꾸리야마(作山)고분 등의 소쟈고분군, 미스고분군 등 센조꾸고분, 료구야마고분
6	이즈모 시마네지구	오가다야마고분, 아이센지고분, 야마시로 후따고야마고분 등
7	낑기(가와찌,야마또)지구	후루이찌고분군, 모즈고분군, 아마데야마고분, 또 오끼센즈까, 구메다고분군, 니이쟈와센즈까, 이시노부라이고분 등
8	시즈오까지구	쇼린잔고분, 죠시즈가고분 등
9	시나노지구	오오무로고분군등

고고학적 성과로 보면 북큐슈는 좁은놋단검, 동해안쪽은 동탁이 주로 나온다.

1977년 오오이따현(大分縣) 우사시(宇佐市)에서 나온 동탁은 일본에서도 한국식이라고 해서 유명하다. 그런데 동탁밖에 나오지 않는다고 알려졌던 이즈모의 시마네현(島根縣) 히까와정(斐川町) 간바의 고진다니

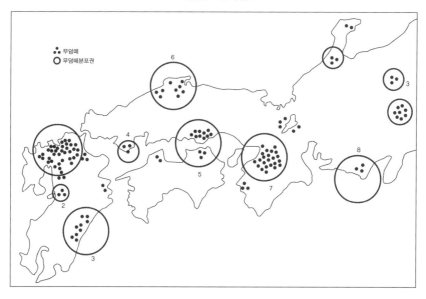

(荒神谷)에서 358개의 놋단검과 6개의 동탁, 16개의 동창이 나온 사실이 있다. 모두 고대 한국인들이 진출한 사실을 말해주는 유물들이다.

3. 인류학적 징표를 통해 본 한국이주민들의 정착분포

일제강점기 때 일본인 식민사학자들은 한국과 일본의 조상이 같다는 이른바 《동조동근》, 《내선일체》론을 주창했다. 문제는 한민족이 야마또 (日本)민족의 부속인 것처럼 주장하는 점이다. 그러나 한민족은 인류학적 징표에 있어서 토착 일본민족들, 즉 죠몽인들과는 다른 고유한 특성을 가지고 있다.[36]

---

36 조희승, 상게서, 1988, p. 103.

일본 야요이시기 문화분포유적과 분포정형을 보면 한국과 가까운 서쪽에 치우쳐 있는데, 서쪽일수록 초기의 것이 많고 동쪽에 갈수록 후기의 것이 많다.

이는 고대 한국인이 일본열도로 이주했음을 말해주는데, 그 시기를 구분하면 초기 이주는 서기전 3세기에서 서기전 1세기경 까지다.

이를 시기별로 다시 세분하면 야요이문화 시기 전기(서기전 300년~서기전 100년), 중기(서기전 100년~서기 100년), 후기(서기 100년~300년)으로 구분할 수 있다. 이는 다시 고분문화시기(AD300~ 7세기)로 구분이 된다.

그런데 한국의 이주민들이 진출해서 정착하기 이전의 일본 죠몽문화시기는 인류문명의 교류와 단절된 상태에 놓여 있었다. 인류학적으로 볼 때 지역적으로 아주 느린 진화는 있었으나 전반적인 규모에서는 큰 차이가 없었다. 일본열도의 토착원주민(죠몽인)들의 생체의 특징을 살펴보자.

1) 일본열도의 토착원주민의 인골 특징

이시와타리 신이치로(石渡信一郎)[37]가 인용한 코하마 모토츠구(小濱基次)의 학설에 따르면 일본열도에 분포하는 현대 일본인의 형질은 여러 차이를 보이고 있다. 머리·얼굴폭·머리넓이의 치수를 뜻하는 두장폭시수(頭長幅示數)는[38] 전국을 평균 삼을 때 86~77의 범위에 있는데, 중두(中頭)의 하위, 즉 장두(長頭)에 가까운 단두(短頭)에 이르고 있다. 단두가

---

37 석도신일랑(石渡信一郎), 『백제에서 건너간 일본천황』, 지식여행, 2002, 78쪽.

38 두장폭시수(頭長幅示數)는 머리넓이를 머리 길이로 나눈 수치에 100을 곱 한 것으로 이 수치로 머리형태를 장두를 75.9 이하, 중두 76.0~ 80.9, 단두 81.0 이하로 구분한다. 바로 위에서 보면 머리형태가 수치가 작을수록 길고 클수록 둥글다.

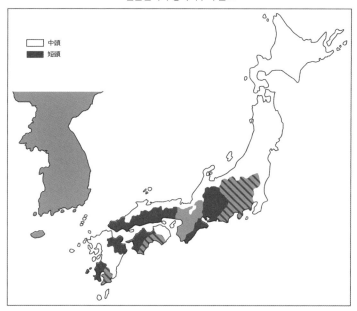

일본열도의 머리형질별 분포현황

(출처: 이시와타리 신이치로, 『백제에서 건너간 일본천황』, 지식여행, 2002, pp76~80.)

구분	장두폭	지　　　역
단두	80.9 이하	기내(畿內) 세토나이카이(瀨戶內海), 쯔시마(對馬), 토우카이도(동해도), 나카센도(中仙道) 칸토우(關東)
중두	81.0~81.9	토우호쿠(東北)、·키타칸토우(北關東)호쿠리쿠(北陸)·산인(山陰) 기타큐슈(北九州)와 주변낙도, 동일본에서 혼슈로 퍼졌다,
단두	82.0 이상	서일본의 키나이집단이 중심이고, 단두군을 둘러싸듯이 분포, 사국(四國)의 서남부

많이 살고 있는 중심은 키나이(畿內)이고, 서쪽의 세도나이카이(瀨戶內海)는 키나이보다 단두가 줄어든다. 쓰시마(對馬) 동쪽은 토우카이도(東海道) 나카센도(中仙道)를 거쳐 관동(關東)으로 연장되고 있다.

　고대 한국인들이 도래하기 이전의 일본의 죠몽사회 토착원주민들의 인골특징은 어떠했을까?

두개골 모양

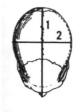
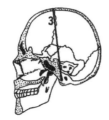

1. 두골최대길이
2. 두골최대폭
3. 파리온 프레그마 높이
4. 턱뼈 궁폭
5. 윗얼굴 높이
6. 코폭
7. 코높이

첫째, 머리가 전후 방향으로 길고 (장두) 얼굴은 아래위가 짧고 폭이 넓다.

둘째, 눈 두둑과 미간이 불툭 나오고 코가 옆으로 퍼졌다.

셋째, 사지골이 짧고, 키가 작다, 남자의 평균키는 157~158cm이다.[39]

일본열도 토착원주민들의 인류학적 특징은 까무잡잡하게 생긴 것으로 남양군도나 동남아세아 사람들과 매우 흡사하다.

반면 고대 한국인들은 일본 원주민들과 달리 한국민족의 고유한 여러 특징을 가지고 있다. 그 특징은 다음과 같다.

첫째, 머리가 짧고(머리가 둥글다) 얼굴이 길다.

둘째, 눈 두둑이 낮고 코가 길며 눈초리가 높은 평평한 얼굴을 가졌다.

셋째, 사지골이 길며 키가 크다, 남자는 평균 163cm이다.[40]

---

39 조희승, 상게서, 104쪽.
　　하니하라 가즈로(埴原和郎) 편저, 배기동역, 『일본인의 기원』, 학연문화사, 1992, 17쪽.
40 조희승, 상게서, 1988, 104쪽.

이처럼 일본 토착원주민들과 한국의 이주민들은 인류학적 징표에서 볼 때 큰 차이가 있었다. 일본열도의 여러 지역에 한국적 인종 특징을 가진 주민들이 많이 분포하고 있다. 다시 말하면 한국식 산성, 고분을 비롯한 한국적인 유적과 유물의 집중분포지역과 한국적인 인류학적 징표를 가진 주민분포가 일치하고 있다. 일본열도에서 한국적 특징을 가진 주민분포는 야요이 시기 이후 한국에 가까운 서부 일본에 한국적 특징을 가진 주민들이 많이 살고 있었다고 볼 수 있다.

　동부일본에는 토착원주민(죠몽인)의 특징이 농후하다. 한국적 인종 특징을 가진 주민분포지역은 한국과 가장 가까운 북큐슈와 그 주변일대인데, 일찍부터 한국의 농경문화가 전파된 곳이고, 한국 이주민집단의 무덤들이 많은 곳이다.

　큐슈지역의 경우 남큐슈사람들은 토착원주민들의 특징을 많이 가지고 있을 뿐만 아니라 멀리 떨어진 간또사람들과 유사성을 가진다고 한다.

　반면 북큐슈인 부젠 및 찌꾸젠은 도이가하마(土井ヶ濱)유적과 비슷한 한국적 특징을 많이 가지고 있는데, 이러한 특징은 남쪽으로 내려갈수록 즉 남큐슈 쪽으로 갈수록 약해진다. 낀끼지구는 한국적 주민들이 그 어느 지방보다도 가장 많이 정착한 지역이었다. 특히 가와찌(오사까)와 야마또(나라)지방에 이런 특징이 현저하다.

　최근의 연구결과에 의하면 현재 일본열도 주민들은 크게 낀기떼, 주변떼(낀끼지방 이외의 혼슈와 큐슈), 아이누 및 류큐(오끼나와)떼로 크게 나눌 수 있다고 한다. 여기서 주목할 문제는 주변떼와 낀끼떼의 차이가 주변떼와 아이누 및 류큐떼와 차이 정도보다도 크다고 본다.

　말하자면 낀끼떼에 속하는 낀끼지방 사람들과 토착원주민들인 주변떼의 주민들과의 차이가 이들과 아이누, 류큐 사람들과의 차이보다도 크다

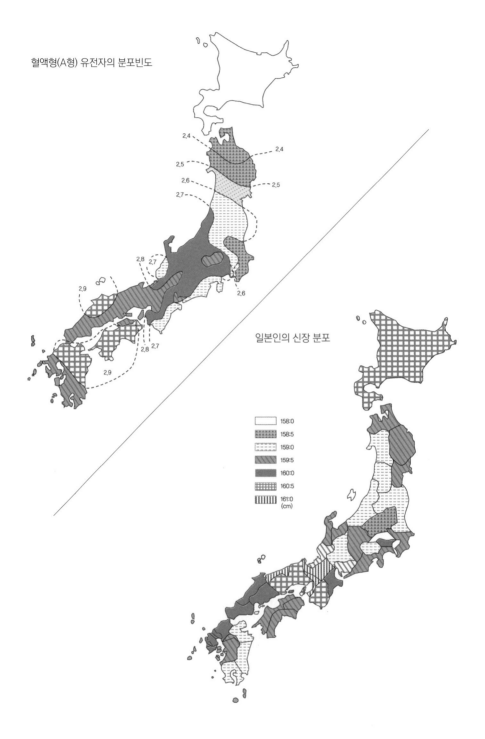

혈액형(A형) 유전자의 분포빈도

일본인의 신장 분포

158:0
158:5
159:0
159:5
160:0
160:5
161:0
(cm)

고대 일본은
한국의 분국

는 것이다. 즉 〈긴끼주민〉은 오히려 〈특수한〉 일본사람으로서 주변때야말로 평균적인 일본인이라고 생각하지 않을 수 없다는 것이다.[41]

이는 오사까 지구에 예상외로 일찍부터 한국 이주민들이 진출하였음을 보여주는 것이다. 오사까시의 히라노구(平野區)와 야오시(八尾市)에 걸쳐 있는 가메이 유적에서 나온 인골조사를 보면 야요이 중기의 질그릇이 널려 있는 지층의 우물에서 나온 오른 팔뚝 뼈는 남자 뼈로서 키는 약 164㎝로 추정했다.

코하마 모토츠구(小濱基次)는 《생체계측학적으로 본 일본인의 구성과 기원에 관한 고찰》에서 「현재 일본인의 두 가지 지방형중 기내형(畿內型)은 한국인에 가깝고, 동북 및 리일본형(裏日本型)은 아이누에 가깝다」고 단정하였다.[42]

기내형이 한국인에 가까운 것은 기내지방에는 일찍부터 고조선인이 이주하여 고조선인의 사회를 이루고 있었음을 말해준다.

동북 및 리일본형(裏日本型)이 아이누에 가까운 것은 동북지방에 고조선인의 이주가 지체되고 이주자의 수도 적어서 아이누와의 혼혈의 영향이 많이 남았기 때문일 것이다.[43] 장신·단두·광면의 북방민족인 고조선인(이른바 미생인〔彌生人〕)과 단신·장두·협면의 아이누족(승문인〔繩文人:죠몽인〕)의 혼혈은 2000년 후 일본민족의 형태성립에 관한 제1차적인 기반이었다.[44]

ABO식 혈액형의 빈도분포도와 현대 일본인의 신장분포도를 보면 A형

---

41 『일본인의 기원』, 아사히신문사, 1984, 206~207쪽.

42 문정창, 『한국사의 연장 일본고대사』, 인간사, 1989, 259쪽.

43 조희승, 상계서, 259쪽.

44 조희승, 상계서, 261쪽.

유전자의 빈도가 서부일본에서 동부일본으로 오면서 조금씩 낮아지고 있음을 나타내고 있으며, 신장분포도는 A형 유전자의 빈도와 유사한 양상을 보인다. 즉 서부일본사람의 신장이 비교적 크고 동부일본의 경우는 작음을 알 수 있다.[45]

2) 일본열도의 주민구성상의 특징

6~7세기 일본수도가 있던 나라, 즉 야마또의 아스까사(飛鳥寺)가 있던 다까이찌(高市) 고을은 전체주민의 80%이상이 야마또노 아야씨라고 하는 한국계통 씨족들로 가득차 있었다. 그 사실은 『속일본기』권32 보구(寶龜) 3년(772년) 정월 을사조에 나온다. 여기에 이렇게 나온다.

"사까노우에노 다무라마로(坂上田村麻呂)는 자신의 상서문에서 고을 사람 10중 8,9가 자기족속들인 야마또노 아야씨이다."

8세기 긴끼지방 전체 귀족층의 족보를 적은 『신찬성씨록』에 의하더라도 긴끼지방에는 숱한 이주민들의 후손들이 정착하였음을 알 수 있다. 종래의 팔색성(八色姓)[46]을 새로운 범주인 황별, 신별, 제번으로 재분류했다.

---

45 하니하라 기즈로(埴原和郎) 편저, 배기동 역, 『일본인의 기원』, 학연문화사, 1992, 19쪽.

46 『일본서기』「천무기」13년(685년)에 나오는 8종의 성씨를 뜻한다.
"13년 동10월 여러 씨의 족성을 고쳐 8종의 성을 만들어 천하 만성의 혼란을 통일한다. 제1 진인(眞人) 제2 조신(朝臣), 제3숙녜(宿禰).제4 기촌(忌寸), 제5 도사(道師) 제6 신(臣).제7 연(連), 제8 도치(稻置)이다. 이날 수산공·노공·고교공·삼국공·당마공·자성공·당비공·저명공·판전공·우전공·식장공·주인공·산도공의 열셋 씨에 진인의 성을 내렸다(冬十月己卯朔, 詔曰, 更改諸氏之族姓, 作八色之姓, 以混天下萬姓. 一日眞人, 二日朝臣, 三日宿禰, 四日忌寸, 五日道師, 六日臣, 七日連, 八日稻置. 是日, 守山公·路公·高橋公·三國公·當麻公·茨城公·丹比公·猪名公·坂田公·羽田公·息長公·酒人公·山道公, 十三氏賜姓曰眞人)"

연대	승문기	미생기	고분기
BC 7,000년	20,000		
BC 1,000년	73,000		
AD 100년		600,000	
AD 750년			5,400,000

미정 잡성 117씨를 포함하여 총 1,182씨에 대하여 왕도였던 좌경·우경을 비롯하여 키나이 5국(산성·대화·섭진·하내·화천국)에 살던 지배층 전체를 망라하였다.

『신찬성씨록』제3질 제번편(제21~29권)을 보면 한반도에서 망명해 간 제번 326씨족 중 아야히또가 50%로서 최대의 망명집단이었고, 백제계가 31.9%, 고구려계가 12.6% 신라계와 임나계가 각각 2.8%였다.[47]

『일본고대사(日本古代史)』5권〈전방후원분의 세기〉(중앙공론사(中央公論社), 1986년판)에 기초해서 보면 죠몽시대 말기 일본 열도의 전체인구는 약 7만3천여명이고, 야요이시대는 약 60만여명, 고분시대는 약 540만여명의 사람들이 일본열도에서 살았다고 한다.

4. 일본 열도의 한국적인 것들

1) 한국계통 왕국이란 무엇인가

일본은 오랜 옛날부터 한국과 깊은 관계와 그 영향 하에 발전하여 왔다. 고대 일본의 문명개화는 고대 한국의 정치, 경제, 문화적 영향을 떠나서 생각할 수 없다, 한국문화의 일본 전파는 일본 열도 여러 곳에 만들어진 고대 한국 이주민집단의 소국을 매개로 이루어졌다. 야요이문화 시기가

---

47 김성호, 『씨성으로 본 한일민족기원』, 푸른숲, 2000, 360쪽.

시작될 때부터 일본열도에는 한국사람들의 마을이 형성되어 갔다. 지금까지 마을을 '무라'라고 하는데 이는 한국어이며, 일본 땅에서 마을의 역사가 한국인에 의하여 시작되었음을 단적으로 말해준다.

사람들이 모여서 마을을 이루게 되는데, 마을이 모여 '고을'이 된다. 일본말의 '고을'이란 뜻의 '고호리'도 한국어 '고을'에서 유래한다. 수많은 소국들 중에는 이도국(伊都國)처럼 고대 한국의 이주민들이 형성한 나라들도 적지 않았는데, 그 소국들은 당시의 조건에서는 위력적인 존재였을 것이다.

대체로 몇 개 고을이 합쳐져서 소국을 형성하는 경우 소국의 패권을 장악한 우두머리급이 야요이시기 이래 선진문화의 소유자이며 앞선 무기를 지닌 강자들의 집단이었을 것이다.

서기 전후 시기부터 일본열도에 소국이 형성되었는데 이런 소국의 역사가 수백 년 계속되었을 것이다. 이 동안에 언제나 한국 이주민들이 패권을 쥐고 소국의 우두머리로 존재했다고는 생각되지 않는다. 때로는 원주민집단도 패권을 쥘 수 있었을 것이다. 그러나 소국이 형성되던 초기 수백 년 동안에는 한국이주민들은 일본열도 도처의 소국들에서 패권을 쥐고 원주민들의 상위에 있었을 것이라고 유추할 수 있다. 북한 학계의 조희승은 이런 소국들을 한국계통소국이라고 부른다.[48]

2) 한국식 산성
① 한국식 산성의 축성 시기
현재 일본학계에서는 고대 일본의 군사방어시설로서 한국식 산성과 높은 곳에 만들어진 고지성(高地性) 집락 그리고 8세기 이후 동북지방에 설

---

48 조희승, 『일본에서 조선소국의 형성발전』, 1996, 한국문화사, 128쪽.

치된 성책(城柵)유적 등을 들고 있다. 일본학자들은 고지성 집락은 1~3세기경에 존재한 것으로 보고, 한국식 산성은 기껏 올려야 6세기 중엽 이후에 만들어졌다고 본다.

일본 원주민들이 살던 죠몽시기에는 일본열도에 어떠한 성새(城塞) 시설이 없었다. 이후 일본열도에 진출한 초기 한국 이주민집단이 처음으로 작은 마을(취락) 단위의 방어시설인 도랑을 팠다. 이는 이따쯔께, 아리따 유적 등 야요이 전기의 집주변에 만들어진 도랑 등을 말한다.

이와 같은 도랑시설을 낮은 곳에 만들어진 저지성(低地性) 유적으로 부를 수가 있을 것이다. 그 후 작은 마을들이 보다 큰 마을로 합쳐지면서 도랑은 저지성에서 고지성으로 옮겨갔는데 이것이 야요이 후기(1~3세기)에 세도내해 연안지대에 광범하게 출현했던 고지성 집락이다. 고지성 집락은 산성으로 넘어가는 전단계의 과도적 성새시설이다.

고지성 집락은 작은 것도 있고 큰 것도 있다. 시설의 크기는 시설 앞벌에 전개되어 있는 마을유적의 규모와 밀접하게 관계된다. 시설의 규모가 큰 고지성 집락은 산성 못지않은데, 그러한 실례로 교또부 오우기다니(扇谷) 유적을 들 수 있다.

이는 1974년에 발굴조사 되었는데 일본에서 가장 오래된 고지성 집락이다. 서기전 1세기경부터 만들어지기 시작했을 것으로 본다. 오우기다니(扇谷) 유적은 표고 56~66m의 두 구릉에 걸쳐 있으며 평지와의 비교차는 30~40m정도이다.

구릉 꼭대기에서는 다께노강(竹野川) 유역을 한 눈에 바라볼 수 있다. 내호(內濠), 즉 안쪽 도랑은 연장길이가 근 1㎞에 달하고 최대 너비는 6m, 깊이는 4m이며 경사도가 50~60도에 달할 정도로 경사가 급한 V자형 환호(環濠)[49]이다.

오오기다니 유적은 일본에서 가장 오래되고 가장 큰 고지성 집락이라고 할 수 있다.[50] 고지성 집락은 계급분화가 급격히 진행되던 시기의 세도나이까이 연안지역들에서 집중적으로 나타난다.

그 후 고분시기에 고지성 집락대신 나타난 군사방어시설이 서부일본 각지에 남아 있는 거대한 한국식 산성이다. 고지성 집락이 마을단위의 방어시설이었다면 한국식 산성은 소국 규모의 군사방어시설이라고 할 수 있다.

일본학계의 대체적 견해는 이 유적이 방어적 성격을 띠는 성새유적으로서 마을 단위의 방어적 목적에 이용되었다고 한다. 야요이 후기의 소국이란 기본적으로 큰 마을 정도의 규모였다. 마을과 마을을 통합하는 소국통합시기에 바로 그 마을 (소국)을 지키기 위한 성새를 200~300m높이의 고지에 구축한 것이 고지성 집락이었던 것이다.[51]

고지성 집락[52]이 밀집한 곳에 고분시기의 산성(한국식 산성)이 출현하는 것은 바로 이런 여러 마을들을 통합한 일정한 크기의 지역단위 국가가

---

49 조희승, 『초기조일관계사(상)』, 사회과학사, 1988, 83쪽.

50 『일본의 고대유적』 27, 교토, 보육사, 1986, 55~56쪽. 일본학계에서 일반적으로 바라보는 고지성 집락이란 해발고 200m 정도의 앞이 트인 산등성이나 산허리에 길이 10~200m쯤 되는 V자형 도랑을 하나 또는 아래위 2개 정도 굴설한 방어시설을 말한다. 오우기다니(扇谷) 유적은 일본에서 가장 오래되고 가장 큰 고지성 집락이라고 할 수 있다.

51 조희승, 전게서, 83쪽.

52 정경희,『백두산문명과 한민족의 형성』, 만권당, 2020, p. 526. 야요이시대의 주거유적 유형으로 고지성 환호취락은 평지로부터 30m이상의 높은 구릉 위에 위치하며 주위를 환호로 감싸고 있는 취락유형으로 서일본 지역을 중심으로 300여 개소 정도가 보고되었다. 그 기능은 대체로 방어용 취락이라는 견해가 많았다. 하지만 이제 서기전 4000년 이래 요동·한반도·요서에서 널리 나타나는 맥족계 제천시설인 환호를 두른 제천성 유적 유형이 분명해진 만큼 새로운 시각 전환이 가능케 한 대표적인 사례로 호쿠리쿠(北陸) 니기타(新潟) 후루츠(古津)소재 하치만(八幡山) 유적을 들 수 있다. 하지만 하치만 유적은 야요이시대 유적이 분명한데도 일본학계에서는 유독 토제 원단에 대해서만 야요이시대가 아닌 고훈시대의 고분으로 바라보았다.(상세한 설명은 p. 529 참조)

한국식 산성분포도

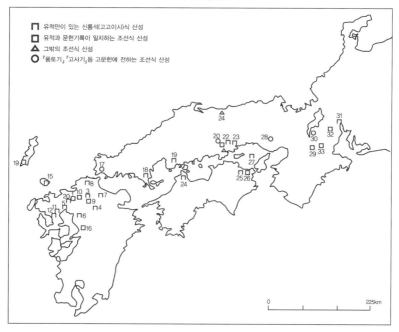

형성되었음을 의미한다.

같은 시기에 고지성 집락이 없는 북큐슈와 이즈모지방은 고지성 집락 단계를 거치지 않고 이미 산성수준에 이르렀다고 볼 수 있다. 이는 두 지대가 일찍부터 이주민집단이 보다 많이 진출하여 정착한 지방이었다는 사실과 관련된다.

남큐슈 일부와 중부 일본 이북지역들은 고분시기에 들어와서야 고지성 집락들이 점차 출현하게 되는데 이는 이 지대가 그만큼 서부일본 여러 곳보다 뒤떨어져 있었다는 것을 말해주는 동시에 한국의 이주민집단의 발자취가 적게 미쳤다는 사실을 알 수 있다.[53]

---

53 조희승, 상게서, 47쪽.

야요이 말기에 축조된 고지성 집락이 고분시기에 들어서면서 대부분 없어지는 것은 별로 이상하지 않다. 소국들의 형성발전 시기로 특징지어지는 고분시기에는 소국들의 방어시설로서 고지성 집락대신 산성이 축조되었기 때문이다.

그러나 일부 일본학자들은 고분시기에는 아무런 성새유적도 없었다면서 이는 '외적에 대한 방위가 불필요'하며 '큰 고분이 만들어지는 평화적 시기'였다고 주장하기도 했다.[54]

일본의 성새시설은 작은 마을단위의 저지성 환호(環濠)에서 큰 마을단위의 고지성 집락으로 발전했고, 이는 다시 소국가 단위의 한국식 산성(고분시기의 소국형성)으로 발전했다. 즉, 한국식 산성이 고지성 집락의 계승인 것이다. 왜냐하면 고지성 집락의 분포지역이 한국식 산성의 분포지역과 일치하는 데서도 알 수 있다.

고지성 집락의 분포는 동탁(銅鐸), 동과(銅鍋:구리 솥) 문화의 분포범위와 거의 일치하며 또 일본고분시대의 대표적 고분의 분포범위와도 일치한다. 이 동검, 동과, 동탁들의 원형이 한국이라는 것은 일본 내에도 널리 알려져 있다.

고지성 집락의 분포지역과 한국식 산성의 분포는 고대 한국 이주민집단의 정착지들과 일치한다. 바로 한국식 문화유적 유물의 분포지역은 곧 한국 이주민집단의 진출 분포지인데 그 배후에 한국식 산성이 있다.

② 산성과 신롱석(神籠石)

그런데 세도내해 연안인 야마구찌현, 히로시마현, 오까야마현, 에히메

---

54 조희승, 상게서, 84쪽.

신롱석의 소재지 현황 (출처: 문정창, 『한국사의 연장 일본고대사』, 인간사, 1989, 319쪽)

신롱석의 소재지 현황 (출처: 문정창, 『한국사의 연장 일본고대사』, 1989, 인간사, p. 319.)

명칭	위치	비고
대외산(對外山)	佐賀縣 佐賀市 久保泉	
뢰산(雷山)	福岡縣 糸島郡 前原町	
여산(女山)	福岡縣 門郡 瀨高町	
고량산(高良山)	福岡縣 久留米市 三井町	
녹모지마(鹿毛之馬)	福岡縣 嘉穗郡 穎田町	
어소곡(御所谷)	福岡縣 行橋市	
석성산(石城山)	山口縣 熊毛郡 大和村	
성산(城山)	香川縣 坂出市	

(愛媛)현, 까가와(香川)현, 오사까부현 등지의 고지성 집락의 분포지역 중
심부에는 한국식 산성이 출현하지만 북큐슈와 이즈모, 야마또 및 비와(琵
琶)호를 둘러싼 지대에서는 고지성 집락유적은 보이지 않고 이른 시기의
한국식 산성[55]이 출현한다.

고지성 집락과의 계승성이 없는 산성들이 있는 것이다. 이를 알기 위해

---

55 서정범 ,『한국에서 건너간 일본의 신과 언어』, 한나라, 120쪽. 팔기대사(八岐大蛇:야마타노 오
　　로찌)는 8개의 고조선식 산성을 말하는 것이다. 산의 능선에 있는 산성 벽을 멀리서 바라보면 그
　　형태가 마치 큰 뱀을 연상시키기도 한다. 이를 먼저 그곳에 살고 있던 한국 이주자가 쌓은 8개의
　　산성족과 싸워 그 청동과 사철의 지배권을 수중에 넣었다고 본 사학자 나가다 가오레(中田薫)의
　　「한국으로부터의 이즈모(出雲)의 민족의 도래사」의 견해는 주목할 만하다.

서는 이른바 신롱석(神籠石) 산성에 대하여 먼저 알 필요가 있다. 신롱석은 네모난 성돌을 한두 겹 포개놓은 열석선의 긴줄로 이루어진다.

그 열석으로 둘러친 산과 숲을 신령이 깃든 장소라고 한다. 이런 장소를 감나비라고 하고 이런 산을 감나비산이라고 한다.

이는 신이 있는 산이란 뜻으로 '신나비(神奈備), 감남비(甘南備), 신명통(神名樋), 신명비(神名備), 신남(神南), 신나비(神奈比) 등으로 표기하였다. 신롱석(神籠石)을 영역 표시로 보는 주장이 있는데 이런 논리이다.

- 『일본서기』에 의하면 미와산에 오오무찌의 넋이 살아있는데 그 집둘레에 울타리를 쳤다. 울타리는 아마도 흙이나 돌로 했을 것이다. 이것은 신롱석과 같은 것이다.

- 감나비의 경계는 울타리(神籠石:신롱석)이며 이것을 '히모로기(神籬: 신리)[56]라고 하였다. 이는 『일본서기』「수인기」 3년조에 나오는 칠보(七寶) 중에 하나로 나오는 신보(神寶)이다.

- 『일본서기』「제명」 2년(656년)조에 나오는 다무령이 돌담을 치고 그 안에 천궁을 지을 때 돌담 쌓는데 7만 공수가 들었다고 한다. 이것도 궁성울타리의 일종의 경계표석이다.

- 히모로기는 『일본서기』「신대기」에 나오는 반경(바위의 지경)이다. 반경은 도로로 만든 울타리 즉, 신롱석이다.[57]

---

56 정형진, 『문화로 읽어낸 우리고대사』, 휘즈북스, 2017, 266쪽. 일본에서 웅녀를 조상신으로 모셨다는 단서는 『일본서기』「수인기」 3년조 신라왕자 천일창이 일본으로 망명하면서 가져간 예물 중 웅신리(熊神籬)라는 것이 있다 이때 신리라는 것은 휴대용 신단(神壇)이다. 박씨계 왕자였던 천일창은 왜 일왕에게 휴대용 신단을 전한 이유는 한반도의 진인들과 혈맥이나 문화적으로 관련이 있었기 때문일 것이다. 그들이 곰을 조상신으로 모시지 않았다면 곰 신단을 건네는 의미를 찾기 힘들다.

57 『서일본 고대산성의 연구』, 명저출판, 1985, 78~84쪽.

신롱석을 영역의 경계표식으로 주장하는 학자들의 견해에는 일리가 있다. 신령이 깃든 산을 돌담으로 에워싸고 그것을 감나비, 즉 신령이 깃든 산이라고 부른 것은 일리가 있다. 문제는 신령이 도대체 무엇인가 하는 데 있다.[58]

5. 일 왕궁에 모셔진 가야신(皇靈殿:황령전)과 백제신(韓神殿:한신전)

지금의 도쿄 일왕의 궁성 내에는 나라(奈良)·평성경(平城京) 이래 지금까지 쭉 모셔오는 삼좌의 신전이 있다고 한다. 가야신 황령전(皇靈殿)·신라신 원신전(園神殿)·백제신 한신전(韓神殿)이다.

이 삼신은 『일본서기』에 나오는 일 왕가의 유래를 그대로 말해주는 것이다. 가야신을 모신 황령전의 제신 다까미무스비신(高皇産靈神)은 천손 니니기노 미고도(瓊瓊杵尊)의 외조부이고 일 왕가(천황가)의 고향인 가야의 신이다. 소노기미(園神)는 신라신인데 일 왕족이 나라에 들어올 때 선주족 신라신 대물주신(大物主神)을 모시는 조건으로 들어왔다. 이는 미와산(三輪山)의 오오미와신사(三輪神社)에 모셨던 신이다. 일 왕족(천황족)은 뒤에 가와찌왕조에 통합되는 데 가와찌왕조는 백제계이고 가라기미 한신(韓神)은 백제계신이다.

또 13세기에 쓰인 천황론의 정통서인 기다하다게 찌가후사(북전친방:北畠親房)의 『황통정통기』는 요시노조(吉野朝: 후제호왕조)의 천황의

---

58 조희승, 『일본에서 조선소국의 형성과 발전』, 한국문화사, 1996, 102쪽.

이세신궁의 일부 모습

정통성을 옹호하는 글로 여기서는 천황은 신황으로 정통을 삼는다고 주장하고 있다.

앞의 설명은 『神官의 長, 祭司長 - 神皇 - 天皇』이라는 뜻인데, 일왕은 2차 대전후 맥아더 사령부에 나가 '짐은 신이 아니다' 인간선언을 한 바 있다. 천황의 즉위식을 '대상제(大嘗祭)'라는 일종의 제례행사로 신황적인 성격을 말해주는 것이다.

신사는 왕실과 밀접히 엉켜 있는데 국민의 숭앙의 대상인 왕실이 가장 중시하는 행사는 신궁에 제사지내는 일이다. 이세신궁은 황실 조상신인 아마테라스(天照大神)의 사당인데, 그 제사 때의 노리또(祝:축사)에는 'からおぎせんや(韓招)'라는 구절은 가라가미(韓神)을 맞이하라고 하는데 제례의 시작이 이 축(祝)이라고 한다.

한신(韓神)은 대상제(천황 즉위식)의 순서에도 들어있는 야소시마마쯔리(八十嶋祭)[59]에서 맞이하는 신인데 백제신이다. '『건무년중행사(建

---

59 팔십도제(八十嶋祭)는 헤이안(平安:794년)시대부터 가마쿠라(鎌倉: 1185)시대까지 390년으로

武年中行事)』'기록에

는 적어도 중세인 제96

대 후제호(後醍醐)천황대

(1318~1339)까지 일본왕

실이 이 '한신제(韓神祭)'

를 궁내에서 지냈다는 기

록이 남아있다.

『일본어사전』 '광사원'에

는 '가라노 가라가미(韓

神)'항목에서 한신을 백제신이라고 밝히고 있다.[60] 황조신궁인 이세신궁의

제례절차에는 백제식 〔축사(祝詞)와 신락(神樂)과 신무(神舞), 신관과

무녀의 복장〕 등이 거의 그대로 백제식으로 남아 있다.[61]

야소시마마쯔리(八十嶋祭)는 천황 즉위식의 한 의례인데 그 의미는 새

로이 즉위하는 천황은 가와찌(아스카베왕의 궁)에서 맞이한다는 의미있

는 행사이다. 다시 말하면 야마또왕조의 정통성이 아스까베왕국에 있다

는 것이다.

그런데『일본어사전』에는 엉뚱한 제신에 제사드리는 것으로 왜곡되어

있다. 이해할 수 없는 내용으로 바뀌어 있다. 이 사전이 보수적이기 때문

에 '아스까베왕국'의 존재를 나타내는 부분을 지우려 한 것이지만 이 제례

(祭禮)는 5세기에 가와찌의 난파궁에서 시작되었다는 것은 바로 아스까

천황 즉위의례(卽位儀禮)의 일환으로 나니와즈(難波津)에서 행하여진 제사였는데, 지금은 폐지
되었다.

60 한신(韓神), 일어사전, 제3판 암파서점, p. 509.

61 김달수,『일본속에 한국문화유적을 찾아서(2권)』, 대원사, 1995, p. 99.

베왕국을 말하는 것이다.

가와찌(河內)의 나니와궁(難波宮)이란 바로 아스까베왕국의 2대 왕궁을 말한다. 그리고 대팔주(大八洲)라는 개념은 있을 수 없고, 그런 신(神)도 없었다.

이 대팔주(大八洲)라는 용어는 기·기(紀·記)편찬 후부터의 용어이다. 그런데 난파궁이 일반적으로 인덕궁(仁德宮)으로 알려져 있는 것은 『일본서기』가 아스까베 왕국을 야마또 왕조에 편입하면서 생긴 것이다.

일본정부는 2차 대전후 정교분리(政敎分離)에 의해 신사를 법으로 관리 관할하게 하여 국민의식(國民意識)을 바꿀 수 없다. 그래서 지금 일본의 신사(神社)는 신도(神道)라는 이름으로 점차 종교화(宗敎化) 하는 과정이다.[62]

6. 이도지마(糸島)반도의 이토 왕국-최초의 가야왕국

1) 일본 최초의 왕국 가야

야요이 전기말 중초기(서기전1세기) 현해탄에 닿아있는 북큐슈 일대에 좁은 놋단검관계 문화일식을 갖춘 이주민집단들이 집중적으로 진출 정착하였다. 이 일대에 독무덤이 다른 묘제를 누르고 갑자기 대형화되면서 보급되는데, 이 독무덤 형태는 팽이그릇에 연원을 둔 이른바 김해식 독무덤이다. 북큐슈 일대에 고대 한국인이 이주 정착하였음은 앞에서 언급한 이히모리 다까끼(飯盛高木)유적에서 알 수 있다. 이는 돌무지무덤인데 한국의 황해도 신계군 정보리 유적, 대전 괴정동 유적, 충남 예산군 동서리 유적 등지의 돌무지무덤과 같은 연원을 지닌 한국식 묘제이다.

---

62 승천석, 『고대동북아시아와 예맥한의 이동』, 책사랑, 2011, p. 457.

이히모리 다가끼유적(飯盛高木)은 규모나 그 풍부성에 있어서 같은 시기의 유적과 대비가 안 될 정도로 크며 이토국왕의 무덤으로 추측되는 미구모(三雲)유적보다도 150년이나 앞서는데, 이 유적이 현재로서는 일본 최초의 초기소국이자 한국 계통소국의 가장 이른 국왕의 유적무덤으로 볼 수 있다.

『삼국지』「위지」에 나타난 대로 이도국(伊都國)에 이르는 노정(路程)[63]을 보면 야요이시대 마을이 형성될 때부터의 일본열도에는 한국 이주민들의 마을이 형성되었음을 알 수 있다.

서기 전후 시기부터 일본열도에는 소국이 형성되고 있는 것을 볼 수 있는데, 그러한 소국의 역사는 수백 년 동안 계속되었을 것이다. 앞서 말한 것처럼 다른 묘제를 누르고 독무덤이 갑자기 대형화하면서 보급되는데 이는 팽이그릇에 연원을 둔 김해식 독무덤이다. 즉 일본 최초의 소국은 가야계 소국인 것이다.

2) 이도지마 가야소국의 연혁과 변천과정

가야의 묘제는 ① 돌무지 나무관무덤 ② 수혈식 돌칸무덤 ③ 수혈식 횡구식 돌무덤 ④ 횡혈식 돌칸무덤[64]의 네 개의 형식으로 구별할 수 있다.

---

63 앞의 46~47쪽에 원문과 번역문이 있다.

64 고오모도 사내유기(甲元眞之), 『일본인의 기원』「큐슈에 있어서 사람의 이동과 교류」, 학연문화사, 1992쪽. 115~128쪽. 횡혈식 석실 묘제에는 3가지 형식이 있다. 첫째는 후꾸오까의 로오지 고분이나 스기사끼고분 등과같이 종래의 수혈식 석실의 영향을 보이면서 관념적으로 옆으로 넣는다는 의미로 상부에 입구를 설치한 형식. 둘째는 종래의 상자형 석관으로 폭 50~60cm, 길이 1.5~2m의 돌로 상자를 만들어 여기에 사체를 넣은 것이 아니라 이보다 좀 더 큰 폭 1m, 길이 3~5m에 달하는 돌로 석관을 짜고 한 장의 판석으로 측석을 만들고, 몇 장의 작은 돌을 조그맣게 쌓은 석실형태의 석관을 만든 형식. 셋째는 횡혈식 석실의 평면형이 정방형이며 천정을 돔형으로 만든 것이다. 첫째 형식은 큐슈 북부와 기나이의 일부지역에 남아있다. 둘째 형식은 종래의 상자식 석관을 대형화한 것으로 한반도 남부 가야지역에 많이 분포하는데 같은 형식이 큐슈 북부 및 기나이에도 산

그 순서는 그 번호 순서대로 발전 하였다.

　4세기까지 가야소국은 이도지마 반도의 서부지구 즉 가야산을 중심으로 한 지대에 있었던 것으로 보인다. 일본의 고분시대에서 5세기에 해당하는 고분 중기는 여러 가지 면에서 획기적인 시기라 할 수 있는데 역사적인 사건들과 더불어 종래의 수혈식 돌칸무덤이 횡혈식 돌칸무덤으로 변천하는 시기이다. 북한 학계에서는 광개토대왕릉비(廣開土大王陵碑)에 나오는 왜(倭)는 이 이도지마 반도 일대에 있던 가야소국의 왜였을 것으로 보고 있다

　이도지마 반도에는 근 40기나 되는 우두머리급의 무덤인 전방후원무덤이 밀집되어 있어 그곳에서 가야계 소국이 형성, 발전하였음을 잘 보여준다.[65] 거기에는 이끼산 죠시즈까무덤을 비롯하여 100m가 넘는 우두머리급의 무덤 39기나 밀집되어 있다. 이도지마와 같은 좁은 지역에 그토록 많은 전방후원분 무덤들이 몰려있는 것은 북큐슈의 다른 지방에서는 찾아보기 힘든 현상이다. 이는 그곳에 소국이 존재하고 있었다는 것을 말해준다.

재해 있다. 셋째 형식은 소위 히고(肥後)형 석실이라고 하는 횡혈식 석실분인데 구마모도현 및 큐슈중부 중심으로 하는 지역에 분포하고 있다.

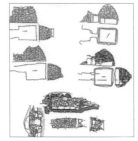

좌) 횡혈식 석실 야나자와
우) 한성시대 백제의 횡혈식석실과 히고형 석실

65 조희승, 『일본에서 조선소국의 형성과 발전』, 한국문화사, 1996, 142쪽.

5세기에는 또한 매장시설의 획기적 변화와 함께 무기에 있어서도 질적 변화의 시기였다. 보병의 근거리 접근전 대신 기병전을 전투형식으로 하는 새로운 전투방식이 나타났는데, 이는 말의 사육과 칼과 활, 활과 살(촉)의 개량, 보병용 단갑대신 패갑(쇠찰갑) 등이 출현했다.

이도지마 반도는 5세기에 묘제와 철제 무기 및 농공구 등 군사 및 농업 분야에서 전일본적에서 가장 먼저 급속한 변화를 일으킨 곳이기도 하다. 수혈식 무덤을 대신하여 출현한 횡혈식 무덤은 6세기에는 완전한 자기 형태를 갖추고 일본 열도 전국을 휩쓸었다. 그러나 그 첫 시작은 5세기 초이며 5세기 중엽 경부터 서서히 큐슈 전반을 휩쓸면서 세도내해를 동천하여 기내 일대에 도달한다.

방추차(紡錘車)는 주산알 모양의 실 뽑는 기구로서 고대의 수공업적 방적에는 없어서는 안 될 물건이다. 이는 질그릇처럼 진흙을 빚어 방추차 모양으로 만든 다음 높은 온도로 구워 만든 것으로서 일본 고분시대에 없었던 독특한 유물이다.

그 뿌리는 고대 한국에 있다. 긴끼지방의 도질제(陶質制) 방추차는 5세기후반 6세기 후반까지 내려가는 반면 이도지마 반도와 후꾸오카 평야 등의 방추차는 4세기 5세기 초에 나온다. 이는 가야계 세력이 집중적으로 진출 정착하였다고 보는 일대에서 나온다. 여러 한국식 도질토기와 함께 이 방추차가 나오는 것이다.

일본 최초의 한국식 기마전투용 갑옷은 로오지(老司)고분과 수까사끼(鋤崎)고분 등지에서 나오기 시작하는데 바로 이 일대에 4세기말 5세기초 가야계 사람들이 진출 정착하였음을 보여주는 유물이다.[66]

가죽엮음식 단갑은 물론이고 징으로 철판을 이어서 고정시키는 기술은

66 조희승, 『초기조일관계사(상)』, 사회과학사, 1988, 152쪽.

5세기의 일본기술이 아니라는 점에서도[67] 이는 가야계가 진출했음을 말해주는 유물이다.

그래서 북한 학계는《광개토대왕릉비》에 나타난 왜는 이도지마반도를 중심으로 하는 비교적 넓은 지역에 있던 한국계통 소국의 군사로 해석하면서 이들을 고구려 사람들이 왜라고 한 것으로 추측하고 있다.[68]

이도지마 반도를 비롯한 북큐슈는 가야계와 백제계가 이주하면서 일본의 가장 선진지대로 될 수 있었던 것이다. 이런 발전 양상을 말해주는 일본 최초의 횡혈식 무덤의 시작점이 바로 이도지마 반도의 가야소국이라는 것이다.[69]

그런데 가야소국이란 이도지마 일대에 남아 있는 가야관계 지명만이 아니라 일본열도 전역에 가라 및 가야관련 지명이 분포하고 있는 것은 가야계·백제·신라·고구려계가 일본 열도에 진출해서 정착하기 수세기 전부터 진출하였음을 말하고 있다.

이도지마 반도의 좁은 지역에 밀집된 40여기에 달하는 전방후원무덤의 존재와 한국식 산성[70]의 존재는 이 지역에 일찍이 가야계통 소국이 존재

---

67 조희승, 상게서, 157쪽.

68 조희승, 상게서, 163쪽.

69 조희승, 상게서, 163쪽.

70 정경희, 『백두산문명과 한민족의 형성』, 만권당, 2020, p. 419~ 421. 하가점문화의 가장 큰 특징은 석성또는 토성과 같은 성보문화인데 석성들은 대체로 강안에 연해있는 구릉성 산지를 따라서 축조되었다. 지세 면에서는 산정, 산구릉, 언덕 등지에 건축되는 경우가 일반적이며, 성지의 평면 형태는 방형·원형·타원형·삼각형 등이다. 하가점하층문화기 석성의 분포 범위는 서랍목륜하 이남 적봉지구, 요령성 서부 및 하북성 동북부일원이며 노합하 및 대·소릉하의 지류 근방의 산구릉지 정상부에 집중되어 있다. 석성군에 대한 중국학계의 입장은 다기하다 첫째 군사방어시설로 보는 경우, 둘째 제사시설로 보는 경우, 세째 주거시설·군사방어시설·제사시설 3유형으로 나누어 보는 경우로 첫째와 둘째 견해를 절충한 견해이다. 첫째 군사방어시설로는 화하족이 북방족을 막기 위해 조성한 장성(長城)의 조형, 곧 원시장성으로 바라보는 소병기(蘇秉琦)의 견해에서 비롯되어 가장 널리 지지를 받아 오고 있다.

고대 일본은
한국의 분국

하고 있었음을 말해주고 있다.

일본열도 내 가라·가야라는 국명 및 지명의 소재지 [71]

---

71 최재석,『백제의 대화왜와 일본화과정』, 일지사, 1991, p. 430.

Ⅲ 천황족의 동진과 기비지방의 가야왕국

1. 천신족(천황족)의 이동과 이민기

1) 한국(가야·백제·신라·고구려)의 일본 진출경로

서기전 8,000~7,000년경부터 시작된 일본의 죠몽문화(신석기)시기는 서기전 4, 3세기에 와서 야요이문화로 교체된다. 7. 8천년동안 거의 큰 변화 없이 흘러오던 일본사회가 갑작스럽게 변한 계기는 고대 한국인들의 대규모적인 이주에 있었다. 고대 한국인들의 집단 이주와 활동에 의해서 일본은 서기전 4~3세기라고 추정하는 야요이문화가 개시되었다. 야요이문화의 전수의 대표적인 것은 한국의 농경문화였다.

일본 천황족의 원류는 가야계인데 이들이 신천지를 향해 이동하는 것이 이른바 천황족의 동진이다. 그 경로는 『일본서기』와 『고사기』상에 신대기의 국토생성 과정과 팔대주 탄생과 천손강림기에 잘 나타나 있다.

일본사의 고분시대라는 이 시기에 나타나는 고분들은 한반도에서 일본으로 건너간 가야와 삼국인들이 만든 것으로 일본역사의 서막이라고 할 수 있다. 이들 4국(가야·백제·신라·고구려)인들이 각자 독립된 소국들을 건설하면서 일본의 중심부인 가와찌로 들어가는 과정을 살펴보자.

가장 먼저 일본열도로 진출한 가야계는 큐슈 서북부의 웅습국, 후꾸오

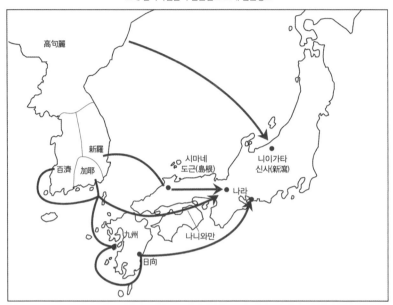

고대 한사국인들의 일본열도 도해 접근경로

까 서부의 축자국, 북동의 하다국, 풍국과 시네마현 이즈모(出雲)를 거쳐서 길비(吉備)지역으로 진출했다. 백제는 큐슈의 남부와 북부를 거쳐 세도나이까이 연안과 기나이지방으로 진출했다.

신라는 경주해안에서 동해를 횡단해서 시네마현을 거쳐 길비와 나라로 진출하고 이즈모와 능등반도로도 진출했다. 고구려는 한반도 동해안 북부에서 신사현(直江市)를 거쳐 약협만(若狹灣)과 비파호 등지를 거쳐 혼슈지역으로 진출했다. 이런 진출로는 일본 현지에 남긴 다양한 유적을 통해서 알 수 있다.[1]

2) 가야천황족의 이민기
일본 최초의 왕가는 가야계가 시작하는데 그중에서도 고령의 대가야를

---

1   승천석, 『고대동북아시아와 예맥한의 이동』, 책사랑, 2011, p. 337.

주목해야 한다. 고령의 변한 12국 시절 나라 이름은 대가야는 12왕국 중 수장국인 미오야마왕국(彌烏邪馬王國)이다. 조선시대의 지리지인『동국여지승람』고령현 조를 보면 고령에 있던 대가야의 시조 이름은 '이진아기(伊珍阿豉)'이다.[2][3]

일본의『고사기』와『일본서기』신대(神代)에는 일본 팔대주를 낳은 신의 이름이 '이자나기'인데, 그는 천황족의 고향인 다까마가하라(高天原)에 있다가 천황족을 이끌고 일본열도로 건너간다.『일본서기』·『고사기』 신대기 이자나기의 대팔주 탄생이란 천황족의 일본열도 이민기를 말하는 것이다. 이진아시와 이자나기는 동일인이며, 고령의 대가야가 바로 일본 천황족의 고향인 고천원이고 일본천황가의 고향인 것이다.

기기(記紀:고사기·일본서기)의 천손강림이란 천손 니니기 미꼬도(瓊瓊杵尊)가 가야를 떠나 북큐슈주로 건너가는 이야기를 뜻한다. 그가 북큐슈에 처음 도착해서 했다는 말이 712년에 편찬된『고사기』「상권 6」에 나온다.

"이 땅은 가야(韓國:한국)를 향해 있고 가사사노미마에(笠沙御前)로 바로 통하고 아침 해가 비치는 나라, 저녁 해가 비치는 나라이다. 그래서 이 땅은 참으로 길지(吉地)다."[4]

---

2 고준환,『사국시대 신비의 왕국』, 우리, 1993, p.85. 이종항(李鐘恒)교수는『고대 가야족이 세운 구주왕조』라는 책에서 대가야의 이진아고를 '이진아시'로 발음하여〔고(鼓)는 메주 같은 콩의 가공물을 뜻할 때 '시'로 발음〕'이진아시'와 '이자나기'가 동일한 말로 같은 인물이라면서 '이진나기'는 천부신(天父神), '이자나미'는 지모신(地母神)이라 하였다.

3 승천석,『고대동북아시아와 예맥한의 이동』, 책사랑, 2011, p. 171.

4 『古事記』上卷-6, "此地者, 向韓國眞來通, 笠紗之御前而, 朝日之直刺國, 夕日之日照國也. 故, 此地甚吉地"

『고사기』에서 천황족이 말하는 한국(韓國)이란 곧 가야다. 그가 내린 북큐슈의 구지봉이 고국 가야를 향해 있으며 가야와 통하는 포구 가사사노미마에로 바로 통하는 것이 기뻤다는 뜻이다. 일 왕족은 북큐슈의 감목(監牧) 축자성에서 살다가 나라(奈良)로 옮겨가는데 이를 기기(紀·記)에서는 신무동정(神武東征)이라고 표현했다.

3) 일본으로 건너가는 디딤돌 대마도에 모여든 신들

대마도는 북위 34도, 동경 129.5도 상에 위치하며 동서로 장구형(長矩型)을 이루고 있다. 총면적은 400리인데, 상도, 하도 두 섬으로 나누어져 있으며 상도의 면적은 하도의 약 두 배이다. 상도와 하도 사이에는 좁은 천모만(淺茅灣)이 있는데 이 만에는 상·하 양도로부터 돌출되어 있는 작은 반도들이 여럿 있다. 풍랑이 심한 동지나해를 향하고 있는 대마 하도도 지역은 평온하다.

이 지역은 먼 옛날 한반도에서 일본열도로 건너가는 고조선인들의 1차적인 육교 구실을 하였을 것이다. 이곳에 일본열도의 다른 어떤 지방보다도 가장 먼저 고조선 소국이 출현하였을 것이다.

일본열도로 건너간 사람들이 고국을 그리워해서 최초의 국가·형의 나라·주인의 나라라는 의미로 부른 것이 '임나(任那)'였을 것이다. 한국어에서 임(任)은 맏(형) 혹은 임금(군)으로 해석된다.[5]

『일본서기』「숭신기」[6]에 의하면 그러한 임나국이 서기 전부터 대마 하

---

5   문정창, 『한국사의 연장 고대일본사』, 인간사, 1989, 326쪽. 『일본서기』 웅략기 5년 무녕왕(武寧王)이 태어난 섬을 주도(主島)라고 하였다. 주도를 '니리무 세마'라 읽는데 '니리무'는 고대 조선어로 국주(國主)이다.

6   『일본서기』「숭신기」(65년조), "가을 7월 임나국이 소나갈질지를 보내 조공했다. 임나국은 축자

도에 설치되어 있었던 것 같다. 임나국이 대마 하도에 위치하고 있었던 것은 『신찬성씨록』[7]에서도 알 수 있다.

대마도는 일본 열도로 들어가기 전에 반드시 거쳐야 하는 길목으로 천황족이 도해과정에 거쳤던 지역의 하나이므로 일본에서 가장 오래된 신들이 대거 모여 있는 곳이다.

일본의 『기기(紀記:일본서기·고사기)』의 신대기에 나오는 중요한 신들을 모신 신사들이 거의 여기에 있다.

주요한 것들을 열거하여 보면 일본 황실의 황조신인 다까미무스비신(高皇産靈神)과 아마데루신(阿麻氏留神:해신), 천손니니기노미꼬도(瓊瓊杵尊), 일본의 초대 천황 진무(神武)의 조부 히고호호데미노미꼬도(彦火火出見尊)와 아버지 우가야후끼아헤(鵜葺草不合), 황실조신 가미무스비노미꼬도(神皇産靈尊), 아메노고야네노미꼬도(天兒屋命), 아메노후도다마노미꼬도天太玉命), 이즈모계 신으로 스사노오노미꼬도(素戔嗚尊), 오오나무찌노미꼬도(大己貴命),[8] 스꾸나히꼬나미고도(少彦名命), 고도시로

국에서 2천여리를 가는데, 북쪽은 바다로 막혀 있고, 계림의 서남쪽이다(秋七月, 任那國遺蘇那曷叱知, 令朝貢也. 任那者去筑紫國. 二千餘里. 北阻海以在鶏林之西南)"

이 구절에서 말하는 임나국은 대마도이다. 지금의 큐슈인 축자국에서 2천여 리 떨어져 있고 북쪽은 바다로 막혀 있으며, 계림(신라)의 서남쪽에 있는 곳은 대마도이기 때문이다. 그런데 동북아역사재단에서 편찬한 『역주 일본서기 1』은 '막혀 있다'는 뜻의 조(阻)자를 '사이에 두고'라고 번역했다. 무슨 수를 써서라도 가야를 임나로 둔갑시키기 위한 것이다. 대한민국 국고로 이런 장난을 쳤는데 일본 극우파들이 번역했다면 명실상부하다고 할 수 있다.

7   『신찬성씨록』「우경황별」(길전연조)

8   윤영식, 『백제에 의한 왜국통치 삼백년사』, 청암, 2012, p. 92~94. 대기귀명은 신대기 제팔단(일서제육)에 의하면 그의 이명으로 「신대기」 제팔단(일서 제6)에 의하면 그의 이명으로서 大國主神, 大物主神, 國作大己貴命, 葦原醜男, 八千戈神, 大國玉神, 顯國玉神, 등 일곱이나 되는 이름을 소개하고 있는가 하면 『古事記』에도 大國主神, 大穴牟遲神, 葦原色許男神, 八千牟神, 宇都志國玉神, 異名이 있다. 또한 『풍토기』에서도 大穴持神, 大汝神, 造國神등으로 다양하게 표기되어 있다. 대기귀명은 안라가라(임나국)출신으로 소전명존의아들 대기귀명이 『성씨록』상 임나국 풍귀왕과 대반연의 원조 무일(일신, 도신)의 아들 건지대연공 즉 이름만 건지와 동일인물로 연결되고

누시모미꼬도(事大主命)등 지금의 고령인 다까마가하라(高天原)에 있었던 천신들과 이즈모의 양국(讓國)과 관계있는 이즈모의 최고신 등이 모두 이 섬에 모여 있다.

왜 신대의 신과 건국의 주신들이 큐슈나 나라를 두고 이 변두리 땅 끝에 모여 있는 것은 한반도의 고국을 떠나 가장 먼저 거쳤던 곳이기 때문이다. 대마도는 가야인들이 일본으로 건너가는 첫 디딤돌이었음을 말해주고 있는 것이다.[9]

2. 기비지방의 가야왕국

1) 기비지방의 입지

한국의 대학 사학과를 장악한 강단사학자들은 아직도 임나일본부설을 신봉하고 있다. 총론으로는 "임나일본부설을 극복했다"고 말하지만 각론으로 들어가보면 여전히 "임나는 가야다"라고 주장하고 있는 것이다. 이는 아직도 일본 극우파들이 주장하는 임나일본부설을 추종하고 있는 것이다.

다만 지금은 과거처럼 임나일본부가 가야를 지배했다고는 주장하지 못하고 대신 가야에 야마토왜의 외교기관(또는 출선기관)이 있었다, 교역기관이 있었다는 식으로 변형된 임나일본부설을 주장하고 있다. 어떤 구실을 붙이든 가야에 야마토왜의 세력이 상주하고 있었다고 주장하기 위한 것이다.

대기귀명 역시 대반씨이고 안라가라출신인 것이다.

9 승천석, 『고대동북아시아와 예맥한의 이동』, 책사랑, 2011, 529쪽.

반면 북한학계는 야마또정권이 '미야께'[10]를 두었다고 하는 미마나(任那)는 서부일본에 있는 한국계통 소국이라고 말하고 있다. 구체적으로는 현재 오까야마현과 히로시마현 동부에 있는 기비(吉備) 지역이라고 보고 있다. 북한 학계는 야마또정권은 7세기 중엽 이후에야 일본 서부지역을 기본적으로 통합했다고 보고 있다.

그 전에는 통일정권이 아니었다는 뜻인데, 현재는 여러 일본 학자들도 이런 견해에 동의하고 있다. 일본 극우파 역사관을 추종하는 남한의 강단 사학자들만 아주 이른 시기부터 야마토왜가 통일왕국인 것처럼 호도하고 있다.

북한 학계는 7세기 중엽 이후 오까야마(岡山)현 기비지역을 야마또 정권이 군국체계로 편입시키면서 수도(기내)에 가까운 순서로 기비의 앞, 가운데, 뒤의 순서로 비젠(肥前), 빗쮸(備中), 빙고(備後)로 나누었다고 본다. 8세기 초에 비젠국(肥前國)의 6개 고을을 떼서 미마사까국(美作國)을 만들었는데 이를 일본역사에서는 '기비3국'이라고 부른다.

기비 3국은 7세기 이후에 탄생한 것이고 6세기 중엽 이전까지 기비지방은 야마또 정권의 통제 하에 들지 않았다. 그것은 이 일대 고분의 분포와 그리고 야마또가 설치했다는 시라이 미야께(白猪屯倉), 고지마 미야께(兒島屯倉) 등[11] 기비 5군에 둔 미야께가 『일본서기』에 따라도 6세기 중반인 데서 알 수 있다. 말하자면 6세기 후반 이전의 기비지방은 기비로 불리지 않았다.

---

10 미야께는 둔창(屯倉) 또는 관가(官家)라는 뜻인데 야마토 왕실의 재정을 확보하기 위한 왜왕의 직할농업경영지(直轄農業經營地)라는 뜻이다. 주)113에서 상세히 설명하였다.

11 『일본서기』「흠명기」16년(555년) 7월조에 소아입록 등을 보내 백저둔창(白猪屯倉)을 설치했다고 한다. 『일본서기』「흠명기」17년(556년) 7월조에 소아입록 등을 보내 아도둔창(兒嶋屯倉)을 설치했다고 한다.

기비 삼국(肥前, 備中, 備後) 지도

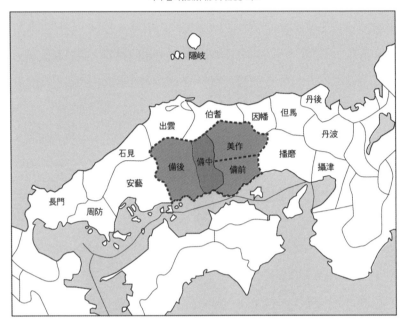

이 일대는 『일본서기』「청령기(淸寧紀)」(즉위전기)[12]에 나와 있듯이 기나이정권과 군사적으로 당당히 맞설 정도의 강력한 경제력과 군사력을 갖춘 권력집단이 존재하였다.[13] 기비지방 장관은 6세기 이후 기내 야마또 정권의 지배하에 들어간 다음에도 큐슈와 더불어 '기비대재(吉備大宰)' 라는 특별칭호로 불렸다.

---

12 『일본서기』「청령기」(즉위전기), "이때 대반실옥대연은 동한국직에게 '대박뢰천황(웅략천황)'의 유조를 지금 실천하려고 한다. 유조에 따라 황태자에게 받들어야 한다'라고 말하였다. (…) 같은 달 길비상도신등이 조정에 난리가 난 것을 듣고 길비치원이 낳은 성천황자를 구하려고 생각하고 수군 40척을 이끌고 해상으로 왔다. 이미 불타 죽었다는 것을 듣고 해로로 되돌아갔다. 천황은 사람을 보내 상도신의 죄를 묻고 그가 다스리는 산부를 빼앗았다(於是, 大伴室屋大連, 言於東漢掬直曰「大泊瀨天皇之遺詔, 今將至矣. 宜從遺詔, 奉皇太子.」 중략 是月, 吉備上道臣等, 聞朝作亂, 思救其腹所生星川皇子, 率船師卌艘, 來浮於海. 既而, 聞被燔殺, 自海而歸. 天皇, 卽遣使, 嘖讓於上道臣等而奪其所領山部)

13 조희승, 『초기조일관계사(상)』, 사회과학, 1988, p. 192.

기비지방은 고분군의 대집결지이며 여기에는 기내의 대형고분에 비길 만한 대형고분들이 있다. 그리고 일본고고학자들의 분류에 의하면 기비의 고분군을 또 10개 지역으로 나눌 수 있다고 한다.

고분의 10개 집중분포가 각 지역에 할거한 정치세력일 것이다. 『국조본기』(8세기말 편찬)라는 옛 책에 의하면 8세기경에 9개 정도의 구니노미야쯔꼬(國造), 즉 국조가 있었다고 한다. 9개의 국조는 다음과 같다.

가미쯔미찌(上道), 시모쯔미찌(下道), 가야(賀夜), 미누(三野), 가사노오미(笠臣), 오오호꾸(大伯), 기비노나까노아가따(吉備中縣), 기비노아나(吉備穴), 기비노호무지(吉備品治) 등이다. 기비에는 한국식 고분군과 여러 개의 한국식 산성이 집결해 있어 이주민집단이 세운 소국이 있었음을 알 수 있다.

그러나 기비의 역사는 지난날 '천황가유일사관(天皇家唯一史觀)'에 의해 제대로 서술되지 못했다. 그래서 지금까지 기비의 역사는 '수수께끼의 기비왕국'으로 불리우고 있다. 그러나 북한 학계는 기비의 역사는 고대 한국사람들이 세운 소국으로 시작되었을 뿐만 아니라 '임나일본부'와 직접 관계된다[14]고 말하고 있다. 임나는 가야가 아니라 가야계가 세운 기비왕국이었다는 뜻이다.

2) 기비지방의 가야왕국

① 지명과 문헌속에 나타난 기비 가야소국

『일본지명대사전』(평범사판 2권) 가야항목[15]에는 다음 같이 쓰여 있다.

---

14 조희승, 상게서, 193쪽.

15 김석형, 『초기조일관계사(하)』, 사회과학, 1988, 181쪽.『일본지명대사전』(평범사판 1938판)에는 무라(村) 이상의 지명만 수록했는데 '아라'라고 불리우는 지명은 효고현에서 6개를 찾아볼 수 있고, '가라'가 붙은 지명은 효고, 오까야마(岡山)현에서 수 개소를 찾을 수 있다. 『일본서기』 가라

"『국조본기』에 보는 기비의 나라이름, 응신천황때 죠도국의 국조의 아버지 나까히꼬 노미꼬또(中子仲彦命)[16]를 국조로 임명했다고 되어있다. 국군(國郡) 제정시 가야군(고을)으로 되어 빗쥬국(肥後)에 속하게 됨."

가야군은 '빗쥬국'의 옛 고을명인데 『일본서기』 응신 22년조에는 가야(蚊屋:문옥)[17]이라는 이름이 보인다. 가야는 다양한 이름으로 표기되었다. 일본 헤이안(平安)시대 편찬된 사전인 『화명초(和名抄)』에는 가야(賀夜)가 나온다.

여기에 나와세, 아따꾸라, 아시모리, 오오이, 하또리, 아소, 야따베, 오오시, 오사까베, 히와, 다끼, 우깐, 고세, 오오이시의 14개 향(鄕)을 둔다고 되어 있다. 여기서 보는 바와 같이 기비의 중심지인 빗쥬국에는 가야의 고을이 있었는데 이 가야 고을은 '대화개신(645년)'으로 국군제도가 제정되기 전에는 고을이 아니라 나라 즉 가야국이었다.

다시 말하여 7세기 기비 3국을 새로 내오면서 국(國)의 격을 떨어뜨려 군(고을)으로 삼은 셈이다. 기비에 가야국이 있었다는 것을 실증하는 자

7국의 하나로 나오는 비자발(比自㶱)은 경남 창녕의 옛 이름인 '비자벌(比自伐)'과 발음이 비슷하지만 우연으로 봐야 할 것이다. 『일본서기』 편찬자들이 적어놓은 가라 각국의 위치는 한반도에서 찾기보다 오까야마 기비지방에서 찾는 것이 좋을 것이다. 『일본지명대사전』에 의하면 오까야마현 기비군의 동부, 오까야마시의 서북 약 9㎞지점에 '히지까이(文違)'촌이 있다고 한다. 이곳은 빗쥬(備中)국의 땅으로 기비 미마나-가라지방이었다. 이 '지까이' 촌이 꼭 『일본서기』의 '시호(比自㶱:비자발)'이라고 주장하는 것은 아니지만 경남 창령군에다 비정하는 것보다 진실에 가까울 것이라고 생각한다.

16 『일본서기』 「응신기」 22년9월조, "다음 상도현을 중자중언에게 봉하였다. 중략~ 그러므로 그 자손이 지금도 길비국에 있다. 이것이 그 연유다(次以上道縣封中子仲彦…是上道臣·香屋臣之始祖也)"

17 문옥은 가야를 나타내는 명칭의 하나였다. 그 외에 가야를 나타내는 명칭은 표를 참조하다.

기비 지역 가야국을 사료를 통한 가야국 제 호칭 사례 (일본측 사료)
(출처:조희승, 『초기조일관계사(상)』, 사회과학, 1988, 194쪽)

호칭	자료출처	비고
가야(伽耶)	〈국조본기〉, 〈이로하류초〉, 〈후지하라〉경 토목간	
하야(賀夜)	〈연희식〉[18], 〈화명초〉〈정창원문서〉(천평11년) 〈민부식〉, 〈평성궁터출토목간묵서〉(377A)	
하양(賀陽)	〈십개초〉, 〈일본후기〉(대동3년5월) 〈속일본기〉	
향옥(香屋)	〈일본서기〉	
하옥(賀屋)	〈일본정통도〉	
문옥(蚊屋)	〈일본서기〉	
가야(伽倻)	〈기비군지〉(상권, 591)	

료가 많다. 많은 사료들은 기비 가야국을 다음과 같이 여러 가지로 이름
으로 표기하였다.

　위 표에서 보는 것처럼 기비 가야국의 가야는 여러 이름으로 표기했어
도 그 발음은 가야인 것이다. 하나의 대상에 대하여 이렇게 표기하는 경
우는 많다. 실례로 서기 42년 건국된 가야도 가량(加良), 가라(迦羅), 가
라(呵囉), 가락(伽落), 가락(駕洛), 가야(加耶), 가야야아(伽耶耶阿) 등
으로 표기했는데, 그것은 모두 가야(가라)를 표기한 것이다. 기비에 있던
나라가 가야라는 이름을 가지게 된 것은 가야계통의 이주민 집단이 진출
해서 나라를 형성했기 때문이다.[19]

　기비가야국이 가야이주민들의 정착지였다는 것은 옛 가야국 영역 내에
가야와 관련된 이름들이 무수히 많다는 점에서도 알 수 있다.

18　연희식 5년(905년) : 좌대신 등원충평 등이 제호천황의 명령에 의해 연장년(927년)에 완성된 편
　　찬한 집대성한 법령 格式 (율령의시행세칙) 으로, 삼대격식의 하나이다. さんだいきゃくしき(삼대격
　　식) 로는, 평안시대(794~1185년)에 편찬된 홍인격식, 정관격식, 연희격식 3개의 격식 (율령의 보조
　　법령) 의 총칭이다.

19　조희승, 상게서, 195쪽.

- 소쟈시 하또리촌:가야노(栢野), 가야데라(栢寺), 가나이도(金井戶:가라이도가 전화된 말), 나가라(長良:아나가라의 전화된 말)
- 아떼쯔군:가라마쯔(唐松), 가라우또(唐樞), 신인(辛人), 문옥(蚊屋), 가야(伽耶),
- 후꾸다니촌:가야산(栢山)
- 이와따촌:가야촌(栢村)

기비가야국이 가야계통국가였다는 것은 가야국(군)을 구성하고 있던 향촌의 이름들에서도 알 수 있다. 8세기 이후 가야군의 향(鄉)은 「정창원문서」에 9개, 『화명초』국군조에는 14개가 나온다. 몇개 향촌(鄉村)은 다음과 같다.

- 아소(阿宗)향: 이 향은 일제 패망 전까지 아소촌으로 불렸는데, 아소는 아라소(阿良蘇)를 줄인 것이라고 한다.[20] 또한 아소는 아소노무라지(阿蘇連)에 유래하는 한국계통지명인데(『신찬성씨록』권13 좌경신별 하 천손) 이 아소향에는 한국식 산성인 기노죠산성이 있다. 뿐만 아니라 아소향에는 이마끼[21]라는 한국계통이주민들에 유래한 지명도 있다.
- 오사까베(刑部)향: 이 향은 『신찬성씨록』에 백제국왕의 후손으로 나오는데 아소노무라지와 계통을 같이하는 한국계 족속에 근원을 두고 있다.

---

20 『기비군지』상권, 28쪽.

21 이마끼(今來)는 한국에서 일본 땅에 새롭게 이주했다는 데서 유래한다. 기내 야마또의 다까이찌군을 일명 이마끼군이라고 한다. 이 일대에 가야·백제사람들이 새롭게 대거 이주해 왔기 때문에 그렇게 부르는 것이다. 아소향 이마끼에는 기노죠산성이 있다. 지금은 이마끼야마라고 부르지 않고 '니이야마'라고 부른다.

- 하또리(服部)향: 하또리 라는 이름은 구례또리, 아야하또리 등 고대 한국에서 건너간 직포짜는 장인들의 이름에서 유래한 것이다. 하또리향은 기비 가야국의 정치적 중심지로서 가야(加夜)촌이라고도 불렸다. 근대 이전에는 하또리촌안에는 나가라(長良)라는 작은 마을이 있었는데 이 나가라는 안가라(阿那加良)를 줄인 말인 나가라(那加良)이라고 한다. 이 마을을 흐르는 나가라천 역시 오가라천(大加羅川)의 뜻이라고 한다. 또 가라도(唐戸, 가라히도 : 가라사람)라는 마을도 이 핫또리향에 있다.

이밖에도 쯔우(津宇)[22]군에는 가라히또 노사또(辛人里:가라사람의 마을)가 있었으며 또 구보야군에 있던 오찌(大市)라는 마을은 『일본서기』에 나오는 가라사람 '쯔누가아라시도'의 이름에서 유래한다. 오찌마을은 오늘의 구라시끼주변이라고 한다. 또한 옛 가라국의 영역에는 '하다'[23]를 비롯한 한국계통지명들이 수 없이 많다. 이러한 지명들은 이 일대에 진출한 한국이주민들의 정착, 분포를 반영한 것이다.

기비 가야국일대에 가야사람들이 많이 정착해 있었다는 것은 다음의 표들을 통해서도 알 수 있다.

---

22 쯔우군은 7세기 이후 새로 생겨난 고을이다. 본래는 자그마한 나루(쯔)로서 예로부터 가야쯔(賀夜津)라고 불리우던 고장이다.

23 '하다'는 상전(上田), 엽전(葉田), 번전(幡田), 진(秦) 등으로 표기하는데 그것은 한국말 바다(하다)와 통한다. 바다를 건너간 사람이란 뜻으로 이해된다.

「빗쥬국 대세부(代稅負) 사망인장」의 한국계통 인물표
(출처: 조희승, 「초기조일관계사(상)」, 사회과학, 1988. 200쪽)

고을 명	향 명	마을 이름	호주 및 호구명
쯔우	다께베	오까모도	가와찌노 아야히또 시히메
	가와모	가라히또	하따히또베 이나마로, 하따히도베 오또시마
	나데가와	도리와	하도리노오비또 아찌이시, 후히도베오까시마, 후히도베다마우리
가야	니와세	미야께	오시아마아야베시마
	니와세	야마자끼	오시아마 아야베도꾸시마, 오시아아아야
	오오이	아와이	야마또아야히또베 도라떼
	아소	소가베	가루찌아야히또베마로
	아소	이와하라	후히또베 아지마사, 가후찌아야히또베 고또기메
	야따베	미 노	가야노오미헤리마로, 가야노오미 미찌
	히 와	세 노	가야노오미 고마끼

한 일본학자는 가야의 「정창원문서」를 통해 8세기의 주민구성을 다음
과 같이 분석했다. 한국계통주민을 쯔우군에서 5명, 구보야군에서 15명,
가야군 9명, 누계 총 46명중 19명 즉 19/46=41.4%가 한국이주민이다.[24]

「당초제사문서」「비젠국 쯔다까군 쯔다까항륙전권」(4통)을 통해 본 한국계통주민구성표
(출처: 조희승「초기조일관계사(상)」사회과학사 1988, p 201)

이름	출처
아야베 아고마로	보구5년 (774년) 11월23일부(쯔다까군 아야베아 고마야로) 보구8년 정월 18일부(쯔다까군 수세해)
후히또나옴나로	보구5년 11월23일부(쯔다까군 아야베아고마야로)년 보구7년 12월11일부(쯔다까군 인부해)
아야베 고히마로	보구5년 11월23일부(쯔다까군 아야베아고마야로)년 보구7년 12월11일부(쯔다까군 인부해)
구라쯔꾸리베찌세	보구7년 12월11일부(쯔다까군 인부해) 보구7년 12월11일부(쯔다까군 수세해)
아야베 마나가	보구7년 12월11일부(쯔다까군 인부해) 보구7년 12월11일부(쯔다까군 수세해)
아야베 오오다베	보구8년 정월 18일 부(쯔다까군 수세해)

---

24 조희승, 「초기조일관계사(상)」, 사회과학, 1988, p. 225.

표에서 보는 바와 같이 8세기 사망자 명단에 오른 한국계통이민은 가야군에서 큰 비중을 차지하였다. 주민구성에서 한국계통이 차지하는 이러한 비율로 기비 가야군 일대의 땅과 주민의 태반이 하따 아야, 후히또베의 자손임을 알 수 있다. 이것은 가야(加夜)군이 가야(加耶)군이 된 까닭을 말해주는 것이다. 기비에는 수많은 가야계 인명과 지명들이 남아 있는 것이다.

② 임나의 위치와 여러 학설

옛 가락국이 기비의 다까하시강 하류에는 '아찌'라는 이름이 여럿 있는데 아찌는 고대 한국계통 이주민들을 뜻하는 '아찌노오미'에서 유래하는 것이고, 이 아찌를 제사지내는 신사, 신궁이 있다. 구라시끼 다음이 서쪽 아찌라는 뜻의 니시아찌이고, 현 구라시끼 시가지는 본래 이름이 아찌정(町)이다.

이는 임나일본부와도 연결된다. 즉 오까야마현 남부의 비옥한 충적평야에 있던 가야국이 『일본서기』에서 전하는 임나(미마나)국일 가능성이 큰 것이다. 고대 한국과 일본에서 고대 가야를 임나라고도 불렀다. 가야를 임나(미마나)라고 불렀던 사료는 다음과 같다.[25]

---

25 최재석, 『일본고대사연구비판』, 일지사, 1991, 222쪽.

가야를 임나라고 부른 실례 일람표 (출처: 최재석, 『일본고대사연구비판』, 일지사, 1991, 222쪽)

번호	가야(아야, 가야)를 임나라고 부른 실례	출 처
1	임나가라 [26]	고구려 광개토왕릉비
2	저는 본래 임나가라사람이다.	『삼국사기』 권46 강수열전
3	대사의 이름은 심희이며 속세의 성은 김씨이고 그 선조는 임나의 왕족이다.	신라 진경대사탑비(924년 건립)
4	지총임나. 신라에는 진한 변진 24국이 있는데 임나, 가라, 모한의 땅이 바로 그것이다.	『한원』(7세기 편찬) 잔권, 번이부, 신라조
5	가을 9월 고려인 백제인, 임나인, 신라인이 다 래조하였다.	『일본서기』 권10 응신7년
6	임나자거축자국, 이천여리 북조해이재계림지서남(任那者去筑紫國, 二千餘里 北阻海以在鷄林之西南)	『일본서기』 권 5 숭신65년조

이 표에서 보는 바와 같이 고대 사국시기에 가야는 가라로 부르기도 하고 임나라고도 불렀다. 번호 5, 6에서 알 수 있는 것처럼 일본에서도 가야를 임나라고 불렀다. 물론 이는 일본의 극우파 학자들이나 남한의 강단사학자들이 한반도 남부의 가야를 야마토왜가 지배했다는 뜻의 '임나=가야'와는 전혀 다른 용례이다.

한반도 남부의 가야가 임나가 아니라 오까야마현 남부일대에 있던 옛 가야국을 고대 일본에서도 당시의 용례에 따라 임나(일본말로 미마나)라고 불렀던 것이다. 기비가야국이 『일본서기』의 임나관계 기사에 반영된 임나였던 것이다. [27]

일본은 야요이시대 다음으로 고분시대를 설정하는데 대체로 3세기말 ~4세기부터 7세기경까지로 본다. 3세기말경 가야와 신라사람들이 일본열도로 많이 진출하였다는 것은 『고사기』와 『일본서기』 등에도 반영되어

---

26 임나가라는 별개의 나라이다. 중국사서 『한원』에 임나와 가라는 마한(모한)의 땅이고 한번은 가라·임나로 기재하고 또 한번은 순서를 바꾸어 '임나·가라'로 기록한 데서도 임나와 가라는 별개 나라임을 나타내고 있다. 따라서 광개토왕비의 '임나가라'임나와 가라의 두 나라를 나타낸다.

27 조희승, 『일본에서 조선 소국의 형성과 발전』, 한국문화사, 1996, 221쪽.

있다. 일왕 신무의 장수언 토멸과 일황 경행의 「응록수도(膺籙受圖)」[28] 등이 이를 말해준다. 또한 일왕 숭신을 '조국천황(肇國天皇)'[29]이라고 부르는 점도 이를 말한다.

　미생문화인, 즉 고조선인은 일본열도 내에서 고립적이고 정체된 상태에서 지내온 승문문화인(아이누인)과 현격한 차이가 있다. 미생인은 승문인보다 신장이 훨씬 크고 근력도 강하였다. 코하마모토쯔꾸(小濱基次)는 『생체계측학적으로 본 일본인의 구성과 기원의 고찰에서』[30] "현재 일본인 중 기나이형(畿內型)은 한국인에 가깝고, 동북 및 이일본형(裏日本型)은 아이누에 가깝다"고 말했다. 기나이형이 한국인과 가까운 것은 기나이지방에는 일찍부터 고조선인이 이주하여 고조선인의 세상을 이루고 있었기 때문이며, 동북·이일본형이 아이누인에 가까운 것은 동북지방에 고조선인의 이주가 지체되고 이주자의 수도 적어서 아이누와 혼혈의 영향이 많이 남아 있기 때문일 것이다.[31]

28　『일본서기』「성무기」(4년2월조), "선황경행은 총명하고 신무하여 하늘의 명을 받아 왕위에의 올랐다(~聰明神武, 膺籙受圖. 治天順人). 이는 기존 정권을 무너뜨리고 그 역사기록을 접수하였다는 뜻이다.

28-1)　문정창, 『한국사의 연장 일본고대사』, 인간사, 1989, 38쪽. 큐슈지방에 두 번째로 나타난 것은 경행의 나라이다. 『일본서기』는 경행왕을 숭신왕의 셋째 아들이라고 하였다. 그러나 경행왕은 그 다음대인 성무 4년기에 "나의 선왕은 총명하고 신무하여 하늘의 명을 받아 왕위에 올랐고(膺籙受圖), 하늘을 본받아 다스리고 인사에 순응하며 적을 죽였다"라고 한 것처럼 정복국가이다. 좌백유의(佐伯有義)는 응록수도(膺籙受圖)를 "록(籙)도 도(圖)도 천신(天神)이 줄 수 있는 책명(冊名)이다"라고 말했지만 그렇게 이해할 수 없다. 「록(籙)」은 호적(戶籍), 「도(圖)」는 군국(郡國)의 지도(地圖)이며, '응(膺)'과 '수(受)'는 공격해서 이어받은 것이다.

29　『일본서기』에는 어조국천황(御肇國天皇)을 하쓰구니시라스스메라미고도(はずくにしらすすめらみこと)이라 하고 『고사기』에는 스진(神武)를 하스구니시라스스메라미가노스메라미고도(はずくにしらすすめらみまきのすめらみこと)라고 한다. 시어천하(始馭天下)의 천황은 왜왕조의 가공의 시조이고, 실제의 왜왕조는 숭신으로 어조국천황(御肇國天皇)인 것이다.

30　이시와타리 신이치로, 『백제에서 건너간 천황』, 지식여행, 2002, 78쪽.

31　문정창, 『한국사의 연장 고대일본사』, 인간사, 1989, 259쪽.

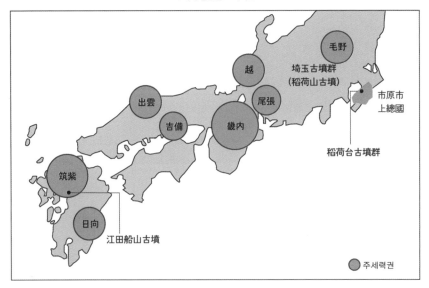

전기고분시대는 3세기 말에서 5세기 중엽까지 약 150년간 계속되었는데, 주로 기내(畿內)·사국(四國)·구주(九州)지방에 존재하였다. 이 고분은 서기 250년경 구주 구마모토(熊本)현 옥명군(玉名郡) 지역의 야마대국 비미호의 묘(墓)에서 시작된다. 『삼국지』「위서」(왜인전)[32]에는 "비미호가 죽었을 때 큰 묘총을 쌓았는데 길이가 100여보이고, 노비 100여인을 순장하였다"고 말해서 비미호의 묘가 전기고분의 시작임을 나타내고 있다.

비미호는 29개국의 수장이었는데 이는 일본 국가조직의 원형을 이루고 있다. 그녀의 사후 만들어진 무덤의 조성양식과 순장의 습속 등은 고조선족의 장법인 것이다. 『삼국지』「위서」(부여전)[33] "(부여는)산릉이 많은데

---

32   『삼국지』「위서」(왜인전) "卑彌呼以死, 大作塚, 徑百餘步, 徇葬者奴婢百餘人"

33   『삼국지』「위서」(부여전). "多山陵……殺人徇葬, 多者百數"

순장을 하며 그 수가 백여 명에 달한다"라고 말하고 있다. 일본열도의 대왕국인 야마대국(邪馬臺國)이 부여계였음을 말해주는 것이다.

『일본서기』에 기장족희(神功)[34]가 중애왕과 결혼하기는 이 부부가 돈하(敦賀)에서 구주(九州)에 도착하는 모습을 상세히 기록하고 있다. 구주 지방에는 복강(福岡)·좌하(佐賀)·웅본(熊本)·녹아도(鹿兒島)·궁기(宮崎)·대분현(大分縣)에 걸쳐 7개의 고분군이 있는데 이러한 고분들은 기내지방의 고분과 동일한 계통이다.

그런 고분군에는 기내권(畿內圈)과 구주권(九州圈)외에 출운권(出雲圈)·길비권(吉備圈)이 있다.[35]

이런 무덤군은 일본 열도 내의 정치세력이 거의 대부분 고대 한국 이주세력에 의해서 만들어졌음을 말해주고 있다. 임나도 그중 하나로서 가야계가 진출해 세운 것이다. 그러나 일본 극우파들과 남한 강단사학자들은 거꾸로 임나를 일본열도가 아니라 한반도 남단이라고 주장하고 있다.

'일본열도는 고대 한반도 사국(四國)의 분국(分國)이다'라는 전제아래. 야요이전기에 고조선계통의 이주민의 이동경로를 통하여 북구주-세도내해를 거쳐 산구(山口) ~ 사국(四國) ~ 광도(廣島) ~길비(吉備) ~ 기내(畿內) 등 진출하는 과정의 고대 한국계통의 분국은 국내학자, 북한학계

---

34 고준환, 『사국시대 신비의 왕국 가야』, 우리, 1993, 65쪽. 김수로왕과 허황후의 딸인 묘견공주(妙見公主)는 신공황후(神功皇后), 비미호(卑彌呼), 일어자(日御子),기장족희존(氣長足姬尊)등으로 불리웠으며 남동생과 함께 서기 200년 구주로 건너가 정권을 잡고 신도와 함께 불교를 폈다. 일본에 불교가 가장 먼저 전해진 것은 큐슈 웅본현 팔대시 구마천과 환산의 영부사당, 즉 묘견신궁의 진수보물인 사인검(四寅劍)에 산크리스트로 '옴마니반메홈'이라는 육자대명왕(六字大明王) 관세음진언(觀世音眞言)이 상감돼 있는 것을 증거로 들 수 있다. 이는 역으로 가야불교의 전래를 가락국 질지왕 2년(452) 황후사의 창건으로 보는 연대도 끌어올려야 할 필요가 있음을 말해준다.

34-1) 존 카터 코벨, 『부여기마족과 왜』, 글을 읽다, 2012, 74쪽. 신공왕후가 지금의 대구지방인 고령 가야의 조정의 왕의 말년을 즐겁게 할 후궁이였다

35 문정창, 상게서, p. 265.

와 일본학계로 아래표와 같다.

임나의 위치에 대한 여러 학설과 분국설

한반도 남부설		일본열도설(분국설)	
쓰다 소키치	김해	김석형, 조희승	기비(吉備)-나라 부근
이마니시 류	김해~경북 고령	최재석, 문정창, 윤내현	대마도
스에마쓰, 김현구	경상도~전라도	김인배·김문배	큐슈

3. 소왕국(분국)의 조건

1) 지명과 소왕국

소국은 소군주가 있는 소왕국을 뜻한다. 이런 소국은 '재지세력(在地勢力)'·'호족(豪族)'·'지역정치집단(地域政治集團)'·'후진지구(後進地區)'·'구국조(舊國造)'·대화조정의 외연의 지배에 속하는 지역'등으로 표현한다. 이 밖에도 '반독립적 군주'·'반군주적 지방호족'·'반독립 소국가의 군주'·'지방군주' 등의 용어를 사용하기도 한다. 모두 일본열도 내 여러 소국과 소군주의 존재를 나타내는 용어들이다.

북한학자 김석형은 일찍이 일본열도 내 '분국'의 존재 근거로 한국식 산성을 말했다. 남한 학계에서 한일고대사 연구에 가장 많은 논문과 저서를 갖고 있는 최재석 고려대학교 명예교수는 이밖에 ⓐ 지명 ⓑ 고분 ⓒ 신사와 불사 ⓓ 고지성 취락·신롱석 ⓔ 금동관·대도 ⓕ 역사기록 등을 일본열도 내 여러 소왕국의 존재의 근거로 보고 있다.[36] 최재석 교수는 영국인들이 신천지 북미대륙이나 호주에 집단이주하여 개척한 지역은 거의 전부 영국지명으로 명명한 것처럼 한민족이 신천지 일본열도에 집단이주

---

36 최재석, 『통일신라·발해와 일본의 관계』, 일지사, 1993, 13쪽.

하여 개척한 곳의 지명도 고대 한국 국명, 즉 가야(가라)·백제·신라·고구려를 따서 명명한 것이 당연하다는 것이다.

따라서 한국 국명이 있는 지명은 소왕국인 경우가 많은데, 지역의 이름뿐만 아니라 다리(橋)·신사(神社)·불사(佛寺)·산(山)·강(江)·항구(港口) 등의 이름도 한국명을 붙였는데, 그 유형은 18종이나 된다. 이는 ① 지명(地名)(향명, 촌명, 군명, 현명, 리명, 방명(坊名), 정명(町名) ② 다리(橋)명 ③ 사명(寺名)·신사명 ④ 역명(驛名) ⑤ 산명 ⑥ 목장명(牧場名) ⑦ 도선장명(渡船場名) ⑧ 고개명 ⑨ 들판명 ⑩ 강명(江名)(천명) ⑪ 해변명(海邊名) ⑫ 포구(浦口)(항구)명 ⑬ 저수지명(貯水池名) ⑭ 도명(島名) ⑮ 곶(串)(갑)명 ⑯ 선명(船名) ⑰ 객관명(客館名). ⑱ 음악명. 한국국명을 본 딴 지명이 있는 일본지역은 사국에 총70개소에 분포하고 있다.

한국지명을 본뜬 지명이 있는 일본지명(국명)

국명(전국)개소	가라(가야)	백제	신라	고구려
70개소	38개소	7개소	16개소	9개소

위 표에서 개략적인 현 및 고을의 개소수를 파악하였으나 이는 현재 일본의 현을 중심으로 볼 때 총 47개의 현임을 감안하면 일본열도 전역에 북해도를 제외한 부분의 면적 비를 보면 80%이상을 점유하고 있다.

4국(가야·신라·백제·고구려)의 관련지명 현황
(출처: 최재석, 『백제의 대화왜 일본화 과정』, 일지사 1991, 124~130쪽)

촌락·산·천 명	소재지	해당 지명이 있는 지역의 한자를 차용한 근거
가야	38	가라 즉 당(唐), 신(辛), 가락(可樂), 가량(加良), 공(空). 한량(韓良)등의 한자를 차용한 지명도 대단히 많다.
신라	16	신라인이 집단적으로 거주하고 있는 지역명은 다음의 14종의 한자를 차용하고 있는 것 같다. 신라(新羅), 지목(志木), 신좌(新坐 : 之良岐), 백목(白木), 지락(志樂), 설락(設樂), 백자(白子), 사락(四樂), 백성(白城), 백귀(白鬼), 백빈(白濱), 진량(眞良), 신라(信羅), 신량(新良)
백제	7	백제의 이름이 지명으로 사용된 것에는 다음과 같은 것이 있다.백제는 구다라라 칭하며 백제(百濟)·구태량(久太良)·구다량(久多良)등의 한자를 차용하였다.
고구려	9	고려(고구려)를 korai 또는 koma로 읽는데 korai 에는 고려(高麗), 고래의 한자를 차용하고 koma에는 거마(巨麻),박(狛), 호마(胡麻), 거마(巨摩), 구(駒)소간의 한자를 차용하고 있다.

기비3국에 한국국명을 본딴 지명이 있는 지역

국 명	가라	백제	신라	진인(秦人)	한인(漢人)	신한(新漢)
비젠국	○	○	○	○	○	○
미작국		○		○		
빗쥬국	○	○	○	○	○	

위 표면에 비젠국(肥前國)과 빗쥬국(備中國)은 각각 신라와 가야의 지명만이 있고, 미작국(美作國)에는 한국명이 붙은 지명이 없는 것으로 되어 있지만 단희린(段熙麟)의 현지조사에는 다음과 같이 여러 한국지명이 있음을 알게 된다. 즉 비젠국(肥前國)이나 빗쥬국(備中國)에도 가라·백제·신라의 3국의 국명이 있는 지역이 있음을 알게 된다.[37]

---

37 최재석, 『통일신라·발해와 일본의 관계』, 일지사, 1993, p. 17.

2) 신사(神社)·불사(佛寺)와 소왕국[38]

영국인들이 신천지 북미대륙이나 호주를 개척할 때 교회를 세워 교류의 중심역할을 했던 것처럼 일본열도로 이주한 고대 한국인이 세운 신사나 불사도 같은 기능을 했을 것이다. 무라야마 마사오(村山正雄)는 1968년 일본열도에 존재하는 신사 가운데 한국과 관련이 있는 신사를 다음과 같이 정리했다.

① 37개국 즉 일본열도 전 지역에 고대 한국과 관계되는 신사가 존재하며, 이것은 앞에서 본 한국 국명의 지역명이나 고분의 존재지역과 거의 상응한다.

② 신사(神社)는 기내〔畿內:산성(山城)·대화(大和)·하내(河內)·화천(和泉)·섭진(攝津)〕와 그 주변지역인 근강(近江)·이세(伊勢)에 집중되어 있어 대화왜(大和倭:야마토왜)의 발전과 관계가 있음을 알게 된다.

③ 일본열도 중 동해(일본해)에 면하는 지역인 출운(出雲)·월전(越前)·능등(能登)·단마(但馬)·월후(越後)·약협(若狹)·인번(因幡) 등에 고루 신사가 존재하고 있는 것으로 보아 고대 한국인이 직접 선박으로 이곳으로 이주하여 정착했음을 알게 된다.

④ 대마도(對馬島)와 일기(壹岐)섬에 한국관계 신사가 있는 것은 고대 한국인이 일본열도에 이주하여 반드시 경유해야 할 지점이기 때문인 것으로 해석된다.

⑤ 무장국(武藏國)에 신사가 많이 있는 것은 그 지역의 고분군의 존재와 일치한다.

---

38 최재석, 『통일신라·발해와 일본의 관계』, 일지사, 1993, 20쪽.

⑥ 태평양에 면해 있는 이두(伊豆)와 원강(遠江)는 지금의 정강현(靜岡縣)인데, 이곳에 신사가 존재하는 것도 주목된다.

일본열도 내 조사가 추가되면 그 존재지역은 확대될 것이고 신사의 수도 훨씬 증가할 것이다. 무라야마(村山)는 하내국(河內國)에 한국 관계신사가 10개정도 있다고 했는데, 단희린(段熙麟)은 현지조사 22개나 되었다고 말했다. 단씨에 의하면 하내국(河內國)에 고대 한국과 관계가 있는 사원은 약 16개이다.[39] 이는 고대 한국인들이 일본 열도로 이주하면서 종교도 함께 전파했음을 말해주는 것이다.

3) 원주민과 이주민

일본 동경대 하니와라 카즈로(埴原和郎) 교수는 인구학적(人口學的), 인류학적(人類學的)인 시각에서 서기 700년 경 일본으로 건너간 이주자와 일본 원주민의 수를 추정해서 이주민은 80~90%대이고 일본 원주민은 10~20%대라는 견해를 발표하였다. 그는 이주민의 국적은 밝히지 않고 '한반도를 경유한 아세아 대륙인'이라고 했지만 『일본서기』 등을 분석하면 이주민 대부분은 거의 전부 고대 한국인이다. 그 이유는 다음과 같다.

① 고대 중국인은 일본에 이주해야할 이유가 없다.
② 나라 시대까지 생물학적으로 한국인들인 일본인들은 고대 한국의 의복을 한복을 착용하고 한국 음식을 먹었다.
③ 『고사기』·『일본서기』·『만엽집』 중 조작되지 않은 부분은 한국어·한국식 한자로 쓰여진 것이 많다.

---

39 최재석, 『통일신라·발해와 일본의 관계』, 일지사, 1993, 26쪽.

4. 한국산성을 통해 본 기비 가야왕국

1) 기비 가야의 왕국의 영역

『국조본기』에는 기비의 구니노미야야쯔꼬(國造), 가미쯔찌(上ツ道), 시모쯔미찌(下ツ道), 가야, 미누, 가사노오미(笠臣)의 다섯 씨족을 기비씨족이라고 말하고 있다. 이들 중 가사노오미를 제외한 나머지는 8세기 이후의 고을 명들과 일치하는 씨족들이다. 구니노미야쯔꼬들은 모두 기비남부의 충적평야에 할거한 씨족들로서 고문헌들에 그 이름이 자주 나온다.

다섯 씨족의 조상은 원래 기비씨였는데 기비지방이 야마또정권의 지배 통제 하에 들어가게 되면서 다섯 갈래로 분화되었던 것이다. 국군(國郡)제도 실시(7세기) 전의 가야국의 영역을 추측할 수 있으며, 8세기의 가야군은 오늘날의 죠보군 일대까지 차지하는 큰 나라였다.

나라쯔에 있는 기비쯔신사(신궁)는 기비나루의 신궁이란 뜻이다.

2) 기비씨는 가야의 중심 가야씨

기비는 곧 가야인데, 이는 기비씨가 가야씨라는 점에서도 알 수 있다. 가야씨의 가야군이 한때는 전체 기비를 대표하는 정치적 중심지였고, 기비를 한때 가야라고 부른 적이 있었다.

기비의 다까하시강 하류의 나루를 지금은 기비쯔라 부르지만 중세까지만 해도 기비쯔가 아니라 가야쯔(伽耶津), 하야쯔(賀夜津), 하양쯔(賀陽津)라고 불렀는데 모두 가야라는 뜻이다.

기비쯔 신사는 가야씨가 제사 지내는데, 가야씨는 가야국조의 후예이며 중세 때는 기비지방의 큰 토호로 세력을 떨친 문벌이다.

3) 기비지역의 정치적 중심지인 기비가야

기비가야는 가야국의 정치적 중심지로서 그 나라를 다스리는 권력자, 즉 국왕이 있는 곳이다. 『빗쮸국 풍토기』에 의하면 가야군에 미야세강에 있는데 그 강 서쪽에 기비씨 3대의 왕궁이 있었음을 전하고 있다.[40]

그리고 가야군 하또리향은 가야국의 정치적 중심지로서 7세기 이후 역대 구니노미야쯔꼬가 살았던 마을이다. 하또리향은 일명 가야(加夜)촌으로 불리웠으며 구니노미야쯔꼬를 이어 고을 (가야)장관들도 여기 살았다. 이 하또리 마을은 후세에 빗쮸국의 국부[41]가 설치된 곳인데 그 위치는 하또리촌 가나이도(金井戶) 고쇼(御所)[42]라고 한다.

5. 고고학적 유적을 통한 가야인들의 왕국

1) 가야시기 수혈식 돌칸무덤

가야의 수혈식 돌칸무덤 구조는 구덩이에 돌을 쌓아올려 네 벽을 만들고 그 위에 뚜껑판(돌)을 덮은 것인데 돌칸 가운데에 판(널)을 놓았다. 무덤벽을 쌓을 때 바닥부분은 수직으로 쌓지만 윗부분으로 가면서 좌우 두 벽을 안쪽으로 기울어지게 쌓았다. 바닥은 자갈을 깔던가 점토(진흙)를 깔았으며 널두리에 껴묻거리를 벌려놓은 경우가 많았다.

이는 일본 고분에서 나타나는 수혈식 돌칸무덤이 일본고유의 무덤형식이 아니라 가야를 비롯한 한국 남부의 직접적 혹은 간접적인 영향 밑에

---

40 『풍토기』, 『고대일본고전문학대계 2』, 이와나미판, 1976, 488쪽.

41 국부(國府)라는 것은 대화개신이후 설치된 지방 행정단위로서 군을 몇 개 합친 국의 관청을 가리킨다.

42 고쇼(御所)란 일본역사에서 궁실을 가르키는 말이다. 가나이돌이란 것도 '가라우물'이 전화된 말이다.

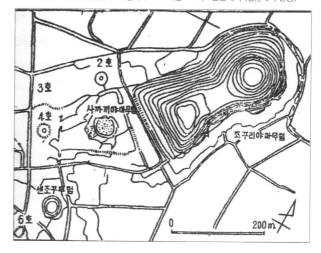

기비쯔꾸리야마고분과 그 배총 (자료: 조희승『초기조일관계사 (상)』에서 인용)

이룩되고 성행한 것이었음을 말해준다. 고분시기 전반기의 무덤은 외형의 크기에 비해 껴묻거리가 많지 않은데 이는 당시의 매장풍습에 기인하였을 것이다. 이 시기의 껴묻거리로서는 사슴뿔로 된 치레거리(녹각도금장구)와 쇠로 만든 각종 기물들이 있다. 관은 나무널 또는 돌널인데 나무널은 통나무나 대나무를 쪼갠 것과 같은 모양 등의 다양한 형태다.

대나무 쪼갠 것과 같은 돌널(할죽형 석관), 길죽한 상자모양의 돌널(장지형 석관)등에 대해 일본학자들은 대부분 '대륙적'이라면서 '수입'했거나 '대륙형기술자들을 동원했다'면서 그 출처에 대해서 설명하지 않으려 한다. 돌을 다듬어 판으로 쓰는 장법은 일본에는 없는 한국고유의 것이다. 사슴뿔로 된 치레거리에 새겨진 무늬도 일본학자들은 '일본고유의 것'이라고 말하지만 가야의 성산조개무지, 함안의 말이산 제34호 무덤, 반남면 대안리 제9호 무덤, 성탑리 무덤, 비화가야의 교동 제89호무덤 등에서 나온 한국식 무늬다.

고대 가야국이 있던 기비의 쯔꾸리야마(造山)에는 6기의 배총이 있다.

기비 사까끼야마무덤에서 나온 청동제 말모양 띠고리(위)와
경상북도 상주와 선산에서 나온 청동제 말모양 띠고리(아래)

 그 배총 가운데 하나인 사까끼야마(榊山) 무덤에는 많은 도검[43]과 방
제신수경, 여러 가지 구슬과 함께 6개의 청동제 말모양띠고리가 나왔다.

---

43 1912년 발굴된 사까끼야마 무덤은 쯔꾸리야마 무덤의 앞부분에서 불과 60m 떨어진 거리에 있다.
  크기는 40m로서 '쯔꾸리리다사'라는 제사 마당터까지 합치면 그 길이는 60m에 이른다. 많은 칼
  과 검이 출토되었다.

청동제 말모양띠고리는 일본에서 유일무이한 것으로 가야의 것임을 의심할 수 없다.[44]

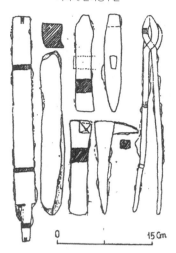

기비 즈이안 무덤에서 드러난
가야제 단야공구들

이 유물들은 경상북도 영천군 금오면 어은동과 경상북도 상주와 선산에서 같은 형태의 것이 출토되었다. 사까끼야마 무덤에서 드러난 띠고리와 상부무덤에서 드러난 띠고리는 재질과 형식, 형태에서 구별하기 힘들 정도로 서로 같다.

청동제 말모양띠고리가 나온 상주는 옛 사량벌국이 자리 잡고 있었던 곳인데 사량벌국은 신라장수 석우로에 의하여 병탄되어 신라와 원수가 되면서 이곳 주민들이 일본으로 진출한 것으로 유추된다. 쯔꾸리야마 고분의 6기의 배총 중 센조무덤 역시 한국식이다.

기비의 고분에는 이밖에도 가야식 껴묻거리가 매우 많다. 소쟈시 아소지구에 있던 즈이안(隋庵)무덤[45]의 야장도구들은 일본에서도 가장 오래된 것에 속하는데 역시 한국식이다. 오까야마시 교외에 있는 가나꾸라야마(金倉山)무덤과 진구우야마(神宮山)무덤에서 나온 각종 철제농구, 어

___

44 『신관 고고학강좌 (5권)』, 유잔각, 270쪽. 일본의 일부학자들은 고고학자들은 이 말모양띠고리가 센죠꾸무덤에서 나왔을 것이라고 하지만 앞뒤의 연관관계를 따져 볼 때 결코 그럴수 없다. 또한 일본의 일부 고고학자들은 이 말모양띠고리를 한국 것이라고 말하기 싫은 데로부터 엉뚱하게도 유라시아에서 원천을 찾을 수 있다.

45 즈이안(隋庵)무덤은 길이 40m의 밥조개식 무덤이다. 내부는 수혈식 돌칸이며 돌칸 안에 할죽형 목관이 있었다. 고분문화시기 전반기의 무덤으로 추측되고 있다. 껴묻거리는 쇠집게, 쇠망치를 비롯한 야장도구들과 거울, 구슬, 단갑, 철기 등이 나왔다.

로도구들 역시 일본에는 보기 드문 것으로 한국식이다. 특히 가나꾸라야마무덤에서 나온 5개의 '도끼모양주철'은 한국의 주철기술로 만든 것으로 한국에서도 가야와 신라의 여러 곳에서 나왔다, 이는 일본의 고분시기 전반기무덤을 쌓은 사람들이 다름 아닌 가야사람들이었음을 말해준다. 기비의 두 쯔꾸리야마무덤처럼 200~300m에 달하는 큰 무덤은 전제권력의 출현했음을 시사해 주는 것이다.[46] 이 전제권력은 곧 가야계의 진출을 의미한다.

2) 기비지역의 기노죠산성

기비 오까야마현 남부일대에 정착한 가야사람들은 자신들의 소국을 보호하고 적을 효과적으로 타격하기 위해 산성을 구축하였다. 가장 대표적인 것이 오까야마현 소쟈시(総社市) 니이야마(新山)에 있는 기노죠산(鬼城山, 표고 396,6m)이다. 기노죠의 기는 성이란 뜻인 끼(城)에서 온 말로서 성이란 말이 중복되어 있다. 기노죠산에 길이 약 2.8㎞의 성벽을 두른 한국식 산성이다. 산성은 두 개의 봉우리를 에워싸고 성벽을 쌓았는데, 일본에서는 신롱석이라고 말하고 있으나 한국식 산성이며, 보다 정확히는 가야산성이다.

기노죠(鬼ノ城) 산성은 1945년 일제 패망 전에도 알려져 있었으나 1970년에 와서야 비로소 주목을 끌게 되었고, 일본 고고학자들이 한국식 산성이라고 확인했다. 1970년말 본격적인 발굴조사가 진행되었다. 발굴보고서와 그 밖의 자료를 가지고 기노죠산성을 알아보자.

『화명초』에 의하면 산성 자리는 빗쮸국 가야군 아소향 〔하양군(賀陽郡) 아증향(阿曾郷)〕에 속한다. 산성은 사방이 험준한 낭떠러지로 된 자

---

46 조희승, 『일본에서 조선소국의 형성과 발전』, 한국문화사, 1996, 251쪽.

기뇨조산성 원경 사진 (출처: 이덕일, 〈임나일본부해부〉, p.222)

기뇨조산성 지형도

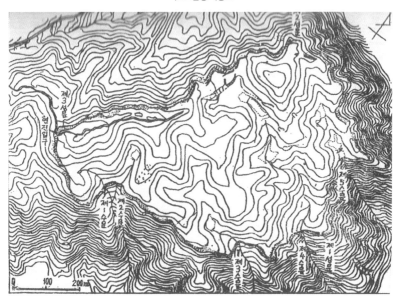

연 지세를 이용하여 구축하였다. 큰 바위돌이 산재한 천험의 요해지이다. 산성은 가파로운 절벽이 자연 성벽을 구축하고 있는데 그 밖의 곳에 성벽을 쌓았다.

성벽은 산의 급사면으로부터 준평원으로 옮겨가는 경사 전환점에 자연석을 가공해 축조하였다. 반면 산성안은 기복이 비교적 완만한 준평원면을 형성한다. 산성 내의 면적은 약 30㎢에 이르는데, 현재 확인된 성내에는 8개의 저수지가 확인되었고, 수문은 5개며 8개의 저수지의 물을 합치면 4,000톤이 넘는 물 원천을 확보하고 있다.[47]

성곽은 비교적 온전하게 남아있는 것이 많다. 구조는 기본적으로 일정한 너비의 성벽저부를 안쪽과 바깥쪽을 돌로 쌓아올린 양면 축조법이다. 돌의 크기는 똑 같지는 않지만 80 × 50㎝정도 크기의 화강석이 많이 보인다. 바깥쪽 돌담은 비교적 높지만 안쪽 돌담은 대충 쌓은 흔적이 짙다.

돌담위에는 잘 다진 흙담을 얹고 흙담과 돌담을 다져 성벽을 형성하였다. 기저부의 너비는 7m이고, 성벽높이는 6~7m이며 하반부의 바깥쪽 돌담은 3~6m정도의 높이이다. 뒷면의 흙담이 약할 때는 바깥쪽 기저부분에 가끔 열석을 쌓았다.

높은 돌담을 쌓을 경우에는 될수록 긴 돌을 썼으며 그 위끝을 평탄하게 맞추어 바깥표면을 거의 수직으로 만들었는데, 네모난 돌을 성벽안쪽으로 기울게 쌓았다. 그러나 긴 돌을 쌓아올리기도 해서 돌쌓기법이 일정하지 않다. 이것은 성벽이 여러 번에 걸쳐 끊임없이 수축, 보강되었음을 말한다.

성벽은 여러 곳에서 '꺾음(折)'이 있는데, 이것으로 성벽구간을 결속을 짓고 있다. 지형지세에 따라 성벽이 직선으로 뻗어 길고 짧은 한 개 구간

---

47 조희승, 『일본에서 조선소국의 형성과 발전』, 260쪽.

을 이루다가 그 구간을 지나면 꺾어 들어가는 식이다. 여러 성벽이 직선으로 뻗은 한 개 구간을 마디로 하다가 여러 마디가 꺾이여 곡선(曲線)을 이루는 것이 기노죠 산성벽의 큰 특징이다.[48]

이 기노죠의 산성의 특징은 라이산 산성과 비슷한데, 모두 가야계 산성이다.

수문은 5개소에 만들어졌는데 특히 제2수문은 보존상태가 아주 좋은데 화강암의 암반을 깍아내고 자리를 잡았다. 그 위에 1.5m × 0.6m 정도 크기의 긴 돌과 네모난 돌 110여개를 사용해 길이 16m, 높이 1.7~3.1m정도의 큰 돌담을 쌓아올렸다.

이는 고모리즈까무덤(小森塚)과 같은 돌쌓기기술이다. 돌담은 그 위에 3m 높이로 백색토, 황색토 및 목탄을 섞은 흙 등을 한 층씩 판축한 흙담을 올려 쌓았다. 수문돌담의 통수문은 바깥쪽돌담의 윗단에 있어 흙담으로 뒤덮힌다.

통수문의 위치는 높은데 돌로 만든 석관과 비슷하다. 기노죠산성의 수문자리는 기본적으로 방어정면인 남향인데, 방어정면은 흙담이 기본으로 북향인 뒷면보다 견고하다. 8개의 저수지는 성벽처럼 흙다짐방법으로 만들어졌는데 시내물의 하류를 막는 제방 뚝 형식이다.

저수지의 겉면적은 평균 500㎡로서 깊이를 1m로 칠 경우 8개의 저수지물을 합치면 4,000톤이 넘는다. 성안에 군사뿐만 아니라 주민들도 수용할 수 있게 설계했던 것이다.

산성은 눈아래에 소쟈분지를 굽어보며 멀리 아나우미(穴海)로 불리우는 세도나이까이와 바다 넘어 시고꾸(四國)의 연봉을 바라다보는 경치좋은 위치에 자리잡고 있다. 기노죠산성은 기비 가야국의 중심부인 옛 하또

---

48 조희승, 『초기조일관계사(상)』, 사회과학사, 1988, 239쪽.

리(服部)향과 아시모리(足守)향의 중심에 자리잡고 있는데, 산아래에는 쯔꾸리야마(作山)무덤과 쯔꾸리야마(造山)무덤이 있으며 그 가운데에는 가야 소국의 왕궁이 있었다고 보는 빗쥬 국부자리인 가나이도(金井戶) 유적이 있고 가야씨의 원찰인 가야 문만사[49]가 있다.

기노죠산성은 가야국 가야씨의 본관지로서 가야국의 정치적 중심부 배후에 분지와 주민집단(고분군)을 옹위하듯 자리잡고 있는 것이다.[50] 이 산성의 축조자는 다름 아닌 가야계 이주민 집단이다. 이를 증명해주는 것이 기비 나까야마에 있는 기비쯔신사의 유래를 전하는 연기의 '우라(溫羅)전설'[51] 등으로도 알 수 있다.

3) 산성의 축조시기

남한 강단사학은 일본 극우파 식민사학자들의 견해에 따라 일본의 한국식 산성이 6~7세기 이후에 축조되었다고 주장한다. 따라서 고대 사국(신라·고구려·백제·가야)이 일본 열도에 분국을 설치할 수 없었다는 것이다.

그러나 북한 학계는 물론 일본의 일부 고고학자들도 기노죠(鬼ノ城)산성의 축조시기에 대해 두 쯔꾸리야마(作山, 造山)고분을 축조했던 5세기 경으로 보고 있다. 5세기 경에 이런 큰 무덤과 성을 쌓을 수 있는 노동력을 동원할 수 있는 전제권력이 출현했다는 것이다.

---

49 문만사는 가야사가 7당 가람으로 나라 법륭사와 맞먹는 크기의 절이다. 발굴조사 때 출토된 기와 무늬는 백제 부여군 수리터에서 나온 기와무늬와 같다. 소쟈시 하다하라(秦原) 절터 등에서도 백제계통무늬가 나왔는데, 이는 가야문화 위에 백제문화가 겹쳐졌음을 시사한다.

50 기노죠산성의 기본 방위방향은 남쪽 즉 분지(평야)쪽이다. 분지는 무덤군으로 대표되는 주민 생활 단위가 포괄된 지대이다.

51 우라(溫羅)는 고대 기비지역의 통치자인데 가야에서 제철기술을 가져온 인물이다. 후대에는 고대의 혼(魂)으로 여겨졌다.

일본의 고고학자들은 쯔꾸리야마(造山)고분 축조가 5세기 전반이며 이 무덤의 피장자가 기비지역 연합왕국의 수장(국왕)이라는 것이다. 기비의 가야국 수장이 한국식 산성인 기노죠와 쯔꾸리야마 고분을 조성한 것이다.

이런 합리적 설명을 긍정하는 학자는 『고분과 고문화 99의 수수께끼』를 펴낸 모리(森浩一)교수인데 이런 학자는 매우 드물다. 부정적인 의견을 제시한 이는 『고대로부터의 시점』을 펴낸이는 PHP 연구소로서 기노죠산성의 축조년대를 끌어내리고 있다.

즉 야마또 정권의 서부일본 통합시기와 일치시켜 6세기후반기 경에 축조되었다고 주장한다. 야마또정권에서 축조했다는 주장인데, 그러나 거대한 기노죠 산성은 『일본서기』를 비롯한 기내 야마또왜의 그 어떤 관청 기록에도 나타나지 않고 있다.

이는 야마또정권이 서부일본을 통합하기 이전에 이 지역에 소국이 존재하였음을 인정하지 않으려는 야마또중심사관(황국사관)에서 나온 억지이다.

고대 한국인들은 일찍부터 산성을 쌓았다. 고구려 건국초기 자연석을 다듬어 위나암성 등을 쌓았으며, 4세기에 축조한 안악 제3호 무덤이나 5세기 초의 집안(集安) 광개토대왕릉, 장수왕릉 등에서 볼 수 있는 것처럼 일찍부터 우수한 돌쌓기 방법으로 무덤칸을 축조하였던 것이다. 기비지방은 아니지만 그 이웃인 현재의 효고(兵庫)현 하리마국 (播磨國)에 정착한 백제사람들도 고국의 풍습대로 성을 쌓고 살았다고 한다.[52]

---

52 파마국(播磨國)은 지금의 효고현에 있었는데, 나라 초기에 편찬된 『풍토기(715~717년)』에는 파마국의 감사끼군 기무례산 항목에서 일본에 건너간 백제사람들이 자신들의 풍속에 따라 산성을 만들고 살았다고 하였는데 그 시기는 응신천황시기라고 하였다.

야마또정권이 기노죠 산성을 축조했다는 것은 기본적으로 맞지 않다. 기노죠산성에 전해오는 전설은 이곳 세력이 야마또정권과 적대적으로서 야마또정권이 파견한 기비쯔히꼬(吉備津彦)[53]와는 대격전을 치르기 때문이다. 오까야마현의 기비쯔신사를 비롯한 여러 신사에 전하는 여러 설화를 일축할 수는 없다.

『일본서기』(권15 청녕기 즉위전기)에도 기비정권이 함선 40척[54]을 가지고 야마또 정권에 싸움을 걸어 야마또정권내에서 자기기반을 닦으려는 움직임도 있었다고 한다. 이는 기비의 가야계 소국이 야마또정권과 적대적이었고 대등한 세력을 가지고 있었음을 말해준다. 따라서 야마또정권이 기노죠 산성을 쌓았을리는 없다.

기노죠 산성의 축조시기를 6세기 이전으로 보는 근거 몇 가지를 더 보면 다음과 같다.

첫째 기노죠산성은 기비 가야국의 성립과정과 때를 같이하였을 것이므로 늦어도 5세기 때는 축조되었을 것이다. 일본학자들도 두 쯔꾸리야마(조산, 작산) 고분은 전제권력 출현의 상징이라고 말하는데, 이 고분은 5세기 초중엽에 축조되었다. 이 무렵 이미 기비에는 가야라는 이름의 소국이 존재했다.

가야계통 소국은 서부일본 기비지역 상당 부분을 통합했는데, 이는 이

---

53 기비즈히고(吉備津彦)은 기·기(紀·記)에 전하는 고대일본의 왕족으로 제7대 효령천황의 왕자이자 사도장군(四道將軍)의 한 사람으로 서도(西道)에 파견되었다. 『일본서기』에는 본명이 언오십협근명(彦五十狹芹彦) 또는 길비진언명(吉備津彦命)이라고 기록되어 있으며 『고사기』에는 비고이좌세리비고명(比古伊佐勢理毘古命) 또는 대길비진일자명(大吉備津日子命)으로 불린다. 그리고 기비즈히고를 제사지내는 신사로는 길비진신사, 길비진언신사 등 여러 신사가 있다.

54 『일본서기』「청령기」(즉위전기), "같은 달 길비상도신등이 조정에 난리가 난 것을 듣고 길비치원이 낳은 성천황자를 구하려고 생각하고 수군 40척을 이끌고 해상으로 왔다(是月, 吉備上道臣等, 聞朝作亂, 思救其腹所生星川皇子, 率船師卌艘, 來浮於海)

국가의 경제력[55]과 군사력[56]을 보여주는 여러 지표로도 알 수 있다. 기노
죠 산성 역시 기비 가야국의 군사력을 보여주는 중요한 지표로서 국가방
어의 위력적 수단이었다.

일본에는 고지성 집락과 같은 마을단위에도 방어시설이 있었는데 소국
통합을 위한 전쟁이 격렬하던 5~6세기에 국가적 방어시설이 없었다고 볼
수는 없다.

기내 야마또 정권이 서부일본 통합의 길에 나섰을 때 평화적으로 통합
된 나라도 있었을 것이지만 격렬하게 저항한 소국들도 있었다. 『일본서기』
「계체(繼體)기」 21년~22년(527~528)에 나오는 반정(磐井)의 반란은 큐슈
지역의 소국이 격렬하게 저항했던 사실을 기록하고 있다. 이들은 성에 의
지해 싸웠을 것이다.

일본의 일부 고고학자들이 지적한 바와 같이 두 쯔꾸리야마고분을 비
롯한 소쟈무덤군을 남긴 사람들이 기노죠 산성을 쌓았는데, 그 시기는 늦
어도 두 쯔꾸리야마(造山) 고분이 축조될 5세기 전반기에는 완성되었다
고 말할 수 있을 것이다.

둘째 기노죠산성은 축성(돌쌓기) 기술로 보아도 6세기 중엽 이후로 내
려가는 것이 아니라 4~5세기로 거슬러 올라간다. 서부일본 여러 곳에 있
는 고대 산성을 '한국식'이라고 명명한 것은 그 축성 방법이 『삼국사기』

---

55 기비의 가야소국은 방대한 철 생산기지와 소금 생산기지로서 강력한 경제력을 가지고 있었다고
할 수 있다. 고대 한국식 단야공구를 부장한 무덤들은 가야소국의 철가공술의 높은 수준을 보여
주는 동시에 가나꾸라야마(金藏山)무덤과 소쟈시 도노야마(殿山)무덤에서 나온 주철제품 등은
가장 발달된 개간용 농기구라고 할 수 있다.

56 사까끼야마(榊山)무덤에서 나온 수많은 도검들과 잇뽕마쯔(一本松)무덤, 덴구야마(天狗山)무덤,
미와야마 제6호무덤에서 나온 숱한 마구류 및 기마전투에 쓰인 갑옷들은 기비가야국이 기마부대
를 비롯한 강력한 육군을 가지고 있었음을 말해준다. 또한 기비 가야군은 『일본서기』에 나온대
로 40척의 함선을 가진 강력한 수군(水軍)도 보유하고 있었다.

등에 기록된 고대 한국 산성들의 고유한 축성방법과 같기 때문이다.

기노죠산성은 5기의 수문의 석조(돌쌓기)구조가 서로 다르다. 수문구조가 똑 같은 석조법에 의하여 축조된 것이 아니라 각이한 돌쌓기법에 의하여 쌓여진 것이다. 겉에서 보는 석조 축조기법은 고분시대 후반(6세기)의 횡혈식 돌칸 축조방식과 유사하다고 볼 수 있으나 제4수문은 안길이가 긴 거석재를 쓰는 우엉쌓기(牛蒡積)라는 축조법으로 축조되어 있다.

우엉쌓기란 우엉을 쌓듯이 길쭉한 큰 돌을 차곡차곡 올려 쌓는 것을 말한다. 북한 학계에서 말하는 것처럼 이 제4수문은 초기 기비 가야국을 형성하고 산성을 쌓던 4~5세기경의 유물로 보고 있다.

그후 고모리쯔까(小森塚)고분에서 보는 것처럼 선진적인 돌쌓기법을 소유한 백제계통 세력이 가야국에 건너가 정착하면서 산성이 한층 보강되었을 것이다.

야요이시기 말기에 한창 축조되던 고지성 집락은 고분시기에 들어서면 없어진다. 고지성 집락 대신 산성이 축조되었기 때문이다.[57]

기노죠산성은 일본학자들의 분류에 따라도 7세기의 한국식 산성과 구별되는 '신롱석(神籠石)'식[58] 산성이다. 한국식 산성보다도 더 오랜 산성인 것이다. 북한 학자 조희승은 이런 근거로 기노죠 산성의 축조시기를 4~5세기로 규정하고 있다.[59]

---

57 조희승, 상게서, 84쪽.

58 최재석, 『통일신라·발해와 일본의 관계』일지사 1993, p 29. 신롱석은 산지에 구축된 열석으로 산성과 흡사한데, 그 축조 이유에 대해서는 ① 성곽설(城郭說) ② 영성설(靈城說) ③ 사지설(寺地說) 등의 세 가지가 있다. 축조 시기에 대해서는 학자들마다 다른데, 김정주(金正柱)는 복강현내 8개소, 도바마사오(鳥羽正雄)은 복강현 6개소 좌하현·애지현에 각1개소로 도합 9개소가 존재한다고 한다. 신롱석은 산악의 정상이나 중부에 있는데, 그 흐름은 이주민의 집단생활의 장(場)으로서 방위기능→ 고지성 집락→ 신롱석→한국식 산성형태로 나타난 것이다. 신롱석의 위치는 앞장의 도면 참조

59 조희승, 『초기조일관계사(상)』, 사회과학사, 1988, 255쪽.

고지성 집락 분포도

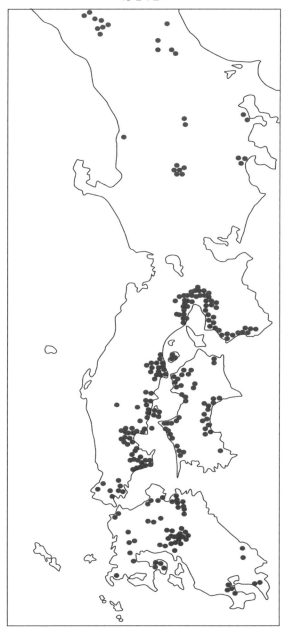

가야국의 작은 산성으로는 하또리향 나가라에 있는 하또리산성, 다까마쯔 지구와 아시모리 지구에 걸치는 미가미야마(三上山)의 능선을 두른 돌담과 망루자리, 아사히강하류 옛 가미쯔미찌군의 가찌향 대다라의 계시 고야마(芥子山)산성 그리고 오오메구리(大廻) 고메구리(小廻)산성 등이 있다.

이런 작은 산성 중에 우뚝 선 것이 가야국의 웅대한 기노죠산성이다.

일본에서는 축성 기록이 있는 고대 산성은 한국식 산성이라고 부르고, 축성 기록이 없으면 신롱석이라고 부른다. 한국식 산성의 축조 사실은 『일본서기』「천지기」4년(665년)이다.

"이해 8월 달솔 답발춘초(答㶱春初)를 보내 장문국(長門國)에 성을 쌓게 하였다. 달솔 억례복유(憶禮福留), 달솔 사비복부(四比福夫)를 축자국(筑紫國)에 보내 오오노죠〔대야성(大野城)〕과 연성(椽城) 2성을 쌓게 하였다."[60]

대야성, 즉 오오노죠는 큐슈 북쪽 후쿠오카(福岡)현 다자이후(太宰府)市 등지에 걸쳐 있으며, 연성(椽城)은 기이죠(基肄城/기이노기)를 뜻하는데, 후쿠오카현 축자야시(筑紫野市) 등지에 걸쳐 있다.

그럼에도 불구하고 일부 일본학자들은 고분시기에는 성새유적이 없었다고 하면서 '외적에 대한 방위가 불필요'하며 '큰 고분이 만들어지는 평화적 시기'였기 때문이라고 주장하였다.[61]

---

60 『일본서기』「천지기」4년(665년), "秋八月, 遣達率答㶱春初, 築城於長門國. 遣達率憶禮福留·達率四比福夫, 於筑紫國築大野及椽二城"

61 『고지성 집락론』의 저자를 포함하여 대다수의 일본학자들은 마치 고분시기에는 성책없이 싸움한 것으로 잘못 알고 있다. 임신란(672년)에서 보는 것처럼 두 세력이 싸우는 데도 미어성, 다까

한국국명을 본딴 지명이 있는 지역

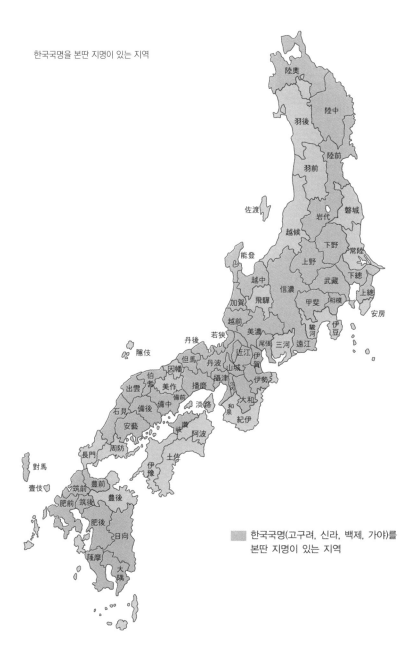

陸奧

陸中

羽後

陸前

羽前

佐渡

越候　岩代　磐城

能登　　下野　常陸

越中　上野

加賀　飛驒　信濃　武藏　下總

越前　　　　　甲斐　相模　上總

丹後　若狹　　美濃　　　　　　安房

隱伎　　但馬　丹波　近江　伊　駿河

因幡　山城　賀　伊豆

伯耆　　播磨　攝津　伊勢

出雲　美作　　　　　大和

石見　備後　備中　淡路　和泉

安藝　　　　　　紀伊

長門　周防　　讚　阿波

對馬　　　　　岐　土佐

壹伎　豊前　　伊豫

筑前

肥前　筑後　豊後

肥後　日向

薩摩

大隅

■ 한국국명(고구려, 신라, 백제, 가야)를
본딴 지명이 있는 지역

그러나 고분시기가 소국들 사이의 격렬한 통합전쟁이 벌어지던 '전쟁의 시기'라는 것은 『송서』(권97열전 이만전 왜국조)(478년)의 왜왕 무(武)가 보낸 국서[62]에서도 알 수 있다. 이 국서에는 수십 개 소국들의 통합전쟁에 대하여 말하고 있기 때문이다.

이는 5~6세기를 포함하는 고분문화시기가가 평화적 시기가 아니라는 것은 명백히 보여주고 있다. 길이 100m가 넘는 거대한 고분무덤들의 축조는 통합에 의한 큰 소국들의 형성을 보여준다.

이는 소국 통합의 결과물인데, 소국들 중에는 평화롭게 복속된 경우도 있겠지만 격렬한 전쟁 끝에 통합한 경우도 있을 것이다. 이런 소국들에 방위시설이 없었다고 생각할 수 없다.[63]

앞서 살핀 것처럼 일본의 방위시설은 '작은 마을 단위의 저지성 도랑 → 큰 마을 단위의 고지성 집락 → 소국가의 단위 한국식 산성(고분시기의 소국형성)→ 한국식 산성'의 단계를 거쳤다고 볼 수 있다. 이 순서는 고지성 집락의 분포지역이 한국식 산성의 그것과 일치한다는 사실에서도 알

야스성,고 아스까사 등 여러 군사적 거점들에서 전투가 벌어졌다. 고분시기를 평화시기로 묘사하려는 시도와 논리는 현실성없는 목가적 공상에 불과하다.

62 상표문 원문 『송서』 「권97」 (열전 제57) 〈「義熙十二年, 以百濟王餘映為使持節, 都督百濟諸軍事, 鎮東將軍, 百濟王. [12]高祖踐阼, 進號鎮東大將軍. 少帝景平二年, 映遣長史張威詣闕貢獻. 元嘉二年, 太祖詔之日:「皇帝問使持節, 都督百濟諸軍事, 鎮東大將軍, 百濟王. 累葉忠順, 越海効誠, 遠王纂戎, 聿修先業, 慕義既彰, 厥懷赤款, 浮桴驪水, 獻琛執贄, 故嗣位方任, 以藩東服, 勉勗所莅, 無墜前蹤. 今遣兼謁者閭丘恩子, 兼副謁者丁敬子等宣旨慰勞稱朕意. 」其後每歲遣使奉表, 獻方物. 七年, 百濟王餘毗復修貢職, 以映爵號授之. 二十七年, 毗上書獻方物, 私假臺使馮野夫西河太守, 表求易林, 式占, 腰弩, 太祖並與之. 毗死, 子慶代立. 世祖大明元年, 遣使求除授, 詔許. 二年, 慶遣使上表日:「臣國累葉, 偏受殊恩, 文武良輔, 世蒙朝爵. 行冠軍將軍右賢王餘紀等十一人, 忠勤宜在顯進, 伏願垂愍, 並聽賜除. 」仍以行冠軍將軍右賢王餘紀為冠軍將軍. 以行征虜將軍左賢王餘昆, 行征虜將軍餘暈並為征虜將軍. 以行輔國將軍餘都, 餘乂並為輔國將軍. 以行龍驤將軍沐衿, 餘爵並為龍驤將軍. 以行寧朔將軍餘流, 糜貴並為寧朔將軍. 以行建武將軍于西, 餘婁並為建武將軍. 太宗泰始七年, 又遣使貢獻」. 〉

63 조희승, 『초기조일관계사(상)』, 사회과학사, 1988, 84쪽.

수 있다. 고지성 집락의 분포는 동탁(銅鐸), 동검(銅劍), 동과(銅鍋) 문화의 분포범위와 거의 일치하며, 일본 고분시대의 대표적인 고분의 분포범위와도 일치한다.[64] 그 동검 동과, 동탁들의 원형이 고대 한국이라는 것은 널리 알려진 사실이다.

4) 기비 가야의 고분과 입지

일본에서 손꼽히는 비옥한 기비 충적평야에 전일본에서 10위 안에 들어가는 대규모 고분이 2기나 있고 또 전체길이 100m이상 길이의 고분이 20기가 넘는다는 사실은 이곳에 강력한 정치군사력을 가진 독립국가가 존재했었음을 보여준다. 이 일대 고분의 성격을 규명하는 것은 미지의 '기비왕국'의 진면모와 『일본서기』의 임나관계기사에 나오는 임나(가야)의 정체를 해명하는데 중요한 시사가 된다.

이를 위해서는 미생 말기(서기 300)부터 7세기 중엽(645년)까지 350여년 간 계속된 고분시대를 해석해야 한다. 이 350년간이야말로 고대 한일관계가 가장 긴밀하고 활발하였으며 고대 한국적 요소가 일본민족의 형성과 일본국가형성에 큰 영향을 준 기간이었다.[65] 서기 645년의 대화개신(大化改新) 이후 고분은 그 역사적 의의가 감소하므로 고분시대의 범주에 들어가지 않는다.

그런데 고분시대는 관을 묻던 현실(玄室)이 수혈식인가 횡혈식인가 하는 점이 중요하다. 수혈식 석실의 고분이 조성된 시기를 전기고분시대라 하고 횡혈식 석실의 고분이 축조된 시기는 후기고분시대라 칭한다. 승문,

---

64 조희승, 상게서, 86쪽.
65 문정창, 『한국사의 연장, 일본고대사』, 인간사, 1989, 262쪽.

미생시대에는 이런 고분이 없었다.[66]

일본고분시대는 외부로부터의 새로운 문화의 반입으로 특징지을 수 있는 시기였다. 그것은 묘제에서 높은 봉분을 가진 돌칸무덤이 성행한 것으로 표현되었다.[67]

어떤 일본학자는 "서기 3세기 후반기에 갑자기 기내를 중심으로 하는 제한된 지역에 고분이 출현"하였다고 하지만 고분이 기내에서 처음 발생했다는 것 역시 황국 중심사관에서 나온 말이다.

고대 한국의 이주민집단에 의해서 일본에서 3세기 말경에 고분이 발생하기 시작하는데, 기비에는 고분시대 전기간에 걸친 고분들이 수천기나 밀집되어 있다.

옛 가야국이 있었다고 추정되는 기비 지역 중 가야, 미누(見ぬ), 가미쯔미찌(上ツ道), 시모쯔미찌군(下ツ道) 일대는 현 오까야마현 남부지구를 포괄한다. 여기에 기비의 대표적 고분들과 한국식 산성이 있다.

그중 다데쯔끼유적은 아시모리강 하류의 충적지인 현구라시끼(倉敷市) 오오구보산(大久保山) 구릉에 있는 전방후원분인데 길이 45m의 큰 고분이다. 바닷가에 인접한 곳에 축조된 사실이나 여기에서 출토된 직호문 등은 이 무덤이 야요이시대의 무덤이 발전한 것이 아니라 직호문의 시원지인 가야지방에서 건너온 이주민집단이 남긴 이른 시기의 고분으로 볼 수 있다. 이 고분을 쯔꾸리야마고분과 같은 계열로 보는 일본학자의 견해도 있는데, 올바른 지적이다. 다데쯔끼유적을 시점으로 하여 이 일대에는 무수한 고분이 만들어지기 시작하였다. 기비지방의 고분 연구자인 한 고고학자의 연구 『기비정권의 성격』을 개괄해 보면 다음과 같다.

---

66 문정창, 『한국사의 연장, 일본고대사』, 인간사, 1989, 262쪽.
67 조희승, 상게서, 212쪽.

① 대형고분의 분포상태와 수리(水利)를 중심으로 한 지리적 환경을 기준으로 비젠, 빗쮸의 평야부를 10개 지역으로 구분할 수 있고, 각기 지역에 호족들이 존재했다고 볼 수 있다.

② 오꾸(邑久) 가미쯔미찌, 나까야마, 소쟈남부 네 지역에서는 지역적 통일을 이룩한 호족들이 길이 100m 이상의 규모를 가진 전방후원분을 4세기후반의 단계에서 만들고 있는 사실에 주목한다.

③ 비젠, 빗쮸의 남부 평야부에서는 호족들 사이의 세력균형에 의하여 호족연합이 성립되어 그 연합이 기비각지의 여러 집단을 지배하고 있었다.

④ 5세기 전반기에는 소쟈남부의 미수(三須)고분군에 길이 350m의 쯔꾸리야마(造山)고분과 길이 286m 쯔꾸리야마(作山)고분이 축조되었는데, 이런 거대 전방후원분의 축조자들은 매우 넓은 영역을 지배하고 있었을 것이다.

⑤ 이 거대고분의 피장자는 소국의 수장연합 위의 대수장으로 볼 수 있다.

⑥ 이 거대 고분의 축조지역이 한 개소에 집중하지 않는 것은 이 대수장의 지위가 단일한 집단에 의하여 세습되지 않고 특정한 유력지역 집단의 수장이 윤번적으로 그 지위에 올랐을 것이다.

이 학자는 기비지방을 10개의 소정치집단의 지역으로 구분하고 두 쯔꾸리야마 고분의 축조자가 전체 기비지방을 지배 통제하였다고 보는 것이다. 이러한 추정은 일부 문제점이 있지만 기본적으로는 이 시대 기비지역의 성격을 제대로 파악했다고 볼 수 있다. 다만 조희승도 지적했듯이 기비 기비지역의 왕급 주요 고분현황 (출처: 야후재팬, 西田和浩, 『길비(吉備)의 거대고분』, 2011년, 제4회 강좌)

	명 칭	소 재	규 모	시 기	분 형
1	造山古墳	岡山市	350m	中期	전방후원분
2	作山古墳	總社市	286m	中期	전방후원분
3	兩宮山古墳	赤磐市	190m	中期	전방후원분
4	金藏山古墳	岡山市	165m	前期	전방후원분
5	神宮寺山古墳	岡山市	150m	前期	전방후원분
6	佐古田堂山古墳	岡山市	150m	前期	전방후원분
7	小造山古墳	岡山市	142m	中期	전방후원분
8	浦間茶臼山古墳	岡山市	140m	前期	전방후원분
9	尾上車塚古墳	岡山市	135m	前期	전방후원분
10	湊茶臼山古墳	岡山市	125m	中期	전방후원분
11	中山茶臼山古墳	岡山市	120m	中期	전방후원분
12	宿寺山古墳	總社市	118m	中期	전방후원분
13	고우모리塚古墳	總社市	100m	後期	전방후원분

지역의 가야국이 요시이강을 넘어 비젠 오꾸지역까지도 지배 통제했을 것으로 본 것은 무리가 있다.

그러면 기비에는 어떤 고분들이 있었으며 그 실태는 어떠하였는가를 일본학자들이 '국왕급'무덤으로 분류하는 것을 그들의 편년대로, 지역별로 열거하여 보면 다음 표와 같다.

전방후원분에 대해서 일본학자들은 일본 고유의 묘제로서 한국 내 전방후원분이 거꾸로 일본의 영향을 받은 것처럼 말하지만 전방후원분은 서기 전에 이미 고구려에서 나타나는 한국 고유의 묘제이다. 이 묘제는 경상도와 전라도에서도 나타나는데, 이 이주민집단에 의하여 3세기말경 처음으로 일본에서 고분이 발생하기 시작했다.

한반도 내의 전방후원분으로는 전남 해남군 방산리에 있는 장고산고분, 그 인근의 성마산 서북쪽기슭의 북일면 신월리의 방형적 석총, 경남 고성군 송학동의 무기산고분(송학동1호분)을 비롯한 함안 등지의 전방후원분,

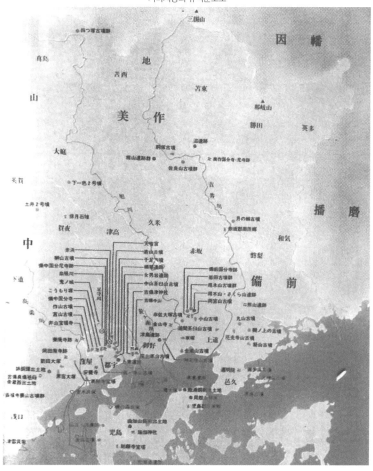

김해지방의 석실고분 등이 일본고분보다 연대상으로 앞선 것으로 일본에의 전승경로가 입증된다.[68] 분묘제도의 전승은 요동반도와 한반도에서 석묘문화를 형성하여 청동기시대의 석묘·지석묘·석관묘·석곽묘·삼국시대

---

68 조선일보 1986년 5월 21일 일본학자가 일본학계 통설을 뒤엎은 주장 전남 장고산 고분은 전방후원분

의 적석총(가야를 포함한 사국시대)[69]·석실묘·목곽석묘 등이 차례로 변화하면 발전 한 것이다.[70]

7세기 중엽 이후 야마또정권이 서부일본을 대체적으로 통합하면서 기비지역을 국군(國郡)체제에서 수도 기나이에 가까운 순서로 기비의 앞, 가운데, 뒤의 순서로 비젠, 빗쮸, 빙고로 나누었다. 8세기 초에는 비젠국의 6개 고을을 떼서 미마사까국(美作國)을 내왔는데 이것을 일본역사에서 기비(吉備) 3국이라고 부른다.

고대 기비의 역사를 개관해보면 기비 왕국은 현재는 오카야마현이 중심인데, 과거에는 축자(筑紫), 출운(出雲), 대화(大和) 등에 걸쳐있던 세력의 하나였다.[71] 기비는 기나이의 대형고분과 비길만한 대형 고분이 있다. 일본 큐슈 동남부 미야자키시 서북쪽 16km 지점의 사이토바루(西都原) 고분군은 일본에서 천황가의 발상지로 부르는데 서기 3세기 말경의 고분군부터 나온다. 사이토바루 고분군은 니니기노미꼬도가 가야에서 도항해 정착한 히무가노구니(日向國)의 범위에 속하는데 니니기노미고또의 4대손인 진무천황의 동정출발기지였다는 전승이 전해지고 있다.[72] 일본 천황가의 뿌리가 가야계라는 뜻이다. 사이토바루 고분군에는 32기의 전방후원분과 봉토분원이 311기, 지하식 고분 7~8기로 현재 보존된 고분만도 320여기에 이르는 가야식 고분 밀집지역이다.

---

69   김원룡,『한국문화의 기원』, 탐구당, 1976, p. 63. 고구려의 재래식 무덤은 땅 위에 돌더미를 쌓아
　　　그 안에 시체를 넣어두는 적석총으로 무덤에서 적석 사용은 시베리아에서는 안드로노브때부터
　　　있던 풍습이다. 通溝의 소위 장군총이나 태왕릉은 결국 그런 석총을 발전·정비한 것이며 封石주
　　　위의 護石은 얌나–카라스크 이래의 전통이라 하겠다.

70   최성규,『일본왕가의 뿌리는 가야왕족』, 을지서적, 1993, 172쪽.

71   길비국 – 재팬 Wikipedia

72   최성규,『일본왕가의 뿌리는 가야왕족』, 을지서적, 1993, 143쪽.
　　　『일본서기』『신대기하 9단』에 보면 "황손(皇孫)이 천반좌(天磐座)를 타고 일향습(日向襲)의 고
　　　천수봉 (高千穗峰)에 내렸다"고 한다

기비의 쯔꾸리야마 고분에는 여러 기의 배총(陪塚)이 있는데 이 역시 가야고분에 근원을 두고 있다. 두 쯔꾸리야마 고분은 전일본의 고분 규모에서 4위와 9위를 차지하고 있는데 이는 기비 가야국이 독립적인 왕국을 이루고 있었음을 말해준다. 즉 독립강국 내지 소국의 연합체의 우두머리 왕국였다는 뜻이다. 일본학자들은 쯔꾸리야마(造山) 고분을 축조할 때 주변의 조리제(條里制)와 함께 《고마척》이라는 조선자를 써서 축조하였다는 사실을 밝혀냈다.[73]

두 쯔꾸리야마 고분의 규모 (출처: 조희승,『초기조일관계사(상)』, 사회과학사, 1988, 216쪽)

고 분 명	무덤의 전체길이	뒤쪽의 직경	앞쪽의 폭	입지조건
쯔꾸리야마 (조산)	350m	200m	215m	고개 가까운 골짜기의 평지 (전국 4위)
쯔꾸리야마 (작산)	286m	170m	160m	평지(전국 9위)

기비의 신사에 대해서《속일본기》승화 14년 11월 갑인조의 기록은 기비쯔신사에 종4위하의 신계를 주었다. 그 후 기비쯔 신사는 1품의 신사로 승격하였다.

5) 고대 시기의 토지구획인 조리(條理)제도

조리제도는 일본고대의 토지구획방식의 하나이다. 한 변의 길이가 6정 (654m)인데 사방의 한 구획을 리(里) 또는 방(坊)이라고 한다. 이를 하나의 고을 또는 몇 개의 고을 단위로 하여 남북(南北)을 1조(條), 2조, 동서 (東西)를 1리, 2리로 구분한다. 각변을 1정(町)마다 6등분하고 두렁으로 구분된 평(坪)으로 불리우는 36의 구획으로 세워나간다. 따라서 농경지의 소재지는 몇 조, 몇 리, 몇 평으로 명확히 나타난다.

---

73 조희승, 상게서, 222쪽.

지 역	세 부 지 구
오까야마(岡山)부근	현재의 오까야마시, 기따가다(喜多方), 미나미가다(南方), 쯔시마(津島), 판나리, 시마다(島田), 다이구
사이덴(財田)부근	현재의 오까야시 슈꾸, 시지사이, 나가도시, 고오노시다, 오온라, 시노고세, 나가오까, 다까야, 사와다, 후지와라 등
하또리(服部)부근	아시모리(足守)강, 나가라강, 등의 유역일대
야까께부근	오다(愛宕)군 아까께정을 중심으로 한 오다강 유역
가모가따(鴨方)부근	아사꾸찌(淺口)군 가모가따(鴨方)정, 곤꼬우정에 걸치는 평야지대
기타	소쟈시(總社) 진자이, 이바라(次城)부근

대화개신(645년) 이후 실시되었다는 설과 그 이전에 실시되었다는 설로 나뉘는데 개화개신 이후에 설치되었다는 견해는 기나이 야마또정권의 서부일본 통합이후 야마또정권이 만들었다고 보는 견해다. 그런데 토지의 길이를 측량하는 척도(尺度), 즉 자(尺)가 대화개신 이후 사용에 쓰인 당척(唐尺:30.3㎝)이 아니라 한국자인 고마자(高麗尺:약35.6㎝)라는 사실이 주목된다.[74]

현재의 조사에 의하면 조리제는 기나이 일대, 기비를 비롯한 세도내해 일대, 북큐슈, 시가현, 기후현, 후꾸이현, 등지에서 집중적으로 나타난다. 이 지역들은 한국계통 소국들이 집중적으로 형성되었던 지역이었다. 기비 옛 가야국의 영역내에 있었던 조리의 유제로는 오까야마 부근, 사이덴(財田), 하또리(服部)부근, 아까께부근, 가모따(鴨方)부근이고, 그 밖에 고쟈시 진자이, 이바라 부근 등이 있는데 이 조리의 유제는 각기 하천유역을 중심으로 한 평야지대로서 가야계 고분, 사찰, 신사 등의 분포와 일치한다. 옛 기

---

74 조희성, 상게서, 1988, 257쪽.

비 가야국의 중요 생산지대이며 정치적 중심지에 조리제가 분포하는 것이다. 그러한 대표적인 조리제로서 하또리(服部)향의 조리제를 들 수 있다.[75] 기죠노 산성의 눈 아래에 전개되는 기비 옛 가야국의 중추부들에는 고대 조리의 유제 뿐 아니라 7세기 이후의 이른바 도모베(品部), 나시로(名代), 고시로(子代) 등에 각종 부곡민들의 거주지가 집중 분포한다. 산성이 굽어보는 비옥한 소쟈(總社)시 남부의 충적평야들에 전개하는 여러 부곡민 마을들은 그 지명이나 인명이 여러 문헌에 전해지고 있다. 이들은 가야국 중추세력들에게 예속당한 채 기비왕국의 중요한 경제적 기초를 형성하고 있었다. 조희승은 가야국 중추세력을 기비일족이라 부르면서 기비가야국의 우두머리족으로 설명하고 있다.[76]

---

75 조희승, 상게서, 257쪽.

76 조희승, 상게서, 259쪽.

기노죠 아래서 내려다보이는 쯔꾸리야마고분

Ⅳ

일본으로 건너간 백제, 백제천황국

1. 백제의 전성기

1) 백제의 꿈과 좌절

백제 건국시조 온조(溫祚,BCE18~AD28)는 대륙의 대방고지에 나라를 세웠다가 한반도로 이국했다. 온조왕은 재위 14년(서기전 5년)에 도읍을 위례에서 한성으로 옮겼는데, 강역은 한강 이북으로 칠중하(임진강)를 넘어 북으로 황해도(신계~금천), 동북은 강원도(이천)~경기도(포천~안성), 남은 충청북도, 전라남도 이서 서해안 전역으로 확대되었다.

재위 24년(서기 6년)에 공주에 웅천책을 쌓고, 27년(서기 9)에는 예천의 원산성과 상주 대두산성을 쌓았으며 마한을 멸망시켰다. 시조 온조왕은 46년간 재위하면서 이미 대백제(大百濟)의 토대를 닦았다.

제8대 고이왕(재위 234~296년)은 좌장군 진충(眞忠)을 중용해 서쪽으로는 낙랑의 변지(邊地)(남만주 금주)[1]를 점령했고, 황해도 멸악산 남부 일대를 평정하고 남으로는 조령 이북에 잔류한 북진한의 소국들을 모두 축출하였다.

---

1 『삼국사기』,「백제본기」) 고이13년(246년) "추8월 魏幽州刺史 毌丘儉, 與樂浪太守 劉茂·朔方太守王遵伐高句麗, 王乘虛 遣左將軍眞忠, 襲取樂浪邊民, 茂聞之怒, 王恐見侵討, 還其民口"

13대 근초고왕(近肖古王)(재위 346~375)은 한(漢)의 요서(遼西)를 공략하고 동왕 24년에는 고구려의 평양성(朝陽:沈陽?)을 공격하여 고국원왕(故國原王)을 전사시킴으로서 북으로부터 고구려의 위협을 제압했다. 그리고 그 후 백제는 대구, 경산, 고령, 김해가 포함되는 낙동강일대 가야7국을 평정함으로서 영남공략이 대부분 성공하였다.

중국의 『진서』「모용황제기」·『자치통감』·『남제서』·『송서』·『양직공도』[2]·『양서』·『주서』·『북사』 등의 중국 문헌기록에도 백제가 요서군과 진평군을 다스렸다고 썼다. 다만『삼국사기』에는 동성왕10년(488년)조에 북위(北魏)가 침공했으나 물리쳤다는 기사가 있다.[3]

백제는 호남쪽에 남은 마한 세력과 소왜(小倭)들을 평정하고 큐슈에 있던 구주왜(九州倭)를 불러들여 가야제국과 연합하여 영남(신라)공략의 최종단계에 이르렀다. 그러나 백제의 기세도 391년 고구려 광개토대왕의 남하를 시작으로 5차에 걸친 대대적인 공격으로 그 기세도 꺾이게 된다.

「광개토대왕릉비」와 『일본서기』 등을 보면 백제의 영남공략 성공 직전의 문턱에서 무너지면서 가야제국도 신라로 넘어가고 절대우세의 판세도 역전되는 상황을 알 수 있다. 고구려대군의 남하로 백제·왜·아라가야의 연합군은 일거에 궤멸되고 말았다. 이로써 이 지역의 힘의 균형이 크

---

2 양직공도(梁職貢圖)는 이홍직 박사가 『한국고대사의 연구』 에 수록된 양직공도로서 「百濟使臣圖經」은중공에서 발간된 문물(1960년7월호) 게제된 문건이다. 『공직양도』「百濟使臣圖經」는 원제가 형주자사 재임시 내공하는 20여개국 사신들의 용모와 옷차림을 그리고서 간단한 설명을 해 놓았는데 문제는 중국의 정사인 『宋書』·『梁書』·『南史』·『通典』등에 전하는 「百濟, 亦據有遼西·晋平二郡之地矣」를 크게 왜곡하여 「晋末樂浪亦有 遼西 晋平縣」이라 하여 백제사를 왜곡하려는 해방 후에도 일본학자들에 의해 지속적으로 되고 있었고. 금서룡, 말송보화 일인 학자들은 끝내 이 구절을 외면하였다.

3 『삼국사기』「백제 동성왕 10년(488)」, "魏遣兵來伐, 爲我所敗"

3-1) 윤영식, 『백제에 의한 왜국통치 삼백년사』, 청암, 2011, 14~18쪽.

게 바뀌어 신라를 자주 공격하던 구주왜[4]는 백제의 영향력 아래 있던 웅습국(熊襲國) 군대였다. 백제는 고구려의 개입으로 한반도 남부통일의 꿈이 깨어지면서 새로운 선택의 귀로에 서게 된다.[5]

2) 일본으로 건너가는 백제인

① 일본열도의 원주민과 이주민

일본 열도에는 신석기인인 죠몽인(繩文人)이 살고 있었는데, 이들이 원주민이다. 서기전 3세기부터 한반도 남부에는 고조선족(요녕문화인) 계통의 선(先)가야인들이 살고 있었다. 이들이 뒤에 일본 열도로 건너가 일본인의 주류를 이루는 야요이(彌生)문화인이다. 따라서 선(先)가야인이라 부를 수 있다. 현재 중국 하북지역과 남만주 요녕과 한반도 서북지역에서 요녕청동기문화권을 형성하고 고조선을 세웠던 맥족(貊族) 후예들이다.

쓰구바 대학 역사인류학자 가토 진뻬이(加藤晋平)[6]는 세석기 문화의 일본 열도 전파 경로에 대해 이렇게 추정했다. 일본인의 북방계 종족 특징의 타당성을 뒷받침하려는 시도이다. 이는 Ⅵ장의 고구려편에서 맥족의 이동과 지출경로에서도 살펴볼 수 있다.

① 시베리아→사할린→북해도→혼슈동북지방

② 연해주 →고려해 →혼슈 동북지방

③ 연해주 →한반도 동해안 →남해안 →북큐슈

---

4 『삼국사기』「열전」'박제상전' "박제상 열전에 나오는 왜는 구주왜이다."

5 승천석, 『고대 동북아시아의 여명』, 책사랑, 2011, 149쪽.

6 가또 진뻬이(加藤晋平 : 1931~) 일본의 고고학자로서 『시베리아의 선사문화와 일본』, 『일본인은 어디서 왔는가』 등이 있다.

위 3개의 이동 루트 중 하나가 시베리아와 한반도에 살던 빗살무늬토기인이 서기전 4,000년 경부터 고려해를 건너 일본혼슈로 직접 건너갔다는 연구이다.[7] 죠몽인은 7천년간 지속되었다는 이들은 북방계 아이누(蝦夷), 토지주(土蜘蛛) 및 주유(侏儒)가 널리 분포하고 있었으며, 일본 씨름의 원조인 준인(隼人)이 살고 있었다. 준인은 미생문화인, 즉 고조선인이었던 천손 천진언언화경경저(天津彦彦火瓊瓊杵)와 원주민 사승국승장협(事勝國勝長狹)의 딸 사이에서 태어난 화란강(火闌降)의 후예라고 하였다.[8] 일본열도내로 이주한 고조선의 문화를 이은 선가야인들이 한반도 남부에서 건너오기 시작하였고, 이들이 일본 야요이문화를 이룩했는데, 일본 야요이문화의 본거지인 북구주 문화는 한반도 남부와 오랫동안 동일문화권을 형성하고 있었다. 이들은 가야에 고인돌 독널무덤, 비파형청동단검과 무문토기문화 등 유물 유적을 남겼다.[9]

고구려 대군의 남하로 백제·왜·아라가야의 연합군이 패망하면서 가야와 백제지역에서 많은 사람들이 일본열도로 건너갔다. 그 후 신·당연합군에 백제가 멸망하면서 다시 대규모로 도왜(渡倭)하게 되었다. 이 피난 또는 망명대열이 나니만(오사까만)으로 유입하면서 일본 역사의 흐름을 크게 바꾸어 놓았다. 이 세력들이 기반이 되어 일본의 6~7세기 고대국가의 건설과 고분문화가 형성된 것이다.

---

7   승천석, 『고대동북아시아의 여명』, 책사랑, 2003, 239쪽.

8   『일본서기』(신대하, 9단 천손강림) 참조

9   조희승, 『초기조일관계사(상)』, 사회과학, 1988, 3쪽.

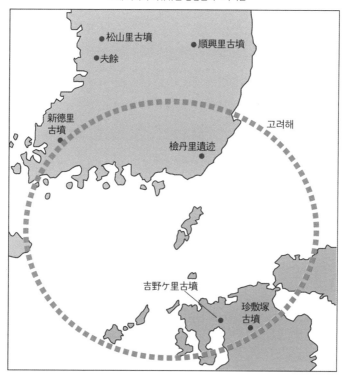

고대 가야와 북큐슈는 공통문화·사회권

한반도인의 주요 정착지역 (출처: 승천석,『백제의 영남공략 실패와 새로운 선택』, 국학자료원, 2007, p32.)

도래인	미생시대	고분시대	근거 사료
선가야인 (야요이인)	좌하 웅본 복강 대분, 산구, 정강		부현문화사(府縣文化史) ,미생유적(彌生遺跡), 일본서기, 풍토기
선신라인 (야요이인)	출운, 길비	나랑, 기이반도	부현문화사, 고분고적(古墳遺跡), 고신사(古神社), 일본서기, 풍토기
백제인		熊本, 攝津, 河內 和泉	府縣文化史, 彌生遺跡, 古神社, 日本書紀, 風土記, 新撰姓氏錄, 續日本記
후가야인 (後加耶人) (고분기 이동가야인)		北九州, 紀伊半島) 京都, 河內, 奈良, 四國, 靜岡,	府縣文化史, 古墳遺跡, 古神社, 日本書紀
고구려인		京都, 群馬, 長野, 冠東,	府縣文化史, 古墳遺跡, 古神社, 續日本記

② 북큐슈의 구마소국(熊襲國)

구마소왕국은 고구려계 문화색이 짙은 백제계 왕국이었다. 『일본서기』는 게이꼬(景行)·주아이(仲哀)·진구(神功)·게이따이(繼體)의 4대에 걸쳐서 구마소국을 정벌했다고 기록하고 있어서 야마또왕조의 통일에 있어 최대의 적으로 기록하고 있다.[10]

7세기 후반에는 야마또왕조에 복속되었던 것으로 보이나 이후에도 백제와 밀접한 유대가 계속된 나라이다. 『일본서기』의 14대 쥬아이(仲哀)는 신공의 남편이고 응신의 아버지인데, 중애 2년 3월에 신공과 함께 구주로 구마소(웅습국)를 치러갔는데, 신공의 신탁에서는 구마소 대신에 신라를 치라고 했지만 중애는 신라가 보이지 않는다고 구마소를 치다가 화살에 맞아 죽었다.[11]

이 이야기를 『삼국지』 동이전 왜에 기록된 구노국(狗奴國)에게 망하는 기록으로 보기도 한다. 가야 6국의 도해(渡海) 과정은 본가야 (금관가야)는 본래 다른 가야족과 마찬가지로 태양숭배 신앙을 가졌으나 큐슈(九州)로 도해할 무렵에는 곰 토템으로 바뀌었다는 시각도 있다. 이들은 다른 가야족보다 훨씬 이른 시기에 일본열도에 건너가 무나가다(宗像)계통의 일파와 함께 구주 북서부를 돌아 아리아께(有明)해로 들어가 지금의 구마모도도현 지방에 구노국(狗奴國)→웅습국(熊襲國:고마국)을 성립시켰다는 것이다. 이 나라는 건국이 다른 소국들보다 늦었지만 금방 강력해져 먼저 나라를 세웠던 '다까마가하라족(高天原族: 천황족 사마대국)'을 자주 공격해서 큰 위협이 되었다는 것이다.[12]

---

10 승천석, 『고대 동북아시아의 여명』, 백림, 294쪽.

11 『일본서기』 중애기 9년 춘2월조, 승천석, 『대백제의 꿈』, 국학자료원, 2015, 266쪽.

12 승천석, 『고대 동북아시아의 여명』, 백림, 183쪽.

2. 고대일본의 천황의 이민사

1) 미즈노 유(水野裕)의 삼왕조설(三王朝說)

미즈노 유는 와세다대학 강의록에서 「일본고대왕조사론 서설」을 발표
했는데, 그 요점은 『고사기』와 『일본서기』의 왕들의 본래 이름과 시호에
서 그 특성을 찾아내어 차이점을 구분하고 세 왕조의 역성적 단절을 고증
하려 한 것이다.

미즈노 유(水野裕)의 삼왕조설은 고왕조(古王朝), 중왕조(中王朝), 신
왕조(新王朝)의 삼왕조로 나뉜다. 고왕조는 전승왕조이고, 신대(神代)와
실제 사람이 왕으로 즉위하는 인왕(人王)시대의 가교적 시대라고 하였다.
『일본서기』상 고왕조는 10대 숭신(崇神)에서 14대 중애(仲哀)의 5대라는
것이다.

「기기(記紀:고사기·일본서기)」의 숭신은 서기전 97년에 왕위에 올라 65
년을 통치하고 120세에 죽었다는데 그의 대전(大殿)에는 천조대신과 왜
대국혼(倭大國魂)을 모시고 있었다고 한다. 왜대국혼은 출운국왕(出雲國
王:大國主神)의 신인데 이 신을 천황의 대전에 모셨다는 것은 고왕조가
출운국왕에 매어 있었음을 말한다. 미즈노는 고왕조는 근기지방과 서부일
본의 기비와 이즈모까지 평정한 왕조였다고 해석했다.

중왕조(中王朝:河內王朝)는 16대 인덕(仁德)부터 25대 무열(武烈)까지
를 뜻한다. 그 이후 26대 계체(繼體)부터 신왕조로 분류한다. 미즈노 유
의 삼왕조설은 야마또왕조의 만세일계설을 대신해서 3왕조가 서로 다른
성씨라고 본 점이 특징이다.

이 설은 『일본서기』를 줄거리로 기본으로 삼아 3왕조설을 만들어냈
다. 이 설에 대해서 일본 사학계가 호응하고 있지만 어차피 시기부터 맞지

않는 『일본서기』를 토대로 세운 가설이다. 또한 미즈노 유는 서기전부터 왜가 한반도를 지배했다고 주장하는 등 전체적으로는 황국사관의 입장에서 벗어난 것은 아니다.

2) 일왕 신무(神武)와 결사(缺史)시대[13]

『일본서기』는 역사서의 기초인 시기부터 맞지 않는다. 그리고 『일본서기』 자체에도 국왕명은 있지만 아무런 내용이 없는 이른바 결사(缺史)시대라는 것이 있다. 이를 '결사 8대'라고 하는데 초대 신무(神武) 다음의 2대 수정(綏靖)부터 9대 개화(開化)까지 8대를 말한다. 『고사기』와 『일본서기』에 이 8왕들은 가족사항 외에 아무런 실적기사가 없기 때문에 일제 패망 이전의 황국사관 시절에도 결사 8대란 말을 사용했다. 『일본서기』상 그 기간은 서기전 581~서기전 98의 493년간이다.

초대 신무에 대해서는 많은 기사가 있다가 그 후 5백여 년 가까이는 공백이었다가 10대 숭신(崇神) 때 와서 다시 나라를 세웠다는 것이다.[14] 어떻게 이런 역사서가 가능할까? 그래서 『일본서기』는 100명이 연구하면 100개의 학설이 나온다는 말이 나온다.

그래서 근래에는 초대 신무의 사적은 일본에서도 10대 숭신이나 15대 응신의 사적을 패러디(Parody)한 것이라고 주장하는 연구들이 나오고 있다. 초대 신무부터 9대 개화까지는 조작이고 10대 숭신부터 실제 역사라고 보는 시각과 14대 중애와 신공왕후는 조작이고, 15대 응신(應神)이 실제 일본의 개국시조라는 두 시각이 있다. 이런 이유 때문에 하내왕조(河內王朝)설이니 삼왕조(三王朝)설이니 하는 설들이 나온 것이다.

---

13   이시와타리 신이치로, 『백제에서 건너간 일본천황』, 지식여행, 2002, 35쪽.

14   『일본서기』와 『고사기』 모두에 숭신을 첫 왕의 뜻인 『어조국천황(御肇國天皇)』이라 하고 있다.

『일본서기』가 일왕 이름만 적어놓고 실제 사적은 전무한 결사(缺史)시대를 만든 이유는 가야계와 백제계의 도래부터 시작하는 왕조의 역사를 끌어올리기 위한 것이다. 그래서 신무가 서기전 660년으로 건국한 것으로 설정하다보니 9대 결사시대가 생긴 것이다. 그래서 2대부터 9대까지 500여 년간은 천황의 즉위, 태자 책봉, 황후 책봉, 사망 등에 대해서만 기록되어 있을 뿐 아무런 사적도 기록하지 못했던 것이다. 그 이유에 대해서 식민사학자 나카미치요(那珂通世)는 이른바 '신유년혁명설(辛酉年革命說)'을 제기해 신무 건국연대를 앞당긴 이유를 설명했고, 미즈노 유(水野祐)도 「일본고대의 국가형성」 등에서 그 이유를 설명했지만 모두 황국사관에 기초해서 합리화하기 위한 추측에 불과할 뿐이다.

3) 북한 김석형의 한(韓)삼국 분국론

일본 극우파 황국사관은 고대 야마토왜가 가야를 점령하고 임나일본부를 설치했다는 '임나=가야설'을 퍼뜨렸다. 남한 강단사학은 겉으로는 임나일본부설을 부인한다고 말하면서도 각론으로 들어가면 '임나=가야설'을 신봉하면서, 가야에 왜의 사신이 있었다거나 교역기관이 있었다는 식의 변형이론을 만들어냈다.

그러나 북한 학자 김석형은 1963년 「삼한 삼국의 일본열도 분국설」을 발표해 일본과 남한 학계의 '임나=가야설'을 파탄냈다. 그 후 김석형은 『초기조일관계사』에서 일본의 고대국가형성과정에서 중심 역할을 했던 세력은 한반도 계통의 이주민에 의해서 형성된 소왕국(분국)들이었으며, 야마토왜가 서부일본을 대체로 통일하는 6세기 말에서 7세기초까지는 이 분국들은 어떤 형태로든지 신라·고구려·백제·가야 본국의 지배를 받고 있었다고 논증했다.

그는 초기 한일관계의 시작은 서기전 3~2세기경부터인데, 한반도 진국(辰國)의 삼한주민들이 갈대벌로 뒤덮인 왜의 땅, 즉 구주와 서부일본에 진출하여 개척을 시작하는 것으로 비롯되었다고 보았다. 한반도에서 진국이 붕괴하면서 여러 소국들이 삼국으로 통합되는 과정이 이들의 일본 열도 진출을 부추겼다는 것이다.

기원후에도 몇 세기 동안에는 일본열도 내의 백제, 신라, 가야 분국들은 인근의 소국들을 통합 또는 연합하여 보다 큰 국가 세력으로 성장하는 한편 모국과 연계를 유지해 나갔다는 것이다. 3세기말~4세기 초경부터 북구주·이즈모·기비·기내(河內와 奈良)지역에 순차적으로 국가세력이 형성되었는데 대부분 이주민 계통소국들이라는 것이다.

김석형의 연구는 일본 극우파 역사학자들의 이른바 남조선경영론, 즉 남한경영론을 해체시켰을 뿐만 아니라 일본열도내 고대 한국인들의 역사적 활동을 입증했다는 중요성이 있다. 한민족의 이동을 깊게 연구한 승천석의 『고대 동북아시아와 예맥한(濊貊韓)의 이동』에는 도쿠가와(德川) 막부의 유명한 관학자였던 아라이꾸세끼(新井白石)[15]의 이런 말이 인용되어 있다.

"우리나라(日本)초기에 시라기(新羅), 고마(高句麗) 등의 사람들이 지구고섬(築紫)에 많이 살았는데 이는 에조(蝦夷:죠몽인)가 (일본의) 동해(本州 中部 關東:해안지방) 땅에 거함과 같다.
생각컨대 구마소(웅습)가 여러 번 본조(야마또왕조)를 배반하였던 것과

---

15 아라이 하꾸세끼(新井白石 :1657~1725년)는 도꾸가와(德川) 막부의 제6대 장군 도쿠가와 이에노부(德川家宣)의 시중 '정덕(正德)의 치(治)'를 실시한 에도시대 전기·중기의 학자, 정치가, 관리이자, 목하순암(木下順庵)의 제자로 유학을 배웠고, 관학자이다.

아스카의 전경

같은 일은 시라기와 고마 등의 지원에 의한 것이다. 그런즉 구마소의 나라라고 하는 것은 곧 고마의 족류(族類)였을 것이다.”

이는 메이지 때 정한론이 본격 등장하기 전에는 일본 관학자들도 고대 일본의 소국들이 모두 고대 한국인들이 이주해 세웠다는 것을 인정했음을 말해준다. 『일본서기』의 계체 21년의 축자국(筑紫國)의 이와이(磐井)의 반란(叛亂)도 이 연장선에 있는 것이다. 그럼에도 아직도 일본 극우파 역사학자들과 이들을 추종하는 남한 강단사학자들이 거꾸로 ‘임나=가야설’을 주장하는 것은 역사의 미스테리가 아닐 수 없다.

3. 일본고대사 속의 백제왕국

1) 곤지(琨支)왕자와 안숙(安宿)골

일본왕실이 한반도에서 건너간 사람들이란 사실은 『고사기』와 『일본서기』의 신대기만 읽어도 알 수 있다. 신대기에서 말하는 대팔주탄생 신화라든가 천손강림기 등은 명백히 천황족이 가야에서 현해탄을 건너 일본열도로 이주하는 상황을 묘사하고 있기 때문이다. 천황족인 이들이 국내의 전란을 피해 고향 가야를 떠나 일단 대마도로 건너갔음은 대마도의 주요 신들을 살필 때 이미 보았다.

백제계 왕국을 살펴볼 때 중요한 것이 안숙국, 즉 아스쿠국(安宿國)이다. 아스쿠국은 오사까시 남부 후루이찌(古市)에 5C 중반 이후에 세워진 백제계 왕국이다. 아스쿠왕국은 뒤에 아스까베(飛鳥戶)왕국으로 불리게 된다. 이들은 약 70여 년 동안 지속된 후 나라 남부 야마또로 들어가 미와왕조를 통합하여 아스까왕조로 발전하게 된다.

아스까왕조는 미와왕조의 전신이자 가와찌(河內)왕조의 실체인데, 그 건국시조와 미와왕조와의 통합과정에 대해서는 이설이 있다. 그 중 하나는 그 첫 국왕이 곤지로서 백제 개로왕의 아우인데 5세기 중반에 일본으로 건너가 안숙국(安宿國)를 세웠다는 것이다.

『일본서기』는 「백제신찬」을 인용하여 곤지가 개로왕의 명을 받아 다섯 아들을 포함한 일가를 모두 이끌고 건너왔다고 기록하고 있는데, 815년에 쓰여진 『신찬성씨록』에는 그가 가와찌 아스까베군 미야즈꾜(飛鳥戶郡造王)라고 말하고 있다. 아스까베, 즉 아스쿠 왕국의 시조가 백제왕자 곤지라는 것이다.

한반도에서 전란이 오래 계속되면서 기와찌평야로 한국(가야, 백제, 신라, 고구려)인들이 계속 유입되었다. 그 후 백제본국이 망하는 7세기말에 대량유입이 절정에 달하였다. 이중 백제인들이 몰려든 가와찌평야에는 뒤에 큰 사회를 형성하게 되는 세 지역이 있었다. 오사까 남부평야의 후루이찌(古市)와 이즈미(和泉)의 모스(百舌鳥)와 요도강하류 남셋즈(南攝津)이다.

이 세 곳은 뒤에 국군제(國郡制)가 실시되기 전까지는 그냥 백제로 불

리는 사실상 백제였는데, 아스까왕조로 편입되고 율령제가 실시되면서 군(郡)이 되었다.[16]

그 중 후루이찌와 남셋즈는 백제인과 가야인들이 주류를 이루었다. 아스까베란 신왕국이 태동한 곳은 곤지왕자가 정착하였던 아스까베신사(飛鳥戶神社)[17]가 있는 이시가와 골짜기의 '안숙골(安宿村)'이다.[18]

2) 아스까베(飛鳥戶)왕국의 탄생

한반도의 신라를 합병해 통일왕조를 세우려던 대백제의 꿈은 깨어졌지만 백제인들은 일본열도에 아스쿠국(安宿國)을 세우면서 일본열도에 통일왕국을 세운다. 지금의 오사까(大阪)남부 가와찌(河內)와 이즈미(和泉)에는 많은 백제인과 가야인들이 건너와 살고 있었다.

안숙국은 가와찌에서 74년 동안 부강한 나라로 발전한 후 아스까로 들어가 천황족국가 미와(三輪)왕국을 통합한다. 『일본서기』는 이 왕국을 천황족 국가 야마또왕조의 15대왕 오진(應神)이 하내(河內)로 진출한 것으로 묘사하고 있지만 일제 패전 후 일부 사학자들은 이 왕국은 큐슈출신 '오진(應神)'을 시조로 하는 하내왕조(河內王朝)라는 설을 주장했다

그러나 이 하내왕조설에서 말하는 왕조의 시조 곤지(琨支:昆支)를 응신왕으로 바꾼 것이다. 응신의 하내왕조란 곤지의 아스까베왕국을 다르게 말한 것일 뿐이다.

곤지 왕자 일행이 탄 배는 오랜 항해 끝에 현 오사카만인 나니와만(難

---

16 김달수, 「일본속 살아있는 한국」, 『조선일보』 1985년 12월6일자

17 『신찬성씨록』제27권 하내국 제번 비조호조에는『일본서기』웅략기 9년(465년)7월조에 전변사 박손의 딸인 서수가룡의 처와 관련한 토마(식륜)에 관한 신화같은 이야기가 있다,

18 승천석, 『백제의 장외사 곤지의 아스까베왕국』, 책사랑, 2009, 263쪽.

波灣)에 들어섰다. 이 배들은 오사카시 서쪽의 효고현(兵庫縣)의 하리마 (播磨)해안 아까이시(赤石)해협을 지나 백제인들이 많이 출입하는 가까운 셋즈(攝津) 포구에서 이즈미 사까이(堺)포구로 가는 길로 안숙골에 닿는데, 그 북쪽에는 대화강(大和川)이 흐른다.

사까이에서 좀 떨어진 오즈시(大津市)는 가야마을이고, 사까이 후루이찌 이시가와 골짜기의 안숙골은 백제인들의 마을이었다. 후루이찌를 중심으로 안숙골 샘(和泉)과 안골 그리고 태화강 넘어 오다께(大別)등 다섯 마을을 이루고 마을의 대표들을 소집하여 국왕을 옹립하고 '안숙왕국'으로 정하였다. '아스쿠왕국'으로 불리다가 아스까베 왕국(『신찬성씨록』에서는 비조호(飛鳥戶)라 쓰고 아스까베로 읽음)으로 부르게 되지만 처음의 나라이름은 '안숙왕국'이었다.

지금 옛 고안골이던 송악산에 있는 국분사(國分寺)는 안숙왕국 왕족의 후예 후나씨(船氏)의 종문사(宗門寺)인데 그 마당에 있는 석등에는 '아주안숙국군(阿州安宿國郡)'이라 새겨있는 헌등(獻燈)이 있어 안숙왕국의 잔영을 말해 주고 있다.[19]

'아스까왕조'와 후지와라(藤原)시대까지 일반 백성들이 나라(飛鳥王朝)를 그냥 '아스까베'로 계속 불렀다. 그러다가 평성경(平城京:奈良)으로 옮긴 후에는 왕도를 '나라(奈良=국가)'라고 부르게 된다. 나라는 물론 고대 한국인들이 국가(國家)를 부르는 용어였다.

3) 가와찌왕조론과 응신

① 응신과 인덕의 진위

『일본서기』는 연대부터 맞지 않는 역사서이기에 여기 나오는 국왕들 중

---

19 승천석, 『대백제의 꿈』, 국학자료원, 2015, 136쪽.

에서 누가 실제로 존재했던 국왕인지를 찾는 것이 일제 패전 이후 『일본서기』 연구자들의 오랜 논쟁거리였다. 일제 패전 후 일왕에 대한 실제 연구가 가능해지면서 여러 가지 학설이 난무하게 되었다.

일본고대사의 첫 왕이 누구냐는 것이다. 『일본서기』는 신무(神武)가 초대 일왕이며 서기전 660년에 건국했다고 말하고 있지만 이것이 실제보다 약 1천년 정도 끌어올린 가공의 연대라는 사실이 밝혀지고 있다.

그러면서 이른바 가와찌(河內)왕조설이 등장했다. 신무 이래 나라(奈良)의 시기(磯城)에 있다가 15대 응신(應神) 때 오사까(大阪) 남부 가와찌(河內)로 이동한 것이 가와찌왕조(河內)이고 응신왕조라는 것이다. 15대 응신 이전의 일왕(미와왕)들은 부정되고 응신을 시조로 하는 가와찌왕조설인데, 이노우에 미즈사다(井上光貞)의 '일본국가의 기원설', 에가미 나미오(江上波夫)의 '기마민족 정복왕조설', 미즈노 유(水野裕)의 '삼왕조설' 등이 모두 이 범주에 드는 주장들인데 세부로 들어가면 학설들이 똑같지 않다.

이노우에 미즈사다(井上光貞)는 『일본국가의 기원(日本國家の起源)』에서 응신이 큐슈사람으로 가와찌 호족의 도움으로 가와찌로 들어와 가와찌왕조를 세웠다고 주장했다. 미즈노 유(水野裕)는 처음에는 16대 인덕(仁德)을 가와찌왕조의 시조로 삼으면서 15대 응신은 전승속의 인물로 치부하였으나 나중에는 응신이 시조라고 바꾸었다. 객관적 기준이 없다보니 갈팡질팡하는 것이다.

에가미 나미오(江上波夫)의 가와찌(河內)왕조의 초대왕은 응신[20]이라

---

20 김성호, 『비류백제와 일본의 국가기원』, 지문사, 1990, p. 202. 기내왕조의 개설연도를 비류백제 멸망 다음 해인 AD 397년는 應神천황과 神武천황은 동일인물로서 북구주로부터 기내로 이로 이동해서 즉위한 것으로 되어있고, 기사내용도 BC 660년이 아닌 '4세기이후의 사실'로 井上光貞이 『일본국가의 기원』에서 밝혔고, 이에 따라 江上波夫교수는 神武紀가 응신의 東征事實이 과거에

고 주장했다.

　응신은 『일본서기』에 15대 왕으로 기록하고 있지만 그 역시 그 실체를 찾기 힘든 인물이다. 『기기(記紀)』로 봐도 15대 응신과 16대 인덕을 한 사람으로 볼 수 있는 내용이 있어서 둘 중 한 명은 실재했던 사람이 아니라고 보기도 한다.

　하내왕조론의 선두라고 할 수 있는 이노우에 미즈사다가 『일본국가의 기원』에서 응신을 가와찌왕조의 시조로 본 가와찌왕조론은 그 모티브가 가와찌에 있는 거대한 어묘산(御廟山)고분이다. 그는 "응신왕조는 『일본서기』에서 획기적 시대이고 응신(應神:15대), 인덕(仁德:16대), 이중(履中:17대) 세 왕의 능은 확실한 고대 천황제국가의 확립의 기념비"라고 주장했다.

　그러나 한일고대사를 실제대로 보려고 하는 드문 학자인 우에다 마사아끼(上田正昭)[21] 교수는 "전승을 기록한 『일본서기』에 근거하는 것은 믿을 것이 못 되고 '하내비조(河內飛鳥)'의 개척자는 백제계통 사람들과

투영된 假構物일 것으로 보았다. 다시 말하면 신무와 응신은 동일인물이라는 것을 지적했다. 응신은 비류백제의 말왕으로 일본으로 건너가 기내조(하내)왕조를 건국한 왕이 응신이라는 것이다. 이것이 김성호선생의 '비류백제와 일본의 국가기원'이라는 저서로 80년대에 풍비하였다.

21　우에다 마사아끼(上田正昭 : 1927~2016) 일본의 역사학자 小幡神社宮司, 가인, 경도대학명예교수, 대판여자대학, 서북대학명예교수, 전공 일본고대사, 병고현 성기군 성기정(현풍강시)출신, 중학생때 소변신사(경도부 구강시)의 社家로 상전가의 양자가 되었고, 커서 대학때부터 同神社 宮司를 맡았다. 중학교 2학년때 발매금지된 쓰다소기치의 『사기와 일본서기』의 새로운 연구를 교사에서 빌려 학교에서 배우는 상대역사와 학문의 차이를 느꼈다. 2차세계대전중인 1944년 쇼와19년 4월 고쿠가쿠こぐかぐ인 전문부에 들어가 오리구치노부오들에게 사사했다. 재학중 고서점에서 쓰다의 서를 입수하여 『고사기』와 『일본서기』의 대한 비판에 충격을 받았다. 쓰다의 영향을 받아 다한다. -생략- 또한 우에다의 이론과 함께 '도래인'에 전후 재일 조선인의 이미지를 투영하는 김달수의 주장이 퍼졌지만, 이러한 우에다등에 의한 '귀화인'에서 '도래인'으로 의역되었고 고대사 학자의 関晃(관황)은 '도래'는 단지 일본에 왔을 뿐이라는 의미가 되어, 귀화 일본인의 일원이되었다는 의미가 없어져 버리는 학술 용어로 부적절하다는 것을 지적 의문을 제기 비판했다.

고구려인들이었다"고 보고 있다.

5세기 가와찌왕조의 유력한 담당자는 한국에서 온 도래인[22]이라는 것이다. 가와찌왕조의 개척자란 분명히 아스쿠국(安宿國)을 말하는 것이다.

이노우에 미즈사다의 가와찌왕조설의 핵심 근거는 오사까(大阪)부 사까이시(堺市) 북구(北區)에 있는 '어묘산(御廟山)고분'이 응신의 능(陵)이라는 것에 있다.

그러나 어묘산 고분을 응신능이라고 한 것은 메이지시대 때 황국사관을 만들 때 궁내성에서 『능묘참고지(陵墓參考地)』를 가지고 대충 찍은 것에 지나지 않는다. 어묘산 고분은 오사까 하비끼노(羽曳野)시와 후지이데라(藤井寺)시에 있는 고시고분군(古市古墳群)의 일부인데, 고시고분군은 고대 백제묘지이다.

따라서 어묘산고분은 백제의 곤지왕릉이라면 모르지만 응신릉(應神陵)이라면 부자연스러운 것이다. 오오사까시 남부 가와찌 일대에는 광범위한 고분군이 있다.

고시고분군은 이른바 인덕천황릉이라는 대선릉고분(大仙陵古墳), 백설조고분군(百舌鳥古墳群) 등과 함께 2008년 유네스코 세계문화유산에 등재되었는데, 그 중의 하나가 속칭 응신릉이라는 어묘산고분으로 예전고분(譽田古墳)이라고도 부른다.

이 고시고분군은 고시천총이라고도 불리는데 일본 고분사전에는 이렇게 나와 있다.[23]

---

22 도래인(渡來人)이란 용어는 삼한사국으로부터 고대 일본에 건너온 이주민의 총칭을 도래인의 이름으로 일본교과서에 기재된 것은 우에다마사아끼(上田正昭)의 영향이다.

23 大塚初重 小林三郎 공편, 『고분사전』, 동경당출판, 272쪽.

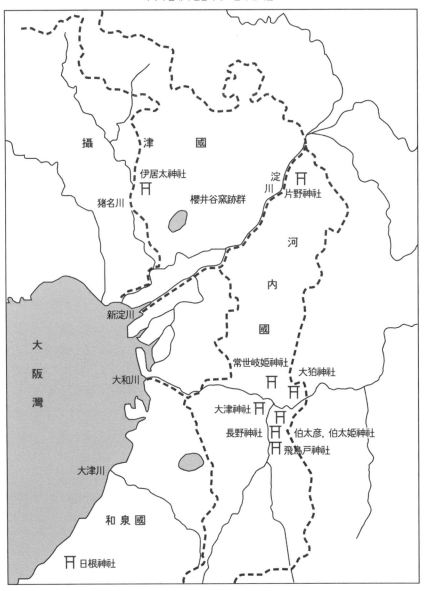

"남북 4㎞－동서 약 3㎞에 분포하는 묘역에 천황릉(어묘산고분)을 중심한 대 고분군이 고시천총(古市千塚)이다. 중앙에 전장 416m 길이의 호무다 산(譽田山) 고분을 비롯한 19기의 전방후원분이 있는데, '어묘산(譽田山) 고분'과 '진당성산(津堂城山)'고분이 가장 크고 주목된다. 그 주위에 사각 형의 방분(方墳)과 원형의 원분(圓墳)들이 무수히 둘러싸고 있다. 거의 파괴된 상태인데 1973년에 이 중 164기를 조사하였다. 이 무덤들의 조성 연대는 대략 4세기말에서 6세기 사이에 조성되었는데, 5세기와 6세기에 집중되어 있다. 예전산고분의 전방부 부근에 '환산(丸山)고분'에서 '용문 투조금동제안금구(龍紋透彫金銅制鞍金具)'라는 금동말안장이 나왔다."

그런데 고시(古市)는 백제인 마을이다.²⁴ 이는 야요이인들의 무덤과는 구분되는 고분들인데, 오사까에 약 5천기의 고분이 있다고 한다. 승천석은 무덤환경에서 볼 때 어묘산(御廟山)고분은 응신보다는 곤지릉으로 보는 것이 맞다고 보고 있다.²⁵

『고사기』와 『일본서기』에서 두 사람은 여러 면에서 중복되고 한 사람을 둘로 나누었다고 해석할 수 있다. 중견 사학자 나오키 코우지로(直木 孝次郎)는 「응신과 인덕은 동일인」이라는 논문에서 응신과 인덕은 한 사람이라고 주장했다. 『고사기』 응신기에는 이런 노래가 나온다.

"품타는 해의 왕자이며 왕참새다, 왕참새는 큰 칼을 차고 있는데 몸체가 양날이고, 칼 끝에는 신령스런 기운이 깃들어 있다. 신령스러운 나무에

---

24 승천석, 『고대동북아시와 예맥한의 이동』, 책사랑, 2011년, 352쪽.
25 승천석, 『대백제의 꿈』, 국학자료원, 2015년, 146쪽.

매달린 나뭇가지처럼 흔들리고 있네." [26]

품타(品陀)는 응신이고 대작(大雀)은 인덕이라는데, 또한 품타(品陀)가 대작(大雀)이라고도 말하고 있다.

그뿐 아니라 두 사람이 모두 큐슈 일향(日向)의 가미나 가히메(髮長媛)란 같은 여인을 사랑한 것으로 되어있고, 한지(韓池)를 파고 조선 사업도 두 사람이 다 한 것으로 되어 있다.

그 외에도 동일인이라고 해석할 수 있는 많은 사례가 있다. 나오키 코지로(直木孝次郎)는 인덕이 실제인물이고 응신은 가공의 인물이라고 주장했다. 그래서 응신은 어머니 신공(神功)의 섭정시간과 섞여 조작된 것이라면서, 『일본서기』가 아스까베 왕국을 가와찌왕조로 바꿔치기 하면서 응신이란 사람을 만들었다는 시각도 있다.

즉 응신을 가지고 곤지왕을 대신하는 과정에서 생긴 모순이 노출된 사례라는 것인데, 응신은 천황족의 족보인 제기(帝紀)도 없었던 인물이라고 한다. [27] [28]

② 아스까베 고을과 옛 가와찌고을 일대

『일본서기』에 다음과 같은 기록이 실려 있다.

---

26 "品陀の日の御子 大雀, 大雀 佩かせる大刀本つるぎ 末ふゆ冬木如すからが下樹のさやさや"

27 승천석, 『대백제의 꿈』, 국학자료원, 2015년, 148쪽.

28 윤영식, 『백제에 의한 왜국통치 삼백년사』, 2011, 청암, p. 406. 『고사기』·『일본서기』에 등재된 40여 천황은 실제는 물부씨 4명, 대반씨 6명해서 합계 10명뿐이다. 이들 물부, 대반 양가의 인물 10명을 중심으로 거듭 반복하여 「紀·記」를 대단히 방대한 것처럼 꾸며놓은 것이다. 상세한 것은 위의 서책을 참고 바란다.

「가와찌국에서 말하였다. "아스까베고을의 사람 다나베의 후히도 하꾸손의 딸은 후꾸이찌고을의 사람 후미노오비도 가룡(書首加龍)의 처이다. 하꾸손의 딸이 아이를 낳았다는 것을 듣고 사위집에 가서 축하해 준 다음 달밤에 돌아왔다. 곤다야마릉(무덤)아래에서 빨간 말을 탄자를 만났다. 하꾸손이 가까이 가보니 말이 마음에 썩 들었다. 그리하여 타고 있는 말을 채찍질하여 말머리를 나란히 하였다. 그러자 빨간 준마는 앞서 달리는데 먼지 구름을 일구며 냅다 뛰어 보이지 않았다. 그가 탄말은 멀리 떨어져 뒤쫓을 염두도 못하였다. 그때 준마를 탄자가 하꾸손이 원하는 바를 알고 말을 바꾸어 주었다. 서로는 인사를 나눈 다음 이내 헤어졌다. 하꾸손도 준마를 얻어 자못 기뻐서 빨리 말을 몰고 마구간으로 들어갔다. 안장을 풀고 말을 먹인 다음 잤다. 다음날 아침 빨간 준마는 변하여 하니마(埴輪 :진흙으로 빚어 만든 말)가 되었다. 하꾸손은 이상히 여겨 곤다릉에 가보니 자기말이 하니와의 사이에 매여 있었다. 그리하여 자기말과 하니마를 바꾸어 놓았다."」[29]

이 설화는 현재 오사까부 히비끼노시의 지명으로 남은 아스까라는 이름이 곤다야마무덤(譽田山)이 존재할 당시에 벌써 아스까베고을(飛鳥戸郡)이라고 불렸다는 사실을 말해주고 있다. 아스까베고을이 아스까고을

---

29 『일본서기』「웅략기」(9년7월조)「秋七月壬辰朔, 河內國言「飛鳥戸郡人·田邊史伯孫女者, 古市郡人·書首加龍之妻也. 伯孫, 聞女産兒, 往賀聟家而月夜還, 於蓬蘽丘譽田陵下蓬蘽, 逢騎赤駿者, ………. 伯孫, 就視而心欲之……, 齊頭並轡……… 於是, 聽馬後而怠足, 不可復追. 其乘駿者, 知伯孫所欲, 仍停換馬, 相辭取別. 伯孫, 得駿甚歡, 驟而入廐, 解鞍秣馬眠之. 其明旦, 赤駿變爲土馬. 伯孫心異之, 還覓譽田陵, 乃見驄馬在於土馬之間, 取代而置所換土馬也. 」 이 설화는 다나베(田邊:전변)씨의 조상설화로 『신찬성씨록』에도 같은 내용이 실려있다. 설화에 나오는 곤다릉이라는 것이 곤다야마무덤을 말하고 곤다라는 이름이 일치하고 곤다야마무덤의 바깥쪽을 헐어 수영장을 만들 때 아주 훌륭한 하니와 한 개분이 나왔다는 사실을 통해서도 알 수 있다.

(安宿郡)인데, 아스까고을이라고 부르게 된 것은 645년 대화개신이후의 일일 것이다.

아스까베고을 사람들이 조상신으로 숭배한 아스까베신사가 백제국 곤지(昆伎 : 琨伎)왕을 제사신으로 받드는 데서 알 수 있는 것처럼 고을 전체가 백제고을이었다. 『신찬성씨록』의 가와찌 제번에는 아스까베노 미야쯔꼬(飛鳥戶造)를 백제국 말다왕의 후손이라고 쓰고 있는데, 정6위 상 오하루노스꾸네 하루나들을 '백제왕의 자손이며 아스까베 등의 후손'이라고 한 것은 아스까베 땅이 백제사람들의 것이었음을 보여주는 것이다.[30]

아스까베 고을 출신 다나베노후히도(田邊史)도 문헌, 문서를 맡은 백제계통 귀족이다. 일본에 통일국가가 형성된 다음에도 사관(史官)벼슬은 세습되었다. 『고어습유(古語拾遺)』[31]에도 와니씨가 아찌노오미(阿知使主)와 더불어 우찌구라(內藏) 즉 재정출납을 맡았다고 쓰여 있다. 이처럼 후히도는 백제계통씨족인 와니의 자손으로 칭하는 자들만이 국가문서 문필사업에 관여 할 수 있었다.

다나베 폐사터는 현재 가시와라(橿原)시의 가스가(春日)신사 경내에 있다. 1971년에 조사된 다나베 절터의 동쪽탑에는 벽돌로 쌓은 기단이 있고 서쪽탑에는 기와로 쌓은 기단이 있다. 두 탑의 중심 기초 사이의 거리는 28.455m라고 한다. 조사에 의해서 남문, 중문, 금당의 위치가 밝혀졌는데, 금당자리로 추정되는 절간의 중심축선상에 부처를 안치한 것으로

---

30 조희승, 상게서, 389쪽.

31 윤영식,『백제에 의한 왜국통치 삼백년사』, 청암, 2011, p. 367. 『古語拾遺』에는 〈원문 생략〉, 여기에 장관(藏官)의 참뜻을 알 수 있는데 장관이란 말속에는 왕위를 숨긴 것으로 장관에는 대장(大藏) 재장(齋藏) 내장(內藏) 등 삼장(三藏)으로 되어 있는데,대장은 대위(大位)에 해당하는 백제대왕을 말하는 것이고, 제장, 내장은 백제의 영지(領地)에 봉한 왕 또는 후왕의 위로서 소위 내관가(內官家)란 말이 이에 해당한다.(자세한 내용은 상기 책자를 참조)

볼 수 있다. 특히 동쪽탑의 기단을 쌓은 수법은 백제의 부여 군수리터와 같은 형식이라고 한다. 다나베씨는 백제계통 씨족집단이었는데 절터 주변 구릉지대에는 과거 수 많은 무덤들이 있었다고 한다.[32]

『일본서기』에 실린 다나베씨에 대한 기록은 또 아스까베의 다나베씨가 후루이찌의 후미노오비도와 사돈관계에 있었음을 보여주고 있다. 그뿐 아니라 양자는 다 같이 후히도(史), 후미노오비도(文首)라고 한데서 알 수 있는 것처럼 문필을 맡은 지식인 집단인데, 고대 한국에서 건너왔다.

『일본서기』에 응신 15년조는 응신이 와니(王仁:왕인)를 불렀다고 기록하고 있고, 16년조에는 백제에서 와니(王仁:왕인)가 건너오자 곧 태자 우지노와까이 이라쯔꼬(菟道稚郎子)의 스승이 되었다고 말하고 있다. 와니는 후미노오비도의 시조라는 것이다.[33]

현재 하비노끼시 일대인 후루이찌의 땅은 5~6세기에 걸쳐 백제-가라에서 건너가 정착한 와니의 자손들인 가와찌의 후비또배(西文部), 하내사부(河內史部)의 본거지였던 것이다. 그곳에 조상신을 제사지내는 절간인 서림사(西琳寺)[34]가 있는 것이 이 때문이다.

옛 가와찌고을이 백제사람들의 고을이었다는 것은 가와찌고을 장관의 출신과 그곳 일대에 존재하는 백제계통무덤을 통해서도 알 수 있다. 옛 가와찌고을 일대는 야마하다(山畑)고분군과 다까야스센즈까(高安千塚)를

---

32 『가와찌고고학 산보』, 학생사, 1975, 71쪽.

33 『일본서기』「응신기」 "十五年(404년)秋八月壬戌朔丁卯, 百濟王遣阿直伎, 貢良馬二匹. 卽養於 輕坂上厩...仍徵王仁也. 其阿直岐者, 阿直岐史之始祖也" "十六年春二月, 王仁來之. 則太子菟道 稚郎子, 師之, 習諸典籍於王仁, 莫不通達. 所謂王仁者, 是書首等之始祖也"

34 서림사(西琳寺)는 흠명20년(559년)에 창건하였다고 하나 실제로는 60년후 추고천황때 창건(619 년)되었다는 설도 있다. 와니씨의 자손인 가와찌의 후히도의 씨족집단에 의해 세워졌다고 하는 비조시대의 가장 오래되고 큰 절간이다.

우전팔번궁 인물화상경

우전팔번궁 인물화상경

포괄하는 지역이다. 그곳에는 7세기 이후 큰 세력를 떨쳤던 가와찌노아따히(河內直)가 할거하고 있었는데, 가와찌노아따히는 가와찌고을의 장관직을 한 씨족으로서 669년에는 가와찌노아따히 구지라(河內直鯨)가 견당사로서 중국(당)에 갔으며,[35] 682년에 신라의 골품과 비슷한 무라지의 가바네(姓)를 받았다.

가와찌노아따히는 『신찬성씨록』의 「가와찌 제번」에 백제국 추모왕의 아들 음태 귀수왕(貴須王)으로부터 나왔다고 말하고 있어서 백제계 씨족이었음을 알 수 있다. 특히 그는 가와찌군 다까야스(固安)촌 고오리가와(郡川) 니시구루마즈까(西車塚)의 무덤[36]에서 나왔다고 하는 구리거울에 새겨진 인물과 같은 족속이었다고 말할 수 있다.

현재 기이국(와까야마현) 수미다 팔번궁(八幡宮)에 소장된 화상경명문은 다음과 같다.

---

35 『일본서기』「천지기」8년(669년) "是歲, 遣小錦中河內直鯨等, 使於大唐"

36 고오리가와(郡川) 니시구루마즈까(西車塚)무덤은 무덤무지의 길이 약 54m, 무덤안길 약 5m이다. 한쪽 날개의 횡혈식 돌칸을 가진 무덤칸안에서 5면의 동경이 나왔다.

고대 일본은
한국의 분국

"대왕년의 계미년 8월10일 오오토왕이 오사카궁에 있을 때 사마(斯摩:백

제 무령왕)는 그의 장수를 빌고 개중비직과 예인금리주 두 사람에게 좋

은 백동 200관을 주어 이것을 만들게 했다." [37] [38]

이 거울에 새겨진 명문은 일본식 가나, 즉 만엽가명(萬葉假名)이기 때
문에 개중비직(開中費直)은 가와찌노아따히(河內直) 즉 하내직으로 읽어
야 할 것이다. 예인(穢人)은 일본학자들이 가라히도(가라사람), 에히도(오
랑캐 사람), 아야히도(아야사람), 고마히도(백제사람) 등 여러 가지로 읽
는데 모두 고대 한국 출신을 말하는 것이다. 가와찌고을이 백제계 사람들
의 마을임을 말해주는 것이다.

가와찌노아따히(河內直) 일족은 곤데라(河內寺)라는 큰 절을 지었다.
주목할 것은 그 절터에서 백제계통 기와뿐아니라 고구려계통의 기와막새
도 나온다는 사실이다.

그곳은 『화명초』에 나오는 오오가따고을(大縣郡) 고마향(巨麻鄕)이
있던 곳으로서 '연희식(延喜式)'에는 그곳에 오고마(高麗)신사가 있었다
고 전하는데 이 신사는 오고마노무라지의 조상신을 모셨다. 오고마씨가
고구려계인지 백제계인지는 더 살펴보아야 할 문제지만 가와찌노아따히가
세웠다는 '곤데라'에서 고구려계통의 기와막새가 나오는 것은 고구려의 영
향도 받았음을 추측케 하는 것이다.

---

37 原文 "癸未年 八月十日 大王年男第王 在意柴沙加宮時, 斯麻念長 奉遣開中費直穢人 今州利, 二
人等 取白上同 二百早 作此竟"

38 김용운, 『천황은 백제어로 말한다』, 한얼사, 2009, p. 96.

4) 『신찬성씨록(新撰姓氏録)』과 칠지도의 비밀

① 『신찬성씨록』

칠지도와 『신찬성씨록』은 곤지왕의 아스까베왕국을 가장 분명하게 고증하고 있는 금석문과 고문헌이다. 『신찬성씨록』은 815년 일왕의 명으로 편찬한 일본 고대 씨족의 족보인데, 그중 '제번제씨(諸蕃諸氏) 백제항(百濟項) 우경하(右京下)'에 이런 구절이 있다.

> "아스까베군의 수장(造:미야즈꼬)은 곤지왕이다. 그 출신은 백제국 비유
>
> 왕의 왕자인 곤지왕이다."[39]

『신찬성씨록』은 곤지왕을 개로왕(蓋鹵王)의 동생으로 보고 비유왕의 아들이라고 했으나, 이는 잘못이고 개로왕모의 동생이다.[40] 아스까베군(飛鳥戸郡)이란 것은 남가와찌를 말하는데, 지금의 이시가와(石川) 골짜기를 포함한 고시(古市)와 고안(高安)과 화천(和泉) 모스(百舌鳥)들이 들어간 지역으로 초기 아스까베왕국의 영역이다.[41]

여기서 '군(郡:고을)'이란 명칭이 붙은 것은 815년 『신찬성씨록』을 편찬하면서 국군제(國郡制)가 실시된 대화개신(702) 뒤의 지방명을 그대로 소급하여 쓴 것이다. 곤지가 가와찌로 건너간 시기가 461년이므로 이때는 군의 제도 같은 것이 없었으며, 곤지왕자를 지방장관으로 임명할 통일정부도 없을 때였다.

곤지왕이 이시가와 골짜기의 안숙골에서 죽었다고 볼 수 있게 고증하

---

39 『新撰姓氏録』, 「諸蕃諸氏」 '百濟項 右京下 飛鳥戸造' "出自百濟國主 比有王男昆支王也"

40 『新撰姓氏録』 「飛鳥戸造」에 「琨支王號, 軍君仕日本, 蓋鹵王母弟 文淵王, 雄略王23年薨」

41 승천석, 『고대 동북아시아 예맥한의 이동』, 책사랑, 2011, 357쪽.

곤지의 사당(비조호신사) (출처: 승천석, 『곤지의 아스베왕국』, p298.)

는 유적이 아스까베 신사(飛鳥戸神社)이다. 옛날에는 아스쿠(安宿)고,
지금은 '아스까촌(飛鳥村)'이라 불리는 이 마을은 지금도 존재하고 있는
데, 마을 앞을 흐르는 시내가 아스까천이다. 또한 이 마을 한 가운데 곤지
왕을 모시는 '아스까베신사'가 있는데, 당초에는 곤지왕의 사당이었을 것
이다.

　그 시절에는 신사가[42] 아직 없었을 때인데 뒤에 신사로 불리지만 그 신
사의 모습은 아무리 보아도 신사가 아니라 한국식 사당의 모습이다. 『삼국
사기』에는 곤지왕이 본국에서 내신좌평을 3개월 하다가 죽은 것으로 되
어 있지만 『일본서기』에서 인용하는 『백제신찬』에는 그가 귀국하였다는
기록은 없다. 이 사당으로 볼 때 곤지왕은 가와찌에서 죽은 것으로 볼 수
있다.

42　박규태, 『일본의 신사』, 살림, 2017, 13쪽. 일본의 신사는 그 성격상 우지가미형과 간조형신사로
　　나누는데 이중 우지가미형 신사는 각 지역별로 제한된 신사들만 참여하는 공동체적 제사가 중심
　　을 이루고 있다. 헤이안(794~1193)시대 이래 지역적 경계를 넘어서는 새로운 형태의 신사가 출현
　　하였는데 이를 간조(勸請)형 신사라 한다. 간조란 신의 분령(分靈)을 맞이하여 모신다는 말이다.

② 칠지도(七支刀)

칠지도의 명문도 곤지가 아스까베의 국왕임을 증언하고 있다. 칠지도는 일곱 개의 칼날이 있고, 도신(刀身)에 60여자의 상감문이 있는 검이다. 이 칼은 지금 일본 나라현 천리시(天理市)에 있는 이소노카미신궁(石上神宮)에 보관되어 있는데, 일본정부가 국보로 지정하고 있다. 1873~1877년 경 이소노카미신궁의 대궁사(大宮司)로 있던 간 마사토모(菅政友)가 칼의 녹을 닦아내다가 칼의 양면에 금(金)으로 상감된 명문(銘文)을 발견했다. 이 칼이 일본에 전래된 문헌적 근거는 『일본서기』 신공(神功) 52년조에 나온다.

칠지도는 비문의 내용도 중요하지만 칠지도가 일본으로 건너간 시기도 중요해서 학자들 사이에 견해가 많다. 칠지도의 전래 시기에 대한 학자들의 견해는 아래와 같다.

칠지도가 일본열도에 전달된 시기

전래시기	주창자	해당 시기의 왕
3C	문정창	고이왕
4C	윤영식, 이병도, 복산민남(福山敏男) 삼품영창	신공, 응신기
5C	김석형, 손영종, 승천석, 궁기시정(宮崎市定)	
6C	연민수, 김태식	무령왕

『일본서기』 신공(神功) 52년조에 "가을 9월 병자에 구저(久氏)등이 천웅장언을 따라서 칠지도 하나와 칠자경 한 면과 여러 종류의 중한 보물을 바쳤다"[43]고 기록하고 있다. 『일본서기』 신공 52년은 서기 252년인데, 2주

---

43 『일본서기』「신공기」(52년 9월조) "구저 등이 천웅장언을 따라와 이르러 곧 칠지도 한 구와 칠자경 한 면 및 여러 종의 중한 보물을 바쳤다(五十二年秋九月丁卯朔丙子, 久氏等從千熊長彦詣之. 則獻七枝刀一口·七子鏡一面, 及種々重寶)"

갑 120년을 끌어내려 372년으로 해석하기도 한다. 『일본서기』는 연대부터 맞지 않기 때문에 그 전달시기를 두고 여러 학설이 있는 것이다.

칠지도[44]의 명문은 다음과 같다.

칠지도 칼글 (자료: 김영덕, 『백제와 다무로였던 왜나라들』, 글로벌콘텐츠 p62.)

앞면

태화4년 5월16일 정오 무쇠를 백연철로 칠지도를 만들었다. 이 칼은 어떤 적(百兵)도 물리칠 수 있다. 마땅히 후왕에게 주려고 □□□□ 가 만들었다(泰和四年五月十六日丙午正陽造百錬 〔鋧〕七支刀〔世〕辟百兵 宜復供侯王□□□□〔作〕)

뒷면

선세 이래 이런 칼은 아직 없었다, 백제(대)왕세에 생을 의탁하고 사는 사람인(聖晉)이 왜왕 지(旨)를 위해 만들었다 기리후세에 전하여 보이도록 하라(先世以來未有此刀百〔滋〕王世〔子〕奇生聖音故爲 侯王旨造傳 〔示〕後世)[45]

『일본서기』 신공 조는 '바쳤다(獻)'고 기록하고 있지만 실제 명문은 백

---

44 윤영식, 『백제에 의한 왜통치 삼백년사』, 청암, 2011, p. 230. 석상신궁에 있는 태화4년(369년) 칠지도는 천치언(天稚彦)의 형 천수일(天穗日)이 먼저 가지고 도왜한 형칠지도(兄七支刀)라 하고, 이보다 3년 뒤늦게 천웅장언(千熊長彦)이 휴대하였던 칠지도는 제칠지도(第七支刀)라, 한다.

45 칠지도 명문 글자에 대한 판독도 학자들마다 조금씩 차이를 보이고 있다. 칠지도의 비문(명문)은 연민수의 『고대한일관계사』(혜안, 2001, 143)에서 옮겼다.

제의 제후왕을 뜻하는 '후왕(侯王)'이라고 되어 있다. 『일본서기』가 상국을 제후국으로, 제후국을 상국으로 바꿔 기술했음을 말해주는 사례이다.

그러나 일본 사학자들은 그간 이런 사실을 무시하고 억지로 자국에 유리하게 해석해 왔다.

첫째 실제 내용을 역해석을 해서 "백제왕이 일본천황에게 그 칼을 헌상하였다"고 해석했다.

둘째 야마토왜에 유리하게 해석하면서도 '칼의 명문 원문'은 거의 제시하지 않아왔다.

셋째 이 칼에 대한 언급을 되도록 피해왔다.

이노우에 미즈사다(井上光貞)가 필두 저자로 되어 있는 일본고대사의 대표적 총서인 『日本歷史大系』와 고바야시 유끼오(小林行雄)의 『고분시대의 연구』에서 조차도 칠지도에 대한 언급이 없다.[46]

칠지도 명문은 백제왕이 왜 후왕에게 내리는 하행문(下行文)임이 분명하기 때문이다. 명문의 "후왕에게 주려고(供侯王)"나 "후세에 전해 보이라(傳示後世)"는 문구는 윗사람이 아랫사람에게 내리는 하행문인데, 받는 사람이 왜의 후왕 지(旨)이다. 중요한 점은 이 왜가 어느 나라인가 하는 점이다. 4~5세기 경에 일본열도에서 백제로부터 이 칼을 받을 만한 왜는 가와찌의 아스까베왕국 아니면 천황국가 미와왕국 뿐이다.

명문에 나오는 연호 태화(泰和)에 대해서도 일본 역사학자들은 동진(東晉)의 연호라고 주장한다. 백제 연호가 아닌 동진 연호 태화이며 그 원년은 백제 근초고왕 21년(366) 이라고 주장하는 일본학자들이 많다. 그러나 동진 연호 태화는 태화(太和)로서 한 자가 다르다.

그래서 북한 학자 김석형은 태태(太泰)를 같은 것으로 보는 것은 무리

---

46 승천석, 『동북아시아와 예맥한의 이동』, 책사랑, 2011, 360쪽.

이며 태(泰)자를 태(太)자로 쓸 수는 있어도 태(太)보다 획수가 많은 태(泰)로 쓴다는 것은 금문의 경우 더욱 생각하기 어려우며, 더욱이 왜왕에게 주는 칼에 태(太)자를 오자를 내여 태(泰)로 쓸리는 없다고 보았다. 이는 동진의 연호인 '태화(太和)'가 아니라 백제연호 '태화(泰和)'로 보는 것이 가장 타당하고 그 시기도 5세기경이라는 것이다.[47]

칼이 일본으로 건너온 시기는 『일본서기』 신공 52년(252)이다. 문제는 신공이 실존인물이 아닌 가상 인물이라는 점이다. 그래서 전래시기에 대해서도 학설이 많은데 가장 이른 3세기로 설정하는 역사학자 문정창(文定昌)은 백제 고이왕(古爾王:재위 234~286) 때로 본다. 그 전말은 아래와 같다.

백제 고이왕은 야마대국(邪馬臺國)의 여왕에게 자치를 허락했는데, 야마대국이 반기를 들고 일어나자 유능한 장수 구저(久氏)를 보내 재 평정한 후 사마대국을 멸절시키고 왕의 골족(骨族)을 그 나라 왕으로 책봉하였으니 이것이 후일 『송서』에 나타나는 왜오왕(倭五王)의 나라라는 것이다.

왜오왕의 나라의 위치가 북큐슈의 해안 지대였음은 축자천(筑紫川) 유역의 선산(船山)고분에서 출토된 한 자루의 대도(大刀)로써 확인되었다는 것이다. 신공여왕(卑彌呼)의 야마대국(邪馬臺國)이 자리했던 해안에 부여씨(扶餘氏) 왜국을 건립한 백제 고이왕은 그 왜국의 앞날을 축복하기 위하여 도부(刀部)에게 명령을 내려 칠지도(七支刀)를 만들게 하고 칠자경(七子鏡)과 기타 여러 가지 주술(呪術)적인 보물들을 하사했다는 것이다.

문정창은 또한 '태화(泰和)'는 백제의 연호라고 본다. 김부식은 신라의

---

47 김석형, 『 초기조일관계사(하)』, 사회과학사, 1988, 13쪽.

연호는 기록했지만 백제와 고구려의 년호는 전하지 않았다는 것이다. 그러나 고구려에는 광개토대왕비문의 연호 '영락(永樂)'이 있고, 백제에는 위덕왕(威德王) 연호 '건흥(建興)'이 있다는 것이다.[48]

칠지도가 발견된 나라시(奈良市)는 고대 일본의 대화국(大和國) 십시군(十市郡)인데, 이곳은 백제 동성왕이 저항하는 왜왕 현종(顯宗)을 격파하고, 그 항복조건으로 할양받은 반여전(磐餘田)이라는 것이 문정창의 논리이다.[49]

또한 칠지도 명문 중에 판독하기 어려운 구절은 일본국의 체통을 손상시키는 구절이므로 후세 학자들이 깎아냈다는 해석도 있다.

칠지도의 명문이 말하는 후(侯)와 왕(王)은 황제국인 백제가 중국 하북성 등지에 갖고 있었던 제후국 수령들의 관명(官名), 즉 도한왕(都漢王)·우현왕(右賢王)·불사후(弗斯侯)·면중후(面中侯) 등이고, 군(君)은 일본열도 내 직할지에 배치하였던 왜군(倭君)·백제군(百濟郡) 등을 말하는 것으로 해석하기도 한다.

③ 모노노베(物部)와 백제 칠지도

칠지도는 나라현 텐리시 이소노카미(石上) 신궁에 있는데 이 칠지도를 모노노베씨가 관할한다는 사실에 유의해야 할 것이다. 칠지도는 처음부터 이소노카미신궁에 보관되어 왔다고는 볼 수 없다.

이소노카미신궁은 본래 진한, 즉 신라계통의 이주민들의 신궁(神宮)이었기 때문이다. 이소노카미신궁의 관리자는 모노노베(物部)였고 모노노

---

48 1915년 충북 충주시 노은면에서 '건흥 5년 병진(建興五年丙辰)'이라 새겨진 금동석가삼존불이 발견되었다.

49 문정창, 『백제사』, 인간사, 1989, 128쪽.

베는 가와찌에서 야마또로 온 세력이었다. 백제사연구가 윤영식은 모노노베 씨의 야마또 진출과 함께 칠지도도 야마또에 왔다고 보아야 할 것이다.

미와야마-신라세력 대신 모노노베가 이소노가미신궁의 제사권을 틀어 쥐게 되었다면서 이런 제반 사실들을 보면 칠지도 명문에서 말하는 백제의 후왕을 모노노베의 조상으로 판단하고 있다.[50] 후나씨(船氏)의 조상 이야기와 설화에서 나온 모노노베의 조상인 니기하야히노미고또(饒速日命)[51]가 아마에서 내려온 인물이며 임금노릇을 했다는 것,

그가 아마에서 내려온 것이 가와찌국이었다는 『구사본기(旧事本紀)』 천손기의 기사 그리고 실지로 모노노베씨가 가와찌의 고대 한국계통 이주민들의 정착지를 본관으로 하고 있었다는 사실 등을 종합해 볼 때 가와찌 일대에는 백제 칠지도를 보관하는 모노노베를 비롯한 고대 한국계통 이주민집단과 원주민들로 이루어진 백제-왜소국(왕국)이 있었다고 볼 수 있을 것이다.

바로 그들이 백제의 후국이었던 왜국이었다고 본다. 백제·왜 연합세력에 신무동정설화에 반영되어 있듯이 강력한 기마군단을 가진 가야(가라)계통세력이 융합되어 야마토왜국이 건국된 것이다. 가와찌에는 그 뒤에도 이주민세력의 이주가 또 있었을 수 있다.

---

50 윤영식, 『백제에 의한 왜국통치 삼백년사』, 청암, 2011, 406쪽. 물부계(物部系)는 백제왕통의 계열상 부여 8성중 부여씨계에서 나누어진 것으로 판단된다.

51 윤영식, 『백제에 의한 왜국통치 삼백년사』, 청암, 2011, 80쪽. 『일본서기』에 나오는 인물들의 이명을 보면 요속일명(饒速日命)은 근초고왕(近肖古王)을 가르키는 이명이다. 『고사기』나 『구사기』 『신찬성씨록』 등에서 인물들을 찾아보면 『일본서기』 전체에 걸친 내용속에는 근초고왕 이외도 근구수왕, 무내숙녜 침류왕 등의 이명을 사용한 용례는 무수히 많다. 근초고왕은 일본열도의 왜정(倭征)을 시도한 황제로서 일본의 개국은 이때부터이라고 보면된다. 왜냐하면 우리나라(한국)보다 오래 된 역사를 1000년을 끌어올려 조작하다보니 역사적인물의 빈곤, 천황의 결사된 천황 등 역사를 가필하고 동일인의 이명을 활용하여 조작하다보니 만들어진 『일본서기』의 비극이다.

이렇게 진출과 융합, 정착과정이 여러 번 되풀이되는 과정에 가와찌의 백제·가라·왜 연합세력은 서로 융합해 하나의 큰 세력을 형성하기에 이르렀다. 그것이 절정에 이른 시기에 따이센(大仙陵) 무덤, 곤다야마(譽田山) 무덤과 같은 큰 무덤들이 축조되었던 것이다.

그러던 가와찌지방에서 6세기 초·중엽 가야본국이 멸망하면서 가야계 후손들은 백제세력으로 일원화되었을 것으로 추측할 수 있는데, 이것이 일본에 국가가 성립되는 과정인 것이다.

가와찌의 백제·가야·왜정권은 가와찌에 자기 세력을 확장하는 한편 이꼬마·가쯔라기 산지를 뚫고 야마또 나라(奈良)분지에 적극적으로 세력을 확장했다. 야마또에 일정한 세력지반을 구축한 다음 가와찌세력은 자기의 본거지를 아예 야마또로 옮겼다.

모즈고분군과 후루이찌고분군의 무덤축조가 대체로 6세기 전반기로 종결되는 것은 정치적 중심지의 이행이라는 역사적 배경이 있었기 때문이다.[52]

---

52 조희승, 상게서, 384쪽.

4. 소가씨왕국과 비조왕조

1) 아스까(飛鳥) 시대 [53]

'야마또 아스까'는 백제계 호족 소가씨(蘇我氏)의 무대이다. 그곳은 백
제인들의 제2의 왕국이었다. '아스까'라는 고장은 가와찌(河內)와 이시가
와 골짜기의 '안숙골'과 나라 남부 야마또 두 곳에 있다. 가와찌 안숙골
을 가까운 아스까(近飛鳥), 야마또아스까를 먼 아스까(遠飛鳥)라고 불렀

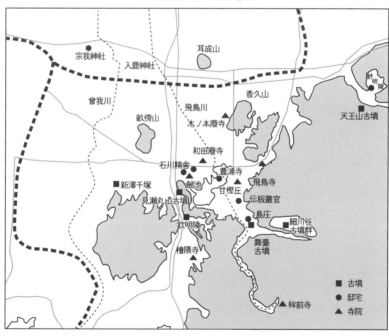

야마도아스까와 히노구마 일대

---

53 아스까(飛鳥)시대란 스이꼬(推古 :592~628)에서 겐메이(元明 :707~715) 때, 즉 『일본서기』상
   야마또왕조가 672년 임신의 란으로 아스카에 천도했다가 694년 아즈카(藤原京)에 천도했고 다시
   710년 헤이죠쿄(平城京: 나라 〔奈良〕)로 천도할 때까지를 말한다.

다.[54][55]

아스까의 시작은 안숙골인데, 지금은 아스까라면 '야마또 아스까'를 생각하지만 원래 아스까는 가와찌의 '가까운 아스까' 안숙골이었다.

나라현립문화재연구소에서 발행한 '아스까(飛鳥)'에는 아스까라는 지명의 유래는 고분시대에 이 나라(奈良)로 이주해온 수많은 도래인들이 긴 방황 끝에 얻은 안숙처(安宿處)라는 뜻이고 그것이 아스쿠(安宿)라고 불린데서 온 것이라고 설명하고 있다.

그리고 '비조(飛鳥)'라는 말도 원래 말머리의 수식어(枕詞)였는데 이것도 아스까라고 읽혔다는 것이다. 나라현문화재연구소 아스까자료관이 있는 곳이 '나라현 고시군 명일향촌 13번지'인데, '명일향촌(明日香村)' 역시 '아스까촌'으로 읽는다.

고분시대에 이주한 수많은 도래인이란 백제인들을 말하는 것으로서 '아스까'란 지명은 백제인 이주와 얽힌 지명이다. '비조(飛鳥)' 서문에는 또 "아스까시대란 1,400년 전에 한국에서 불교가 전래됨과 함께 고분시대를 벗어나서 새로운 문화가 발전하는 시대이고, 정치, 경제, 사회의 대변혁을 시도하고 귀족연합정권에서 왕권율령제 국가체제로 비약하는 일본고대국가가 성립되는 시대였다" 라고도 말하고 있다.[56]

보통 일본사에서 아스까시대라고 하는 시기는 『일본서기』의 스이

---

54 승천석, 『고대 동북아시아와 예맥한의 이동』, 책사랑, 2011, p. 385.

55 윤영식, 『백제에 의한 왜국통치 삼백년사』, 청암, 2011, p. 306. 왜 왕중 진왕가가 끝나자(:증의 시대)를 끝내게 한 곳을 근비조라 하여 왜의 땅을 지칭하는 것이다.바로 명일 즉 비조시대가 되었지만 그 첫 명일인 금일은 원비조(遠飛鳥)에서 머물고 그 다음 명일(明日)에 이르러서 석상신궁에 참배하였다는 것이다. 다시 말하면 예진별명의 후손인 동성왕(東城王)이 비조시대(飛鳥時代)가 있게 한 최초의 군왕이란 것이고 그의 의해서 진왕가(辰王家)가 몰락한 왜의 땅을 근비조(近飛鳥)라 하며 그가 백제왕으로 머문 곳 즉 한반도가 원비조(遠飛鳥)라고 한 것이다.

56 승천석, 『고대동북아시아와 예맥한의 이동』, 책사랑, 386쪽

꼬(推古: 592~628)시대에서 710년 나라(奈良)로 천도하기 전까지를 말한다. 그러나 소가씨가 주도한 아스까시대, 즉 소가씨 시대는 센까(宣化:535~538)부터 텐찌(天智:668~671) 때까지이다. 소가의 아스까시대라는 것은 야마토왜를 좌우했던 소가노이나메(蘇我稻目), 우마꼬(蘇我馬子), 에미시(蘇我蝦夷), 이루까(蘇我入鹿)까지 4대 110년간을 뜻한다.

소가시대 첫 실권자는 소가노이나메(蘇我稻目)이다. 센까(宣化)왕은 그가 옹립한 왕이고 소가노이나메가 가와찌, 미와 두 왕국을 통합하는 과정에서 세운 왕이다. 『일본서기』는 센까를 야마또왕조의 28대 왕이라고 하지만 물론 그것은 사실이 아니다.

『일본서기』는 그 편찬과정에서 아스까베왕국사를 대화왕조사(大和王朝史)로 만들면서 미와왕국의 조상들을 추존해 아스까베왕국의 왕실계보 위에 올려놓아 많은 왕이 있었던 것처럼 만들었다. 그러나 아스까 왕은 4대 뿐으로 그런 많은 왕들은 없었다. 『일본서기』상의 소가시대는 110년간으로 명목상 아홉 왕이 있었는데, 거기에 제명(齊明)과 천지(天智)가 더 있었던 것이다.[57]

소가정권에는 가야계 아야씨 등이 가담되어 있었지만 주축은 백제인들이다. 일본학자들도 아스까 왕조의 실권은 소가씨들에게 있었고 소가씨 3대를 사실상 대왕이었다고 본다.

일본의 여러 사학자들은 나라평원 북반부에는 호족세력들이 있었는데 이들이 천황족을 맹주로 하는 연합체를 구성하고 통일 주체가 되었다고 설명하지만 실제 통일주체는 가와찌의 아스까베왕국이었고 통일국가의 형성은 두 지역이 통합되는 아스까왕조시대에 이루어진 것이다.

---

57 승천석, 상게서, 387쪽.

아스까시대[58]는 아스까문화시대라고 부르는 찬란한 불교문화가 백제의 지원 아래 꽃피우고 불교문화를 중심으로 일본의 고유문화가 형성되는데, 백제가 주도하는 고대국가체제의 틀이 확립되는 시대이다.

2) 미와(三輪)왕국

미즈노 유(水野裕)의 삼왕조(:고왕조(古王朝)·중왕조(中王朝)·신왕조(新王朝)설은 만세일계라는 일 왕가가 사실은 세 왕조였다는 것이다. 첫 왕조는 『일본서기』의 10대 숭신(崇神)이 시조인데, 이것이 바로 미와왕조(三輪王朝)라는 것인데, 미와(三輪)왕조는 전승왕조(傳承王朝)로 이리왕조(イリ王朝)라고도 불린다.

두 번째 왕조가 가와찌(河內)왕조로서 15대 응신이 시조이고, 세 번째가 26대 계체(繼體)가 시조인데, 오우미(近江)왕조라고도 불린다. 미즈노 유는 계체는 에찌센(越前)의 호족으로서 왕위를 찬탈했다고 주장하는데, 어차피 객관적 근거는 없는 추론에 불과한 내용들이다.

---

58 윤영식, 『백제에 의한 왜국 통치 삼백년사』, 청암, 2011, p. 302. 고사기에 보면 왕가에 대한 표현이 은밀히 숨겨져 있다. 「인덕기」에 삼종충에 대한 이야기에 인덕의 大后 石之日賣命(신공을 지칭)이 질투하여 筒木이라는 곳에 韓人 奴理能美의 집에 숨어서 나오지 아니하여, 대후가 한인의 집에 찾아들자 삼종충이란 벌레를 키우고 있었는데 그 벌레를 石之日賣에게 바쳤다고 하였다. 생략~ 武內宿禰가 百濟王家에 항명하고 大伴家에 가담하였으므로 해서 결과적으로 三種虫에 해당하는 大伴家의 王統을 이룩할 수 있는 계기를 만들어 주었다. 이러한 三種虫의 第一期는 벌레가 기어 다니는 것과 같은 應神代로서 아직 미숙한 大伴家의 초창기 王統을, 第二期는 누에고치와 같은 북(鼓) 속의 珍王家의 시대를 비유한 것으로 북 통속에 갇힌 것처럼 캄캄한 밤, 즉 明日을 고대하는 飛鳥時代 前夜를, 그리고 第三期는 누에고치에서 나비가 되어 나오듯 캄캄한 밤에서 날이 밝아 曙立속에 明旦, 明日이 되고 잠자던 새가 날이 새어 나르는 것과 같은 飛鳥時代를 바로 東城王代에 비정하여 大伴家의 王統을 절묘하게 상정해 놓은 것이다. 특히 東城王代가 飛鳥時代의 明旦에 해당한다 할 수 있는데 『성씨록』에서 東城王을 찾아보면 역시 飛鳥時代의 문을 활짝 열어져 친 君王다운 姓氏名을 보여주고 있다. (『성씨록』 내용 생략~상세한 내용은 상기 책자 참조) 또 동성왕(479년)부터 백제·왜 통합왕권시대로 접어 든다.

3) 소가씨의 개막과 종말

① 소가씨의 계보

소가씨의 계통을 밝히는 것은 야마또 아스까정권의 정체를 밝히는데 가장 중요한 문제의 하나이다. 소가씨의 계보는 『고사기』(중권 효원기)에 의하면 효원의 증손인 하다, 고세, 헤구리, 기, 가쯔라기, 와까고의 제씨의 아들이 소가 이시가와 스꾸네(石川宿禰)인데 그가 소가노오미(蘇我臣), 가와베노오미(河邊臣), 다나까노오미(田中臣), 다까무꾸노오미(高向臣), 오와리다노오미(小治田臣), 사꾸라이노오미(櫻井臣) 등의 조상이라고 하였다. 소가 이시가와 양씨계보도에는 소가씨의 계보는 다음과 같이 되어 있다.

〈소가씨의 계도〉 ※『소가이시가와 양씨계보』는 속 『군서류종』 7집, 경제사관 p175 참고.
(『일본에서 조선소국의형성과 발전』 조희승 p425, 재인용)

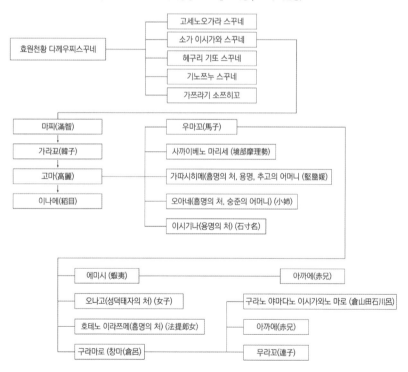

여기서 말하는 효원천황은 가공의 인물이다. 다께우찌스꾸네 역시 경행, 중애, 신공, 응신, 인덕의 여러 대에 걸쳐 벼슬을 하면서 300년씩이나 장수했다는 가공의 인물이다. 소가씨가 다께우찌 스꾸네의 후예라는 것도 꾸며낸 이야기이다.

그러나 다께우찌 스꾸네의 자손이라고 하는 소가를 포함한 5명의 인물들은 한결같이 고대 한국계통 인물들이다. 가쯔라기(葛城)씨, 헤구리씨, 소가씨는 물론이고 고세노오가라 스꾸네(許勢小柄宿禰) 역시 고대 한국계통인물로 볼 수 있다.

고세노오가라는 『고사기』(효원단)에는 고세노오가라(許勢小柄)로 되어있으나 『삼대실록(한자)』(권5 정관3년 9월 26일 정유)에는 '오가라(小柄)'로 되어 있다. 고세노오가라 스꾸네는 가루베노오미(輕部臣)의 조상이라고 하였는데 다까이군의 한 고장이름인 가루(輕)는 가라(韓)에서 전화된 말이다.

효원이 궁전을 두었다는 가루도 가라에서 왔을 것이다. 효원과 다께우찌스꾸네는 고대 한국과 관계가 깊은 문벌의 조상이다. 소아씨의 계보에서 주목해야 할 것은 소가 이시가와 스꾸네(石河宿禰)―마찌(滿智)―가라꼬(韓子)―고마(高麗)―이나메(稻目)―우마꼬(馬子)―에미시(蝦夷)―이루까(入鹿)라는 계보일 것이다.

그 계보에서 가라꼬니, 고마니 하는 것은 한국에 직접 이어지는 이름들인데, 그 중에서 마찌(滿智)는 중요하다. 마찌는 일본학자들이 말하는 것처럼 백제의 목(木)씨일 수 있기 때문이다. 만지(滿智)는 『일본서기』「응신 25년」조에 나오는 목만지(木滿致)와 같은 동음동명의 인물이다.

목(木)씨는 백제의 대성 8족의 하나로서 목리(木刕) 또는 목라(木羅)

성이다.[59] 필연인지 우연인지 이 마찌(滿智)는 『삼국사기』「백제본기」개로왕대에 나오는 목협만치(木劦滿致)와 아주 유사하다. 백제 21대 개로왕(蓋鹵王:재위 455~475)은 고구려 장수왕이 보낸 첩자인 승려 도림에게 빠져 대역사를 전개하다가 고구려의 공격을 당해 죽을 것을 각오하면서 아들 문주를 남쪽으로 피신을 보냈다. 이에 대해 『삼국사기』는 개로왕의 말을 전하고 있다.

> 「"나는 당연히 나라를 위해 죽어야 하지만 네가 여기에서 함께 죽는 것
> 은 유익함이 없으니 난리를 피하여 있다가 왕통을 잇도록 하라"라고 하
> 니 문주가 곧 목협만지(木劦滿智)와 조미걸취(祖彌桀取) 등을 데리고 남
> 쪽으로 떠났다.」[60]

『삼국사기』에서 백제 왕자 문주와 더불어 "남쪽으로 떠났다"고 한 목협만치가 일본까지 갔을 수 있음을 시사한다. 이때 개로왕의 동생 곤지도 함께 일본으로 건너갔을 수 있다. 일본열도에 건너간 목협만치는 맨 처음 가와찌 이시가와일대에 정착한 것으로 생각된다. 일본학계에서는 야마또 다까이군 소가(曾我)를 소가씨의 발상지의 본거지로 보려는 견해가 강하다.

그러나 그것은 6세기 이후의 일이고 소가씨의 첫 본거지는 역시 가와찌 이시가와의 구다라촌 일대였을 것이다. 바다로 갔던 소가씨가 야마또분지의 소가 땅에 들어가려면 가와찌평야를 거치게 되기 때문이다.

---

59 중국의 『북사(北史)』, 『수서(隋書)』, 『신당서(新唐書)』에는 협씨(劦氏) 목씨(木氏) 등 백제의
    8대성에 대해서 기록하고 있다. 『일본서기』에 의하면 목씨는 6세기전반 계체, 흠명, 통치시기
    의 백제관료들이다. 거기에는 목협성을 가진 마나, 불마, 문차, 매순, 금돈 등의 이름이 올라있다.
60 『삼국사기』「백제본기」(개로왕기 21년조)

『삼대실록』(권32 원경원년 12월 27일 조)에도 소가 이시가와가 가와찌 국의 이시가와의 별장에서 태어났다는 기록도 있다. 또한 소가씨도 자기의 본거지를 가쯔라기라고 말하고 있다.(『일본서기』 추고왕 32년[61])

소가씨는 일명 가쯔라기노오미라고도 말한 사실(『상궁성덕법왕제설』)도 주목할만 하다.

남가와찌군 태자정 야마다(山田)에는 『일본서기』(민달기 등)를 비롯한 여러 옛 기록에 나오는 이시가와 구다라마을이 있다. 다께우찌길에 있는 이와야고개(岩屋峠)에서 지척이 구다라촌인데, 백제에서 건너간 목협만치는 먼저 그 일대를 본거지로 삼았을 것이다.

가와찌를 첫 본거지로 삼았다고 보는 것은 『일본서기』에 개로왕의 동생이라고 전하는 곤지왕이 그곳에서 멀지 않는 곳에 있는 가와찌 아스까의 총사(아스까베 신사)(飛鳥神社)에서 제사 받는 사실과도 연관이 있을 것이다.

목협만치, 곧 소가마찌(蘇我滿智)는 나라 야마또분지 진출의 첫 사업으로 나라분지 서쪽일대에 정착해 있던 오랜 백제계통호족세력인 가쯔라기를 복속시켰을 것이며 그를 발판으로 하여 점차 남하하여 분지 남쪽 아스까일대까지 진출하였을 것이다. 그리고 소가와 가쯔라기의 여자사이에 생긴 아이가 『일본서기』(웅략기 9년)에 나오는 소가 가라꼬(韓子)였을 것이다.

가와찌 아스까로부터 야마또 아스까로 가는 길에 한국(백제, 가야)적 지명들과 고대 한국계통 고고학적 유적, 유물들이 산재한 것은 이런 이주 과정을 반영한 것이기도 하다.

---

61 『일본서기』 「추고기」 (32년 동10월) 〔令奏于天皇曰「葛城縣者, 元臣之本居也, 故因其縣爲姓名. 是以, 冀之常得其縣以欲爲臣之封縣.」於是, 天皇詔曰「今朕則自蘇何出之, 大臣亦爲朕舅也.」〕

소가씨가 가루로부터 오와리다와 아스까지방에로 세력을 뻗치게 된 것은 그 증손자뻘 되는 이나메 때인 6세기 중 엽경이다. 그러나 소가마찌는 소가씨가 일본땅에 진출한 첫 시기로서 이미 오래 전에 그 일대에 진출한 고대 한국계통 이주민집단과 원주민들을 복속시키는데 정력을 기울였을 것이다. 그 결과 가와찌와 야마또(서부)지방을 지배 통제하는 큰 세력을 가지고 주변세력들에게 강한 영향을 준 것으로 보인다.

『일본서기』에 "목만지가 국정을 장악하다"[62]라고 하고 "헤구리노쯔꾸노스꾸녜, 소가노 마찌스꾸녜, 모노노베노이꼬후노 오무라지, 쯔부라노오미 등이 함께 국사를 장악하다"[63]라고 한 것은 시기적으로 다른 기록이지만 백제계통 귀족집단의 우두머리인 마찌가 여러 호족들과 함께 나라(야마또의 지방국가)를 다스리는 주요 세력이었음을 말해주는 것이다. 여기서 연합으로 나라의 정권을 장악한 인물들이 다 같이 나라 야마또분지 서쪽에 있던 호족들이라는 사실은 주목할 만하다.

『일본서기』의 이런 기사와 『고유습어』의 마찌(麻智)가 웅략시기에 3장(三藏)을 검열하는 직책에 있었다는 기사를 결부시켜볼 때 그는 일본에 진출한 첫 시기부터 세력기반을 가지고 있었던 것으로 보인다. 북한학자 조희승은 이는 그보다 먼저 이주한 백제계통 문벌들의 지반을 이용할 수 있었기 때문이라고 보고 있다.[64] 이미 백제계는 그 전에도 일본 열도에 다수 진출해 있었던 것이다.

---

62 『일본서기』「응신 25년」「廿五年, 百濟直支王薨, 卽子久爾辛立爲王. 王年幼, 木滿致執國政, 與王母相婬, 多行無禮. 天皇聞而召之. 百濟記云 "木滿致者, 是木羅斤資討新羅時, 娶其國婦而所生也"

63 『일본서기』「이중 2년 10월」"冬十月, 都於磐余. 當是時, 平群木菟宿禰□蘇賀滿智宿禰□物部伊莒弗大連・圓圓, 此云豆夫夫羅大使主, 共執國事. 十一月, 作磐余池"

64 조희승, 상게서, 428쪽.

② 소가씨의 전횡(專橫)

소가씨는 가라꼬, 고마, 이나메를 거쳐 우마꼬 대에 와서 야마또 아스까의 모든 실권을 장악했다.[65] 우마꼬가 세력을 크게 떨쳤을 시기는 일왕 숭준(재위 587~592년)과 추고여왕(재위 592~628년)시기였다.

그는 숭준이 마음에 들지 않자 생트집을 걸어서 자기의 심복인 야마또노 아야 아따히고마(東漢直駒)를 시켜 숭준을 죽여버렸다.[66] 그후 우마꼬는 숭준을 죽인 하수인마저 죽이고, 조카딸인 누까다베노히메미꼬(額田部皇女)를 왕자리에 앉혔으니 그가 추고여왕이다.

이에 앞서 소가씨는 자기딸을 7명씩이나 일왕의 후비로 넣어 세도재상으로서 세력을 떨쳤다.

그런데 숭준 피살 이후 야마또왜에는 두 명의 국왕이 존재한 셈이었다. 하나는 성덕태자이며 또 하나는 소가 우마꼬이다. 추고(推古)여왕은 꼭두각시였으나 『일본서기』에는 그가 군림한 듯이 써놓았으나 북한학자 조희승이 실제로 그런 여왕이 존재하였다는지 의심할 정도로[67] 의문이 많다.

『일본서기』 편찬자들이 이른바 '만세일계'를 확립하기 위해 꾸며낸 왕일 수 있는 것이다. 추고여왕은 명목은 왕이지만 실제로는 왕의 권한을 행사하지 못했다. 실권은 섭정이었던 우마야도노 도요도미미 노미꼬(豊聰耳

---

65 문정창, 『한국사의 연장 일본고대사』, 인간사, 1989, 72쪽. 백제의 목씨가 왜국의 갈목씨가 된 것이다. 그러나 갈성의 목씨가 언제부터 소아로 칭하게 되었는지는 불명이다. 백제국의 장군 목라근자의 자손은 이렇게 해서 응신조 왜국에 있어서 갈목씨가 되고 다음에 소아씨가 되어 9대 300여 년 간 권세를 누렸던 것이다.

66 『일본서기』 「숭준기」 (5년11월) "이날 (마자숙녜는 군신을 속여) 동국이 조공을 올린다고 고하고 동한직구에게 천황을 시해하게 하였다. 이날 천황을 창제강릉에 장사냈다(今日, 進東國之調. 乃使東漢直駒弑于天皇. 是日, 葬天皇于倉梯岡陵)

67 조희승, 『일본에서 조선소국형성과 발전』, 한국문화사, 1966, 452쪽.

皇子), 즉 성덕태자가 장악했던 것이다.

소가 우마꼬는 성덕태자와 연합 제휴하여 모노노베 모리야노무라지(物部守屋連)를 타도하여 모노노베 세력을 꺾었다. 622년[68] 성덕태자가 죽자 우마꼬는 성덕태자의 아들 야마시로노 오오에노오에(山背大兄) 등 성덕태자의 잔여세력을 하나씩 제거하면서 권력을 독점하기 시작했다. 그는 가라쯔기현을 자기의 직할지로 넘기라고 여왕을 강박했다.[69]

소가 우마꼬가 사람을 시켜 추고여왕에게 "가쯔라기현은 본래 나의 본거지이다, 때문에 그 현의 이름으로 성씨를 삼은 것이다. 원컨대 그 현을 나의 본토로 했으면 좋겠다."라고 말하자 추고여왕은 "나는 소가씨에서 나왔다. 그래서 그대는 나의 숙부이다. 때문에 그대의 말은 무슨 말이든 다 들어주었다. 그러나 내가 다스리는 시기에 이 현을 잃었다면 후세의 임금이 '어리석은 여자가 나라를 다스렸기에 그 현을 잃었다'고 말할 것이다. 이것이 어찌 나혼자 현명하지 못한 일이겠는가 그대 역시 충성스럽지 못한 것으로 될 것이다."라고 하면서 땅을 떼어 주는 것을 허용치 않았다고 한다.[70]

소가 우마꼬와 추고여왕 사이에 가라쯔기를 두고 오고간 말은 소가씨

68　『일본서기』에는 성덕태자가 추고 29년(621년)에 죽은 것으로 되어 있으나 『천수국수장』명과 법륭사 금당석가상에는 이듬에는 추고 30년(622년)에 죽은 것으로 되어 있다.

69　『일본서기』「황극기」(원년과 2년 11월) "이해 소아대신하이는 자기의 조묘를 갈성의 고궁에 세우고 팔일무(八佾舞)를 추고 노래를 불렀다. …온 나라 백성으로 모두 180부곡을 징발하여 금래에 쌍묘를 미리 만들고 일을 대릉이라 하고, 대신의 묘로 하였다. 일을 소릉이라 하였고, 입록(入鹿)의 묘로 하였다(是歲, 蘇我大臣蝦夷, 立己祖廟於葛城高宮, 而爲八佾之儛. 遂作歌日, …… 又盡擧國之民, 幷百八十部曲, 預造雙墓於今來. 一曰大陵, 爲大臣墓. 一曰小陵, 爲入鹿臣墓)"

70　『일본서기』「추고 32년10월」"葛城縣者, 元臣之本居也, 故因其縣爲姓名. 是以, 冀之常得其縣以欲爲臣之封縣.」於是„天皇詔曰「今朕則自蘇何出之, 大臣亦爲朕舅也. 故大臣之言, 夜言矣夜不明, 日言矣則日不晚, 何辭不用. 然今朕之世, 頓失是縣, 後君曰, 愚癡婦人臨天下以頓亡其縣. 豈獨朕不賢耶, 大臣亦不忠. 是, 後葉之惡名」則不聽"(내용은 본문 참조)

야말로 야마또 아스까국가에서 실질적인 권력을 행사한 인물이라는 것을 보여준다. 가쯔라기땅은 후에 소가씨의 봉토(封土)가 되고 조상의 신주를 받든 소가씨의 묘당(廟堂)이 세워졌다.

소가씨의 전횡은 우마꼬의 아들 에미시, 손자 이루가의 대에 와서 더 심해졌다. 이루가에 대해서 『일본서기』「황극기」(즉위전기)에는 "스스로 나라의 정치를 잡고 위엄이 아버지보다 더하였다"라고 표현하고 있다.

그는 온 나라에서 180개 부곡의 백성들을 징발하여 생전에 자신 부자의 무덤(쌍무덤)을 이마끼 다까이찌군에 축조하게 하였다. 이런 행위는 한때 섭정이었던 성덕태자의 세력들에서 반발이 일어나게 하였다. 『일본서기』에 "소가가 국정을 제마음대로 좌지우지하고 무례한 짓을 많이 한다. 하늘에 두 개의 해가 없고 나라에 두 명의 임금이 없다. 어째서 제멋대로 백성을 부려먹는가"라고 한 것이 이를 말해준다.[71]

그러나 반 소가씨 세력은 소가씨의 상대가 되지 못해서 곧 진압당하고 말았다. 소가 에미시 이루까가 왕노릇을 하였다는 것은 그들이 이른바 천황이 사는 궁전 이외에 그가 따로 왕궁을 지은 데서도 알 수 있다.

소가 부자는 우마가시언덕(甘樔岡)에 자기 집을 새로 지었다. 에미시의 집을 '우에미까도(上宮門)'로, 이루까의 집은 '하사마노미까도(谷宮門)'라고 궁(宮)자를 넣어 지었다. 그리고 아들 딸들을 왕자라고 부르게 하였다.

소가부자는 집둘레에 성책을 설치하고 대문곁에 무기고를 갖추었으며 늘 힘센 장수들로 무기를 가지고 대문을 지키게 하였다. 이와 함께 우네비산(畝傍山) 동쪽에 또 한 채의 집을 짓고 해자(垓字)를 파고 성으로 삼았

---

71 『일본서기』「황극기」(원년 시세조)「上宮大娘姫王, 發憤而歎曰, "蘇我臣, 專擅國政, 多行無禮. 天無二日, 國無二王. 何由任意悉役封民. 自玆結恨, 遂取俱亡" 是年也, 太歲壬寅.」(내용은 본문 참조)

다고 한다.[72]

소가 부자가 우마가시의 언덕에 집을 지었다는 것은 사실상 한국식 산성인 그 안에 궁전을 지었음 의미한다. 그리고 소가씨의 집을 궁전이라고 하였다는 것은 당시 사람들이 그렇게 불렀다는 것을 의미한다. 소가의 자식들을 왕자라고 부른 것도 소가 에미시와 소가 이루까가 당시 사람들에게 '국왕'으로 불리웠다는 전제에서 나온 말이지 빈말이 아니었을 것이다. 소가씨가 야마또 아스까국가에서 국왕행세를 한 것은 야마또노 아야씨가 소가를 가리켜 '우리들의 임금'이라고 부른데서도 명백하다.

야마또정권의 기본세력은 야마또노 아야집단이었다. 야마또 정권이 6세기 중엽 이후 서부일본을 통합할 수 있었던 것은 전적으로 백제·가야계 이주민집단이 기본인 야마또노 아야씨를 통합하고 이들을 지배 통제한 소가씨의 역량 덕분이었다. 그리고 소가씨에 의해 하나로 통합된 야마또노 아야집단의 경제 및 군사력이 있었기 때문이다. 소가씨는 여러 갈래의 야마또노 아야씨의 작은 집단들을 하나로 통합하고 그 위에 군림한 국왕이 된 것이다.

사실상 야마또노 아야씨를 누가 장악하는가에 따라 권력 장악 여부가 판가름 나는 것이었다.[73]

성덕태자(聖德太子)가 소가씨에 맞설만한 힘을 가질 수 있었던 것도 그가 야마또노 아야씨의 기병군사집단을 움직일 수 있는 우두머리였기 때문이다. 그를 '우마야도의 왕자'라고 한 것에서도 알 수 있는 바와 같이

---

72 『일본서기』「황극기」 3년 동11월조 「冬十一月, 蘇我大臣蝦夷・兒入鹿臣, 雙起家於甘樔岡. 呼大臣家曰上宮門, 入鹿家曰谷宮門. 谷, 此云波佐麻. 呼男女曰王子. 家外作城柵, 門傍作兵庫. 每門, 置盛水舟一, 木鉤數十, 以備火災. 恆使力人持兵守家. 大臣, 使長直於大丹穗山造桙削寺. 更起家於畝傍山東, 穿池爲城.」 해석 본문참조

73 조희승, 상게서, 454쪽.

성덕태자의 이름, '우마야도(厩戸:마구간 집)'는 마구간과 관련된 이름이다. 이런 이름이 붙은 것은 그의 어머니가 궁정내부를 순행, 순찰하다가 말관청의 마구간 문에서 해산하였기 때문에 그러한 이름이 붙었다는 것이다. 그러나 이는 만들어진 이야기일 것이다. 만삭의 귀부인이 마구간 순찰을 할 이유가 없기 때문이다.

『일본서기』「추고기」 원년 4월조의 기사[74]는 진실보다 허위에 더 가까운 설화에 지나지 않는다. 우마야도란 이름이 붙은 것은 그가 기병집단을 장악한 인물이기 때문일 가능성이 높다.

소가씨는 성덕태자가 죽은 다음 그가 거느리던 기병집단을 장악하고 최종적으로 야마도노 아야씨를 하나로 통합하였다. 이로서 소가씨는 국정을 좌지우지할 수 있는 튼튼한 군사적 자산을 가지게 된 것이다.

소가씨는 야마도노 아야씨를 지배통제함으로써 자기의 뜻을 실현해 나갔다. 숭준(崇峻)천황은 자의대로 아무런 물의와 충돌도 야기시키지 않았는데도 쉽게 죽일 수 있었던 것도 추고(推古)여왕이 죽은 후 서명(舒明)천황을 단독으로 왕의 자리에 들여앉힌 것도 다 야마도노 아야씨의 군사력이 소가씨를 뒤받쳐주었기 때문이다.

또한 소가씨가 국가 사찰인 법흥사와 소가의 궁전을 세울 수 있었던 것도 모두 야마또노 아야씨의 힘에 의지해서 가능하였다. 법흥사터는 소가씨의 본가이자 동시에 야마도노 아야씨의 본거지였다.

법흥사의 건립과 부처를 안치하는 일에까지 야마또노 아야씨가 관여하지 않은 것이 없었다. 소가씨가 우마가시의 언덕에 궁전을 지었을 때 소

---

74   『일본서기』「추고기」(원년 하4월) "황후가 회임 분만하는 날 궁중을 순행하여 제사를 감찰하였다. 마관에 이르러 외양간의 문에 왔을 때 힘들이지 않고 곧 낳았다. 태어날 때부터 말하였다. 성지가 있었다(皇后, 懷姙開胎之日, 巡行禁中監察諸司, 至于馬官, 乃當厩戸而不勞忽産之. 生而能言, 有聖智)"

가씨의 호위를 맡은 것 역시 야마도노 아야씨였다. 소가 이루까는 말년에 가서 자신을 구라쯔꾸리(鞍作) 또는 구라쯔꾸리노오미(鞍作臣)라고 칭하였다.[75]

소가씨와 야마또노 아야씨는 일심동체였다. 소가씨는 야마또노 아야씨의 지지를 받아 왕노릇을 할 수 있었는데, 그 지지를 상실하자 소가씨의 명은 끊어지고 마는 것이다.

나까노오에(中大兄)와 가마다리(鎌足)의 군사정변에 의하여 이루까(入鹿)가 피살되자 야마또노 아야씨는 수하들과 무장을 하고 소가 에미시 측에 서서 군진을 폈다. 나가노오에는 장군인 고세노도고다(巨勢德多)를 아야씨의 군진에 보내어 아야씨를 설득했다. 그러자 야마도노 아야씨의 한 사람인 나까무꾸노 오미구니오시(高向臣國押)는 검과 활을 던지고 가버렸고, 야마또노 아야씨의 병사들은 무기를 버리고 뿔뿔이 흩어졌다. 믿었던 야마또노 아야씨의 군사들이 달아나자 소가 에미시(蝦夷)는 집에 불을 지르고 자살했다.

주목할 만한 사실은 다까무꾸노오미(高向臣)가 소가씨의 궁전을 지키던 같은 족속인 아야노 아따히들에게 한말이다. 그는 "우리들은 임금인 대랑(大郞:소가 이루까) 때문에 죽게 되었다. 오미(에미시)도 또한 오늘이나 내일이면 처형당할 것은 뻔하다. 그렇다면 누구를 위하여 헛되게 우리가 몽땅 처형을 당하겠는가"라고 말했다. 다까무꾸노오미는 소가 이루까를 '자기들의 임금인 대랑'이라고 불렀다. 야마도노 아야씨들은 소가 이루까를 '왕'이라고 불렀던 것이다.[76]

『가마다리가전(鎌足家傳)』에 의하면 당시 사람들이 소가 이루까를 대

---

75 조희승, 상게서, 454쪽.

76 조희승, 상게서, 455쪽.

랑(大郎)이라고 불렀다고 하는데, 대랑(大郎)이란 '큰 사나이' '어른'이란 말과 같다. 소가 이루까는 야마또노 아야씨 집단의 우두머리, 즉 왕으로서 행세했고, 실제 그렇게 대접받았음을 보여준다. 『일본서기』와 그 밖의 옛 기록들에 의하면 야마도노 아야씨는 야마또국가나 일왕이 아니라 소가씨를 위해 움직였다고 말할 수 있다. 야마또노 아야씨들이 소가 이루까를 '우리들의 임금인 대랑'이라고 한 것은 과장이나 허구가 아니라 예사스런 말이었다.

『일본서기』에 의하면 성덕태자와 소가 우마꼬는 함께 「천황기」 및 「국기」와 그 밖의 역사책들을 편찬했다고 하는데[77] 소가 에미시가 죽자 「천황기」, 「국기」 등을 모두 불태웠다고 한다. 다행히 「국기」만은 문서기록을 맡았던 후나노 후히또 에사까(船史惠尺)가 불속에 뛰어들어 건져냈다는 것이다.

여기에서 말하는 「천황기」는 이른바 천황의 계보인데 이를 소가가 가지고 있다는 것 자체가 소가가 실질적인 일왕이었음을 보여준다. 또 「천황기」는 성덕태자, 소가 우마꼬 등 당시 왕정의 실권자들이 모여 합의해서 만들었다고 하는데 이는 그들이 '천황(일왕)'계보를 조작했음을 의미한다. 그리고 천황계보는 실지로 왕노릇을 하는 성덕태자와 소가 우마꼬가 쥐고 있다가 성덕태자가 죽으면서 소가씨가 독차지하여 보존 전래한 것으로 보인다.

77　『일본서기』「추고기」(28년 시세조) "이해 황태자 도대신(島大臣 : 소아마자)와 상의하여 「천황기」 및 「국기」 신련반조 국조 180부와 아울러 공민 등의 「본기」를 기록하였다(是歲, 皇太子・嶋大臣共議之, 錄天皇記及國記, 臣連伴造國造百八十部幷公民等本記)"

77-1　『일본서기』「황극기」(4년 6월조) "소아신 하이가 주살될 것이라 생각하여 「천황기」「국기」 보물을 불태워버렸다. 선사혜척이 불타는 국기를 빨리 꺼내어 중대형에게 바쳤다. (己酉, 蘇我臣蝦夷等臨誅, 悉燒天皇記・國記・珍寶. 船史惠尺, 卽疾取所燒國記, 而奉獻中大兄)"

③ 소가씨 권력기반의 백제적 성격

야마또 아스까에 가루(輕)라는 지명이 있다. 현재는 가시하라시 오가루정(大輕町)에 속하였으나 고대시기에는 다까이찌군에 속해 있었다.

『일본서기』에서 가루에 관한 기록을 보면 다음과 같다.[78]

번호	가루에 대한 기사 내용	출 처
1	수도를 가루의 땅에 옮겼다 이것을 마가리오노미야(曲峽宮)라고 한다.	『일본서기』권4 의덕 2년 서기전510년
2	수도를 가루의 땅에 옮겼다 이것을 사까이하라노미야(境原宮)라고 한다.	『일본서기』권4 효원 4년 서기전 214년
3	가루못(輕池)	『일본서기』권10 응신 11년 10월 (270~310년)
4	백제가 아지끼를 보내 말을 바쳤다. 가루의 사까노우에의 막구간에서 기르게 하였다.	『일본서기』권10 응신 15년 8월 (270~310년)
5	새기르는 사람들을 가루의 마을과 이하레 마을 두곳에 두게 하였다.	『일본서기』권14 웅략 10년 10월 (456~479년)
6	소가 이나메가 두 여자를 처로 삼고, 가루의 마가리도노(輕之曲殿:경지곡전)에 살게 하였다.	『일본서기』권19 흠명 23년 8월 (539~571년)
7	소가의 딸 시기다시하메를 히노구마에 장례지냈다. 이날 가루의 거리(輕之街)에서 뢰사를 하였다.	『일본서기』권22 추고 20년 2월 (592~628년)
8	가루의 장마당(경지시(輕之市)	『일본서기』권29 천무 10년 10월 (675~686년)

야마또의 가루는 가라(韓)가 전화된 말일 것이다. 가루의 땅 남쪽에 아야씨의 본거지인 히노구마(檜隈)가 있고 그 동쪽에는 '등이 있는데, 이곳이 백제·가야계통 아야씨들이 집중적으로 거주한 마가미벌(眞神原)이였다. 마가미벌은 야마또노 아야씨의 집중 거주지역이자, 소가씨의 본거지였다.

---

78 조희승, 상게서, 456쪽.

가루의 땅은 처음에는 마을(村)로 불리웠다. 6세기에는 거리(街)라고 하다가 7세기에는 시(市)로 불리웠다. 가루의 땅에 소가 이나메(稻目)의 '가루노 마가리오노(輕曲峽)'라고 불리는 궁전이 있었다.

소가씨는 가와찌 이시가와로부터 가쯔라기에로, 그리고 가루에로 점차적으로 세력을 뻗치면서 아스까 우마꼬가 세웠다는 이시가와의 아스까 강을 거슬러 올라 마침내는 아스까 히노구마일대에 세력기반을 구축하게 되었다. 우마꼬가 맨 처음 세웠다는 이시가와의 절간(石川精舍)도 가루의 마을에 있었다고 추측된다.[79]

소가씨의 본거지를 가라(輕·韓)로 불리우게 된 것도 가라·백제에 유래하였을 것이다. 『일본서기』의 가루황자(輕皇子), 가루태자(輕太子), 가루노 오오이라쯔메(輕太娘女) 등의 왕족들의 이름은 한(韓)이라는 지명에서 나온 것이다. 소가의 본거지를 가라-가루라고 하였다는 것은 소가씨의 또 하나의 본거지를 가쯔라기, 즉 가라끼(韓城)에서 나온 것이다.

야마또 아스까국가에서 소가씨가 정권을 완전히 장악했을 때 야마또 왕정은 완전히 백제일색이었다. 왕궁은 구다라궁(百濟宮)이고, 사찰은 구다라대사(百濟大寺)라고 불렀다.

서명천황은 추고여왕이 죽은 다음 소가 에미시가 독단으로 왕위에 올랐는데, 즉위 전 이름은 다무라(田村)황자였다. 서명천황은 소가 우마꼬의 딸 호떼노이이라즈메(法提郎媛)를 처로 삼았고, 이어서 야마또 구다라(百濟) 땅에 왕궁과 절을 지었다.[80] 구다라땅의 구다라강이 흐르는 강 기슭에 지은 궁전이 구다라대궁(百濟大宮), 구다라대사(百濟大寺)였다.

---

79 조희승, 상게서, 456쪽.

80 『일본서기』「서명기」(11년(639년) 7월) "今年, 造作大宮及大寺. 則以百濟川側爲宮處. 是以, 西民造宮, 東民作寺, 便以書直縣爲大匠"(해석은 본문 참조)

그곳은 곧 또 다른 백제였다. 서명(舒明)는 구다라궁에서 죽었는데 그의 빈소를 구다라대빈(百濟大殯)이라고 하였다.[81] 서명이 지은 구다라대궁과 구다라대사는 야마또 구다라향이 있는 가쯔라기강의 줄기인 히로세강(広瀬川)과 그 곁을 흐르는 구다라강 사이에 낀 구다라벌에 건립되었다.[82]

그곳은 오래전에 구다라(百濟) 못을 만들었다는 기록이 있을 정도로 백제인들이 많이 살던 곳이다. 소가씨는 그곳에 또 하나의 거점을 가지고 있었다.

구다라대궁과 구다라대사를 백제계 아야노 후미노 아가따(書直縣)가 총지휘해서 지은 것도 우연이 아니다. 그곳에는 백제에서 건너 간 학자와 승려, 점술가와 천문, 지리, 산수, 둔갑, 력(曆), 역(易)등을 전문으로 하는 전문가들이 집중적으로 살았다.

"구다라강 곁에 9층탑을 세웠다[83]"는 기록이 있다. 성덕태자가 혜구리 고을 구마고리촌에 수련도장으로 세운 정사(精舍:구마고리사)를 구다라강 옆에 옮겨지었다는 기록도 있다. 구다라 대사, 곧 백제큰절은 궁전건물와 함께 착공했으나 미처 완공하지 못했다가 대화개신 때 완공하여 구다라 대사라 이름지었다. 그 후 구다라 대사 주위에 10개의 큰절을 지었는데 여기에는 고마대법사를 비롯하여 복량(福亮), 혜운(慧雲), 상안(常安), 령운(靈雲), 혜지(惠至), 승민(僧旻), 도등(道登), 혜린(惠隣), 혜묘(惠妙)

81　『일본서기』「서명기」(13년(642년) 10월) "冬十月己丑朔丁酉, 天皇崩于百濟宮. 丙午, 殯於宮北, 是謂百濟大殯. 是時, 東宮開別皇子, 年十六而誄之"

82　『일본지명대사전』3권, 2394~2395쪽.

83　『일본서기』「서명기」(11년7월) "올해 대궁 및 대사를 만들겠다. 백제천옆을 궁처로 하였다. 서쪽의 백성은 궁을 짓고, 동쪽의 백성은 절을 지었다. 서직현을 대장으로 하였다(今年, 造作大宮及大寺. 則以百濟川側爲宮處. 是以, 西民造宮, 東民作寺, 便以書直縣爲大匠)"

의 10대 승려가 배치되었으며 혜묘(惠妙)법사가 주지로 임명되었는데, 이들 역시 백제계 승려들이었다.

야마또왜의 왕궁은 일본열도 안의 백제인 구다라벌에 있었고, 민달(敏達)과 서명 등 여러 왕대에 걸쳐 백제인 거주지역이 수도였다.

야마또지방은 아니지만 민달이 왕궁을 옮긴 가와찌 구다라대정(百濟大井) 땅은 백제이주민집단의 집중거주였고 백제왕자 교기(翹岐)의 처자가 옮겨 산 곳이었다.[84] 구다라대정은 오늘날의 오사까부 가와찌나가노시 오미(大井)로 추정된다.

소가씨가 정권을 장악하기 전에도 야마또의 소국왕들은 고대 한국인들의 거주지역에 왕궁을 지었다. 고대 한국과 인연이 깊었던 인덕(仁德)은 궁실을 쯔쯔끼 언덕 즉 한국식 산성이 있는 남쪽에 짓고 살았으며 그의 처 이하노히메(磐之媛)는 쯔쯔끼궁에서 죽었다. 그리고 계체(繼體)도 야마시로의 쯔쯔끼에 수도를 옮기었다.[85]

야마또의 소국왕들이 한국식 산성이 있는 곳으로 수도를 옮긴 사실은 이들의 성격을 짐작하게 해 준다. 한국식 산성이 있는 곳으로 수도를 옮긴 것으로 보아 인덕(仁德), 계체(繼體), 민달(敏達), 서명(舒明) 등은 고대 한국계통 이주민세력이 세운 나라의 우두머리였음을 짐작할 수 있다. 야마또 아스까, 즉 야마또왜는 국가체제 자체가 백제였다. 야마또 아스까를 구성하고 운영한 사람들 자체가 백제인들이었던 것이다.

야마또 아스까왜는 180부로 총칭되는 백성들이 있었는데, 앞서 소가 에미시가 "온 나라의 백성 180부곡민을 징발하여 미리 쌍무덤을 이마끼(고을)에 만들었다"는 것이 이를 말해준다.

---

84 『일본서기』「황극기」(원년(642년) 5월) "翹岐將其妻子, 移於百濟大井家"
85 『일본서기』「계체기」(5년(511년) 10월) "遷都山背筒城"

일본인 학자들은 180부 가운데 대표적인 것은 크게 두 가지인데 1부류는 전부(殿部), 수부(水部), 소부(掃部), 장부(藏部), 사부(史部)등 왕궁 안에서 지배층에게 직접적으로 복무하는 집단이며, 제2부류는 금부(錦部), 안부(鞍部), 단야부(鍛冶部), 마사부(馬飼部), 금작부(金作部), 박부(拍部), 복부(服部)등 국가의 관청수공업에 종사하는 집단이라고 분류했다.

이는 모든 부곡이 관청에 번을 드는 백제식 부곡제도와 같은 조직체계였다. 특히 백제내관의 12개부는 곡부(穀部), 육부(肉部), 략부(掠部), 마부(馬部), 도부(刀部), 약부(藥部), 목부(木部), 후관부(後官部) 등으로서 야마또국가의 부곡과 같았다.[86]

이들은 대부분 백제에서 온 사람들로서 고구려에서 온 사람은 한 명뿐이고 신라에서 온 사람은 없다. 심지어 의복을 짓는 천짜기 기술자들도 백제에서 건너왔다. 야마또왜의 관청수공업을 담당한 부곡민들은 거의 대부분 백제에서 건너온 장인들이었다.

5~6세기에 일본에 건너간 이마끼노 아야씨도(今來韓人)라는 백제사람들도 가와찌와 야마또에 진출해서 소가씨에게 통합되었을 것이다. 이런 과정을 거쳐 야마또 아스까국가의 생산토대는 저절로 백제적 요소를 많이 가지지 않을수 없게 되었다.[87] 곧 야마또 아스카 자체가 백제의 분국이었던 것이다.

---

86 『대화전대 사회조직의 연구』, 요시가와총문관(한자), 1969, 73~75쪽. 백제에는 부사(部司)가 있어 여러 부곡민들을 직종별로 얽어매여 지배통제하였다. 기록에 의하면 내관에 전내부, 곡부, 육부, 내략부, 외략부, 마부, 도부, 공덕부, 약부, 복부, 법부, 후관부의 12개부가 있고, 외관에는 사도부, 사고부, 사구부, 점구부, 개부, 의사부, 조부, 일관부, 도시부, 사둔부위 10개부가 있었다. (『주서』 「이역열전」 백제)

87 조희승, 상게서, 459쪽.

5. 백제의 유적 유물

1) 에다후나야마고분(江田船山古墳)과 유물

백제무덤의 비교적 이른 시기의 모양을 본딴 것으로 다나군 에다 후나야마무덤이 있다. 구마모토(熊本)현 타마나(玉名)군 나코미마찌(和水町)에 있는 전방후원분이다. 1873년 발굴되었는데 국왕급 무덤으로 화려하고 풍부한 껴묻거리는 물론 75자[88]가 은상감된 칼이 나와 더욱 유명해졌다. 백제사 연구가 김영덕은 이를 개로왕의 신하인 '기리(旡利)'[89]가 만든 것으로 해석했다.

"천하를 다스리는 확가이시자 크신 개로대왕의 누리에 벼슬아치로서 섬긴 기리가 만들다. 8월에 큰 주물 솥을 써서 아우른 넉자 큰 칼을 여든 번 불리고 예순 번 후려서 삼재에 가장 좋은 칼이 되었다. 이 칼을 차는 이는 장수하고 자손이 불며, 삼은을 얻을 지이다. 이끄는 나라도 잃지 않을 것이다. 칼을 꾸민 이는 이태리이고 쓴 이는 장안이다."

남한 강단사학자들은 이 칼에 대해서 대부분 연구하지 않지만 발굴 당시에는 일본학자들도 명문에 나오는 대왕을 개로왕이나 분서왕으로 보고,

---

88 김영덕, 『백제와 다무로였던 왜나라들』, 글로벌 콘텐츠, 2018, 17쪽. 김영덕의 판독 및 일본학계의 판독을 종합하면 다음과 같다.
　　「治天下獲□□□鹵大王世, 奉事典曹人名旡〔利〕工 八月中 用大鑄釜 并四尺〔廷〕刀 八十錬 □十〔振〕三才上好□刀 服此刀者〔長〕長壽 子孫〔洋洋〕得其恩也 不失其所統 作刀者名伊太□〔和〕書者張安也」

89 김영덕, 『백제와 다무로였던 왜나라들』, 글로벌 콘텐츠, 2018, 18쪽. 김영덕은 후나야마(船山) 출토 명문 쇠칼을 기리(旡利)가 만들었다면서 여곤은 좌현왕, 여기는 우현왕인데, 여기(餘紀)가 확고라는 칭호로 불리면서 구마모토현 타마나(玉名) 고을을 백제의 다무로로 보고 있다.

그 생산지도 백제로 보았다. 그러나 1940년 이른바 '동근동조론'[90]과 '임나일본부설'이 국시가 되자 어용학자 후꾸야마(福山)가 괴이한 '학설'을 만들었다. 후꾸야마는 명문의 대왕을 『일본서기』의 18대 반정(反正)천황[91]으로 만들어이 칼이 마치 기내 야마또 정권의 '디지히노 미즈하와께대왕〔瑞齒別天皇(反正)〕'이 후나야마무덤에 묻힌 자에게 하사한 것처럼 조작했다. 이렇게 칼의 명문은 황국사관에 의해서 반정의 것으로 조작되었다는 것이 일본학계의 '정설'이 되었다.

이에 대해 북한학자 김석형 박사가 강하게 반박했다. 명문의 '獲(획)'자는 사진으로도 분명하게 판독되는데 이를 虫(충)변인 蝮(복)으로 읽는 것부터가 억지이며 그 대왕이 일본이름인 「다지히노미야 미즈하와께」 중에서 가장 중요한 '와께(別)'가 들어갈 자리가 없다는 것이었다. 와께(別)는 천황의 일본식 이름을 표시하는 중요 징표의 하나라는 것 등의 논거로 반박을 가하였다.[92]

또한 후나야마 고분의 무덤 양식에 대해서 북한 학계는 백제에 연원을 둔 것이라고 보고 있다.[93] 무덤의 구조가 횡구식 집모양 돌널을 직접 안치하였고 돌널앞 입구 양측에는 다듬은 돌을 나란히 하여 하나의 무덤길을 만들었으며 옆에서 관(널)을 들여보내는 매장시설 설계의 착상과 풍습은 고구려와 백제에 연원을 둔 것이고, 무덤은 백제 영향에 의해 구축되었다는 것이다. 횡구식의 매장시설은 백제적 영향이지 야마토왜가 있었던 기

90 일선동조론 또는 일한동조론은 야마또민족과 한민족(조선민족)이 같은 뿌리에서 나왔다는 이론으로 일본 제국주의의 한국 침략을 정당화하고, 한민족을 황국신민으로 만들어 민족말살정책을 정당화하기 위한 이론이다.

91 『일본서기』의 제18대 반정천황이다.

92 조희승, 상계서, 204쪽.

93 조희승, 『일본에서 조선소국의 형성과 발전』, 한국문화사, 1996, 204쪽.

내적 영향이 아니라는 것이다. 횡혈식 무덤은 기내가 아니라 고구려와 백제에서 발생해 큐슈에 전파되었고 또다시 세도나이까이를 거쳐 기내일대에로 퍼져나갔다는 것이다.

김영덕은 이 칼에 대한 해석에서 칼에 새긴 대왕의 이름 개로(蓋鹵)를 신하들은 확가로 모셔 불렀고 이곳의 확고인 우현왕 여기(餘紀)의 원래 이름을 기리라고 해석했다. 이곳이 백제의 담로인 다무로라는 것이다.[94]
에다 후나야마고분에서 출토유물을 보면 아래와 같다.

에다 후나야마(江田船山)고분의 출토유물

구 분	유물의 종류
거 울	신인건마화상경, 화문대신수경, 수대경, 변형사수경
장신구	넓은띠식 금동제관, 좁은띠식 금동제관, 금동제 뚫음새김관모, 금동제띠고리, 금동제 신발, 경옥제 굽은구슬, 은상감명문칼, 룡무늬 둥근칼, 벽옥제관옥, 자루큰 칼. 둥근자루큰 칼, 쇠칼, 검, 창, 횡신판징박이 단갑, 목갑옷
마구류	용무늬장식 방울달린 금동씌운경판자갈, 철제둥근고리 경판자갈, 철제 등근등자, 삼환령
기 타	그 밖에 백제 질그릇 몇 개

나주 반남면 금동관(좌)과 일본 구나모토 후나야마 금동관(우)

---

94 김영덕, 『백제와 다무로였던 왜나라들』, 글로벌콘텐츠, 22쪽.

2) 이나리야마(稻荷山) 쇠칼과 명문

1968년 동경 북쪽 56㎞ 사이타마(埼玉)현 교다시(行田市)의 사이타마 고분군 중 이나리야마(稻荷山) 고분에서 115자의 명문이 있는 철검이 나와서 세상을 놀라게 했다. 일본인들은 이를 야마도 왕권이 지방 호족을 책봉한 족보라면서 역시 황국사관으로 해석했다. 에다 후나야마 고분 출토 철검의 명문과 연결시켜 반정(反正)천황이 간또와 큐슈의 일본열도의 양극에 쇠칼을 복속의 표시로 나누어주었다고 주장한 것이다. 그러나 백제사연구가 김영덕은 이 명문을 이두로 다시 풀어서 고구려가 남진한 서기 396년 당시 백제 땅이던 하동에서 후왕으로 있던 장수 집안이 동경까지 망명온 뒤 이곳에서 다시 백제 후왕으로 책봉된 내용을 담은 집안이야기라고 해석했다.[95]

일본에서도 에다 후나야마 고분이나 이나리야마 고분 등의 출토 쇠칼을 가지고 기내 야마토정권의 후국의 신하가 복속의 징표로 받은 칼이라고 볼 수는 없다고 보는 학자들이 있다. 다만 낮은 목소리로 이런 목소리를 전할 뿐이라는 것이다.[96] 이나리야마 고분 출토 쇠칼의 원문과 김영덕의 번역문은 다음과 같다.[97]

"서기 471년에 고 확고는 조상이름을 적어둔다. 오후 비꼬 어르신, 그 아들 다가라 족니 어르신 그 아들 고리가리 확고, 그 아들 다사기 확고, 그

---

95 김영덕, 『백제와 다무로였던 왜나라들』, 글로벌콘텐츠, 9쪽.

96 『되살아나는 고대에로의 길』, 도꾸서점(한자), 1984, 222쪽.

97 김영덕, 『백제와 다무로였던 왜나라들』, 글로벌콘텐츠, 2013, 14쪽. (이나리야마 칼글) 「辛亥年七月中記乎獲居巨上組名意富比垝 其兒多加利足尼其兒名 互巳加利獲居其兒名多加 披次獲居其兒名多沙鬼獲居其兒名半互比 其兒名加差披余其兒名乎獲居巨世世爲杖刀人首奉事來至獲加多支鹵大王寺在斯鬼宮時吾左治天下命作此百鍊利刀記吾奉事根原也」 (해석본문참조)

아들 바라고비, 그 아들 가시비리, 그리고 그 아들은 고 확고이다. 오늘날
까지 우리는 장수로서 대대로 섬긴 바 그 임금은 사기궁에 마실을 차리
고 천하를 다스리는 크신 확가 개로대왕이시니라. 온 번 불리고 달구어
만든 이 칼에 우리 집안 내력과 뿌리를 적어 두는 바이다."

김영덕은 고 확고가 이 칼을 만든 연대는 471년인데, 한 세대를 25세로
잡고 이 집안의 조상이 살아간 연대를 어림잡아 보면 고 확고(446~471),
가시비리(421~445), 바라고비(396~420), 다시기 확고(371~395), 다기비
시 확고(346~379), 고리가리 확고(321~320), 다가리 족니(296~320), 오후
비꾀(271~295)라고 해석하고 있다. 김영덕은 에다 후나야마 고분 출토 쇠
칼에서 이 칼을 만든 이는 통설인 무리(无利)가 아니라 이두 无利(기리)
이며 그 한자 이름은 여기(餘紀)라고 보고 있다.

서기 458년 개로왕이 송나라에 보낸 국서를 보면 여기(餘紀)를 우현왕,
여곤(餘昆)을 좌현왕으로 임명해 백제는 여러 제후왕들을 거느린 황제국
임을 알 수 있는데, 타마나(玉名)군 일대도 백제 후왕 좌현왕이 다스린 다
무로, 즉 다물(多勿)이자 담로(檐魯), 담로(淡路)로 해석할 수 있다.

좌현왕 여곤(餘昆)이 다스린 땅은 오사카 남쪽 옛 가와찌 일대인데 이
곳은 개로대왕의 아우 곤지(昆支:琨支)가 다스리던 백제 다무로였고, 곤
지가 『송서』에 나오는 왜왕 흥(興:고오)으로 해석할 수 있다는 것이다.
쇠칼의 명문은 5세기경 일본열도의 관동·관서·큐슈 등 세 곳에 백제 다무
로가 있었으며, 왜 왕실은 백제 왕실에서 갈라져 나왔음을 밝혀주는 귀중
한 역사자료라는 것이다.[98]

98 김영덕, 상계서, 13쪽.

3) 기꾸찌산성에서 나온 백제유물

구마모토현(熊本縣) 야마가시(山鹿市)와 기꾸찌시(菊池市)에 있는 기꾸찌성(鞠智城)은 옛날부터 '국찌'(구꾸찌)라고 불러왔다. 물론 이는 국지(鞠智)의 한국 발음에 근거한다.

기꾸찌 산성은 백제계통 기와가 출토된 데서 알 수 있는 것처럼 백제소국에서 쌓은 산성이었다. 고대 한국식 무덤들과 집자리가 집중적으로 분포되어 있는 중심에 기꾸찌의 한국식 산성이 존재하는 것이다.

일본학자들은 이를 일왕 천지(天智:재위 668~672) 연간에 신라, 당 세력을 막기 위하여 쌓은 산성이라고 말한다. 큐슈 북부의 태재부(太宰府)의 방위를 위해 쌓은 산성이라는 것이다. 만약 그렇다면 이는 다마나군일대나 기꾸찌강하류일대에 쌓았어야 하지만 기꾸찌 산성은 그와 반대로 앞벌에 전개되는 여러 무덤들을 옹위하듯 틀고 앉아있는 것이다.

히고 기꾸찌산성평면도와 여기서 나온 백제기와
1. 사깐돈초석떼
2. 쬬자바무초석떼
3. 미야노초석떼
4. 쬬쟈야마초석떼
5. 우에바무초석떼
6. 요 비바무초석떼
7. 이께노오문러자리
8. 호리끼러문러자리
9. 후까사고문러자리

또한 산성이 위치한 곳의 지명도 장자산, 장자벌처럼 왕이나 우두머리를 뜻하는 장자(長子)와 관계되는 내용이다. 장자는 곧 왕자이며 왕자는 그 나라가 크고 작음에 관계없이 그 나라의 장자인 것이다.

산성앞벌과 그 인근주변에 무수한 무덤들이 전개되어 있다. 그리고 산성의 서쪽과 남쪽평야지대에 발달한 조리제(條里制)가 존재한다. 고대 무덤이 있는 곳은 주민지대였다. 고대의 무덤은 살림집의 주위에 썼기 때문이다. 산성과 무덤, 평야의 세 입지조건이 일체를 이루고 있는 고대 한국적 나라가 이곳에도 형성되었다.

그 대표적 무덤들은 다음과 같다.

산성 앞벌에는 가모도군(鹿本郡)[99] 슈즈까(朱塚)무덤, 다마나시 아나간논 횡혈무덤(穴觀音横穴), 나기노횡혈무덤떼, 야마시 찌부산무덤, 나베따(鍋田)횡혈무덤떼, 벤께이가아나(弁慶穴) 가모도군 이와바라(岩原)무덤 (길이 102m, 전방후원무덤) 그리고 에다 후나야마무덤 등이다.

산성은 백제계통기와장의 출토에서 보는 것처럼 백제소국이 쌓은 산성이었다. 한국식 무덤들과 집자리가 집중적으로 분포하는 중심에 기꾸찌의 한국식 산성이 존재하는 것이다.

4) 고분문화시기 후기의 백제유적

① 후기고분문화의 백제유적

고분시기 중기 이후에 기비 가야국 무덤의 형식에서 일련의 변화가 일

---

99 가모도군(鹿本郡)은 기꾸찌산성과 멀지 않는 곳에 위치해 있으며 주변에는 백제적 영향을 받아 축조된 무덤들이 적지않다. 실례로 고을 동쪽부인 이나다촌(도전촌(稻田村)도전에는 챠우스쯔까(總社津)무덤, 고마쯔까(小松)무덤, 고레이즈까무덤 등이 있는데 그 중 고레이즈까무덤은 큰 돌을 쌓아올려 만든 2m 남짓한 정방형돌칸무덤이며 천정은 궁륭식으로 쌓았다. 이 무덤은 공주의 무덤을 방불케한다.

어난다. 가야형식에서 백제적 요소, 백제적 색채가 짙어지는 것이다. 5세기 중엽경의 횡혈식 돌칸무덤이 기비 가야국에 있다는 사실이다. 센조무덤은 뒤부분의 돌칸시설이 납작한 깬돌로 쌓아진 횡혈식 돌칸이다.

그 모양은 위에 올라갈수록 안쪽으로 휘어지는 궁륭식으로 쌓아졌다. 또한 안벽과 평행하여 널바닥이 설치되고 그것을 구분하는 석장에는 직호무늬가 새겨져 있다. 직호무늬가 새겨진 석장시설과 궁륭식의 횡혈식 무덤의 출처를 일본의 고고학자도 "이 석장의 석재는 북부큐슈의 가라쯔만 기슭에서 나오는 사암"이라고 주장한다.

또한 돌칸을 쌓은 널모양의 돌인 안산암도 북큐슈에서 나온 안산암일 가능성이 크다. 이 석재들이 북큐슈 마쯔우라(松浦) 이만리(伊万里)만의 연안에서 산출하는 석재라면 한반도와 일본 열도를 잇는 노정이기 때문에 대단한 흥미를 끌지 않을 수 없다.[100]

그래서 일본 학자들도 "이 고분은 구조나 장식에 한하지 않고 주된 돌까지 큐슈적이고 고분축조의 재료로부터 기술자까지 큐슈에서 날라 온 것으로 보인다"[101]고 말하고 있는 것이다. 큐슈에도 기비 센조(蟾蜍)무덤의 횡혈식 돌칸무덤과 비슷한 무덤이 있다.

백제와 가야는 4세기말 5세기초에 백제를 손위로 하는 동맹관계를 맺었다. 그래서 5세기를 전후시기부터 양국은 정치, 군사적으로 결탁하는 백제-가야세력을 이루게 되었다. 이것이 무덤형식에서도 가야계 위에 백제계가 나타나게 된 요인이다. 일본에서 가야적인 것에 백제적 요소가 짙은 것은 바로 이 때문이며 가야, 백제가 자주 혼동되거나 혼선되는 까닭

---

100 『고대사의 보물고』, 아사히신문사, 1977, 211~212쪽.

101 『일본고대의 유적』 23-오까야마편-, 보육사, 1985, 124쪽.

도 이 때문이다.[102]

5세기 후반기~6세기경의 기비 가야국에 축조된 백제적 무덤에 대해서 일본 고고학자들은 그 돌널의 재질은 큐슈에서 가져온 것이고, 무덤 형태는 기내의 대왕묘들에 쓰인 '기내형'이라고 강조하고 있다. 쯔꾸리야마(造山)무덤 앞부분에서 나온 돌널이나 고야마(小山)무덤에서 나온 돌널의 재질이 큐슈적이라는 주장은 수긍할만 하지만 돌널의 형태는 '기내형'이 아니다.

백제왕묘목관 (전라북도 익산)

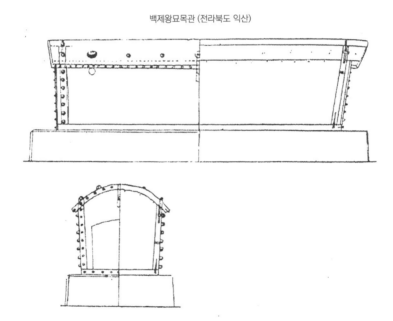

예를 들면 다이센 무덤의 앞부분, 하까야마(墓山)무덤이 그것이다. 이 길쭉한 상자모양의 돌널의 재료는 한결같이 효고현(兵庫縣) 히메지시(姬路市)의 히메쯔야마(姬路龍山)의 돌을 쓴 것이다.

102 조희승, 상게서, 253쪽.

백제목관의 변형 (돌판) (나리현 부르노오하까의 길죽상자모양돌판)

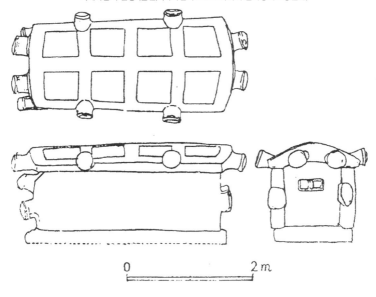

0   2 m

　길쭉한 모양의 돌널은 기내 가와찌에서 독특하고도 내재적 요인에 의하여 창안되고 제작된 것이 아니라 형태의 시원을 따지면 백제의 나무널(목관)형태를 본 뜬 것이다. 백제 땅이었던 (전라북도)에서 나온 장방형 나무널(목관)은 길쭉한 상자모양의 돌널의 원형이라고 말할 수 있을 것이다.[103] 따라서 기비 쯔꾸리야마(造山) 무덤의 앞부분에서 이런 돌널이 나왔다고 해서 '기내 세력의 상징'이라고 규정할 수는 없는 것이다.[104]

　쯔꾸리야마(造山)무덤 앞부분에서 나왔다고 하여 큐슈(백제)적인 돌널과 센조(蟾蜍 : 苅田町 御所山)무덤은 일치하며 5세기 후반기의 것으로 추측된다. 쯔꾸리야마(造山)무덤의 축조는 5세기 전반기 늦어도 5세기 중

103　『조선고대의 묘제』좌우보간행회(한자) 1947년 도판. 제20 백제의 고분 〈전라북도 의산대왕묘 발견의 복관실측도〉

104　조희승, 『일본에서 소국현성과 발전』, 1990, 한국문화사, 255쪽.

엽경이다.

전방후원분의 기본 매장시설은 후원부에 있지만 전방부에 묻힌 판은 무덤축조보다 뒤지는 것이 일반적이다. 이러한 여러 측면을 고려할 때 쯔꾸리야마(조산)무덤에서 나왔다고 하는 돌널은 센조무덤과 그 건조시기가 거의 일치하는 5세기 후반기로 생각되는 것이다.

그런 실례로 집모양 돌널을 들 수 있다. 5세기 후반기~ 6세기 이후 기비에서는 각종 집모양 돌널이[105] 보급되기 시작하는데 이것은 백제 공주지방에서 제작된 시목동(柿木洞)의 합장형 천정무덤[106]을 시원으로 하고 있다. 백제에 시원을 둔 집모양 돌널을 안치한 대표적 무덤(횡혈식 돌칸)은 오까야마현(岡山縣) 소쟈시(総社市) 고오모리즈까(蝙蝠塚) 무덤이다. 소쟈시 남부의 모즈무덤군(百舌鳥古墳群) 가운데쯤에 있는 이 무덤은 구릉을 잘 이용한 전방후원분으로 두 쯔꾸리야마(造山, 作山)무덤 사이에 위치하고 있다. 길이는 100m정도인데 후원부에 길이 약 19m에 이르는 횡혈식(돌칸)이 있다. 이 거석으로 현실(무덤칸)과 연도(무덤길)의 결벽을 3단으로 쌓았다. 고오모리즈(蝙蝠塚)무덤은 횡혈식 무덤칸의 크기에 있어서 일본에서 5번째의 순위를 차지한다고 할 정도로 큰 무덤이다.

다음 표에서 보는 바와 같이 고오모리즈까무덤은 크기에 있어 전일본적으로 5번째의 순위를 차지하는 횡혈식 무덤이다.

그 크기는 거석노출로 유명한 나라현 이시부따야마(石舞台)무덤과 맞먹는다. 고오모리즈까무덤의 무덤칸은 큰 돌을 잘 맞물려 쌓았다. 돌쌓기법으로 보건대 고오모리즈까무덤은 무덤칸에 안장된 집모양 돌널과 더불

---

105 집모양돌널로 이름난 것은 에자끼(江崎)무덤, 구라시끼시 오보산(王墓山)무덤 등에서 나온 돌널이 있다.

106 『백제의 고고학』, 유잔각 1972, 93~95쪽 그림, 103쪽 참조

순위	무덤명	무덤 형태	묘광의 길이 (m)	현실 (무덤칸)의 길이 (m)	현실의 폭 (m)	현실의 길이 (m)
1	야마또 미세마루 (見瀬丸)야마무덤	전방후원형	25.5	7.3	6.3	
2	찌꾸젠 미야지다께 (宮地岳)무덤	원형	21.8			
3	야마또 이시부따이 (石舞台) 무덤	방형	19.1	7.6	3.5	4.7
4	빗쮸 야다오즈까 (箭田大塚)무덤	전방후원형	19.1	8.4	3.0	3.8
5	빗쮸 고오모리즈까 (蝙蝠塚)무덤	전방후원형	18.6	8.1	8.4	3.0(+)
6	비젠 무사오즈까 (牟佐大塚)무덤	원형	18.0	6.0	2.8	3.2
7	야마또 기쯔네즈까무덤		17.3	9.0	2.8	3.2
8	이세 아마노이와도 (天岩호)무덤	원형	17.3	9.6	3.3	4.2
9	가히우바즈까 (姥塚)무덤	원형	17.3	9.4		
10	야마시로 헤비즈까 (蛇塚)무덤	전방후원형	17.0	6.1	3.6	5.6

어 엄연히 백제계통의 것이라고 말할 수 있을 것이다.

이를 통해 몇 가지 사실을 알 수 있다. 첫째 3세기말 경의 다떼쯔끼(楯築) 유적부터 시작해서 두 쯔꾸리야마 무덤에 이르는 고분시기 전반기의 무덤은 가야적 색채가 매우 강한 무덤이다. 둘째 5세기 후반경부터 새로운 백제적 요소가 가야적 무덤형식에 첨가되었다. 셋째 6세기에 이르면 기비 가야국의 무덤들은 가야적 요소보다 백제적인 요소가 무덤축조의 지배적인 형식이 되며, 유물도 백제적 성격을 띤다. 이런 무덤형식의 변화는 북한학자 조희승이 말한 것처럼 곧 무덤을 만든 사람들의 변화이다.

이시부타이(石舞台) 고분 (출처: 승천석 『고대동북아시아와 예맥한의 이동』 p 406)

이는 기비 가야국이 새로 진출한 백제 계통세력과 연합한 결과물이라고 요약할 수 있다.[107] 가야계에서 가야·백제계 연합으로 그 성격이 바뀐 것이다.

② 마쯔오까야마(松岳山)고분군을 통해본 백제왕국

가와찌평야에 백제계통세력이 형성되는 것은 4세기 중엽경으로 추측된다. 『고사기』에 인덕천황의 처가 가라히도의 누리노미(奴理能美)의 산성안에 살았다는 기록이 이를 말해주는 것으로 볼 수 있다.[108] 누리노미는 백제사람으로서 그의 자손은 가와찌에 본관을 둔 아마노무라지(水海連)

---

107 조희승, 상게서, 258쪽.

108 노성환 역주, 『고사기(중권)』, 예전, 1999년, 22쪽 (인덕천황기) 「야마시로를 거쳐 나라산입구에 도착하였을 때 또 노래를 불렀다. 야마시로강을 따라 내가 올라가니 나라를 지나고 야마또를 지나서 내가 정작 보고 싶은 곳 가즈라기타카미야(葛城古宮) 나의 고향 이렇게 노래를 부른후 야마시로로 돌아가 쓰즈키(개목(箇木)에 사는 한인 누리노미(奴理能美)의 집에 들어가 머물렀다(卽自山代廻, 到坐那良山口歌日, 都藝泥布夜 夜麻志呂賀波袁 美夜能煩理 和賀能煩禮婆 阿袁邇余志 那良袁須疑 袁陀弖 夜麻登登袁須疑 和賀美賀本斯久邇波 迦豆良紀多 迦美夜 和藝幣能阿多理)」

이다. 가와찌평야의 중앙부 구보지(久寶寺)유적에서 고분문화시기 초기의 파도막이판자가 달린 준구조선의 뱃머리와 한국식 질그릇이 나온 것도 4세기경 백제계의 가와찌 진출을 말해주는 것으로 해석할 수 있다.[109]

오사까부(大阪府) 가시와라시(柏原市)에는 마즈오까야마(松岳山)고분군이 있다. 본래 가시와라시일대는 야요이 후기에 한국 고대 이주민집단이 많이 진출한 곳이다. 이 산지의 남쪽에 있는 다까오산(高尾山)의 가시와라시 오아가따 동쪽 해발 227.8m의 산등성이에 있는 고지성 집락유적에서 고대 한국식 잔줄무늬거울이 나왔다. 그 산꼭대기에는 두 개의 큰 바위가 솟아있는데 한국신을 제사지내는 오랜 사당이 있다고 한다.[110] 산 아래의 온지가와(恩智川) 일대에는 야요이문화시기에서 고분문화시기에 걸친 오아가따(赤田)유적이 있다.

잔줄무늬거울은 1925년 다까오산의 꼭대기로부터 남쪽으로 뻗은 산등성이의 30도가까운 급경사면에서 발견되었다. 이미 본바와 같이 잔줄무늬거울은 많은 경우 좁은 놋단검과 짝을 이루고 있는데, 고대 한국 물건이다. 이꼬마(生駒)산 남쪽기슭 일대에 10개 가량의 고지성 집락이 있으며 잔줄무늬거울은 그런 고지성 집낙터에서 발견되었다.

오아가따는 와도꾸노후히도(和德史), 오사또노후히도(大里史) 등의 본거지이다. 그들은 725년 (신구2년)에 오아가따후히도의 성씨를 받았는데 와도꾸노후히도는 백제무령왕의 후손이라고 한다.

백제인들은 4세기 경부터 가와찌에 대거 진출했는데, 이를 증명해주는

---

109 『마이니찌신문 (오사까)』, 1986년 2월 22일자

110 산꼭대기에 있는 바위의 사당을 누데히꼬신사(鐸比古神社), 남쪽 계곡의 큰 바위 사당을 누데히메신사 라고 한다. 이 신사는 大阪府 柏原市 大縣에 있는 신사로 '연희식'에도 밝혀진 오랜 사당이라고 한다.

것이 이꼬마산 서쪽기슭에 자리잡은 다마떼야마(玉手山)고분군과 마쯔오까야마고분 등 4세기의 무덤들이다. 다마떼야마고분군은 야마또강(大和川)과 이시가와강이 합쳐지는 곳에서부터 시작되며 남북 2.8㎞에 이르는 구릉 언덕위에 17기의 전방후원분을 중심으로 원형무덤 7기와 동서 2개의 횡혈떼로 구성되어 있다.

고분군의 형성은 4세기 후반기경으로부터 6세기경까지 계속된다. 횡혈무덤은 고구려-백제에 시원을 두고 있다. 다마떼야마고분군에는 북쪽에 안복사 횡혈이 약 20기 있고, 남쪽에 35기 이상의 횡혈무덤이 있다. 안복사 횡혈에는 고구려인이나 백제인 비슷한 말탄무사를 그려놓았는데, 이것이 이 고분군의 백제적 성격을 잘 보여준다. 다마떼야마고분군에서 1㎞남짓 떨어진 곳에 마쯔오까야마고분이 있다.[111]

1877년 발굴당시 거울 2면, 구슬류, 구리활촉과 많은 량의 철편이 나왔다. 또한 1954년 4월 재조사 때 경옥, 굽은 구슬, 벽옥, 유리구슬, 돌팔찌, 추형석, 거울조각, 쇠활촉, 구리활촉, 쇠칼, 쇠검, 쇠낫 등이 나왔다고 한다. 일본학자들은 마쯔오까야마고분에서 많은 철과 철제농구, 공구가 나왔다는 이유로 다이센무덤들과 결부시켜 5세기의 것이라고 축조 년대를 끌어내리고 있다.

마쯔오까야마고분군에는 백제계통 이주민집단이 남긴 근거로는 금석문이 있다. 에도시대(17~19세기)에 발굴된 후나씨왕후(般氏王后)의 묘지명판이 그것이다. 이는 길이 29.4㎝ 너비 6.7㎝ 두께 1.5㎜이며 금동판에 앞뒤 4행씩 계 8행, 162자가 새겨져 있는데 일본에서 가장 오랜 묘지명판이다.[112] 후나씨는 백제 귀수왕(貴須王)의 후손이라고 한다.

---

111 조희승, 상게서, 374쪽.

112 흠명14년(533년) 후나의 후히도의 가바네(성씨)를 받은 왕진이(王辰爾)의 아들 나패고의 오비도

고대 일본은
한국의 분국

『속일본기』 연력 9년(790년)에는 백제왕(구다라노기미) 인정(仁貞), 백제왕 원신(元信), 백제왕출신 쯔노무라지(津連) 진도(眞道) 등이 연명으로 다음과 같은 편지를 일왕에게 보냈다고 기록하고 있다.

"진도 등은 본래 백제국 귀수왕에서 나왔습니다. 귀수왕은 백제 시조왕의 제16세손 되는 왕이었습니다. 백제 태조 추모왕은 해신이 내려와 부여를 타고앉아 나라를 세우고 여러 한국을 총괄하여 왕이라고 일컬었습니다. 근초고왕(近肖古王)[113]에 이르러 처음으로 귀국(일본)과 내왕하였습니다. 그 후 응신천황이 게누노오미(毛野臣)의 먼 조상인 아리다께를 백제에 사신으로 보내어 유식한 사람을 찾았더니 우리 국왕인 귀수왕이 친척 가운데 손자벌되는 진손왕〔辰孫王- 일명 지종왕(智宗王)〕을 보냈습니다.

그 후 인덕천황 때 진손왕의 맏아들인 태아랑왕(太阿郞王)의 아들은 해양군(亥陽君)이고 해양군의 아들은 오정군(午定君)인데 오정군은 아들 셋을 낳았습니다. 맏아들 미사(味沙), 둘째는 진이(辰尒), 막내를 마려(麻呂)라고 하였습니다.

이로부터 그 세 아들이 각기 맡은 직업을 따서 세 가지 성씨를 삼았는데

(수)의 아들 후나왕후는 민달연간(572~585)에 태어나고 추고왕(592~628)과 서명(629~641) 두 왕대에 벼슬하다가 대인품계를 받았으며 서명 13년(641년)에 죽었으므로 천지 7년(668년)에 그의 부인 안리고능도자와 그의 맏형 도라꼬의 오비도의 무덤옆에 묻었다.

113 윤영식, 『백제에 의한 왜국 통치 삼백년사』, 청암, 2011, p. 20~22. 『성씨록』에 「신무기」의 요속일명이 금부수의 시조이고 성씨 금부연의 시조가 백제의 속고대왕(근초고왕)으로 되어 있다. 『일본서기』상에 신무기는 소설풍으로 기록되어 있으나 근초고왕(346~375년)이 사세기 후반에 백제가 가야지역으로 진출하고 이어서 가라안에 일차 개척된 왜지까지 진출하여 왜의 대화지방까지 진출하였고, 近肖古王代에 백제가 征服國家로서의 體制로 전환하여 倭地를 비롯 海外 領土를 경략하기 시작한 始點부터 백제가 한반도에서 멸망하고 그 支配層과 流移民이 왜의 땅에서 日本國을 수립할 때까지의 330(346~670년) 여 년 간이 이에 해당한다. 즉 백제에 의한 왜국 통치가 300여년에 이루어진 기간이다.

후지이(葛井), 후나(船), 쯔(津)의 무라지(連)들이 바로 그것입니다. 민달
천황 시기에 고구려국이 사신을 보내와 까마귀 날개에 글자를 적어서 표
문을 바쳤습니다. 뭇 신하들과 여러 학자들은 읽을 수 없었으나 진이 한
사람만은 나가서 잘 읽었습니다. 천황이 그의 독학을 높이 평가하고 칭찬
하며 표창하였습니다." [114]

후나씨의 계보를 이 기록과 그 밖의 기록들을 종합하여 보면 다음과
같다.

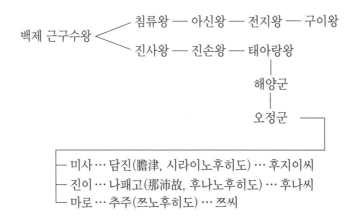

백제 근구수왕
침류왕 — 아신왕 — 전지왕 — 구이왕
진사왕 — 진손왕 — 태아랑왕
해양군
오정군

— 미사 … 담진(膽津, 시라이노후히도) … 후지이씨
— 진이 … 나패고(那沛故, 후나노후히도) … 후나씨
— 마로 … 추주(쯔노후히도) … 쯔씨

후나, 후지이, 쯔의 세 성씨는 본관을 후에 야쮸지(野中寺)일대로 삼았
다. 하지만 일본 땅에 첫발을 들여서 본관으로 삼은 곳은 마쯔오까산 일

114 『속일본기(권40)』 연력 9년7월조에는 귀수왕(貴首王)으로 나오는데 「흠명기」와 『신찬성씨
록』에는 '귀수'로 『삼국사기』에는 '구수왕(仇首王)'·'귀수(貴須)'로 표기하였다. 『속일본기』에
는 귀수왕을 백제 16대손이라고 하였지만 『신찬성씨록』에는 추모왕의 10세손으로 되어있고
『삼국사기』「백제본기」에는 6세손(구수왕)으로 되어 있어 어느 쪽이 옳은 지는 알 수 없다. "까
마귀날개에 적은 표문"이란 민달기(원년 5월)에 실린 기사로서 까마귀 새깃에 글자를 적은 것을
그 누구도 해득하지 못했는데, 진이가 나가서 까마귀 새깃을 밥김에 쪄서 해득했다고 한다. 이
기사에서 고구려가 표문을 바쳤다는 것은, 강대한 고구려가 일본에 표를 바칠 까닭이 없다는
점에서 조작이다. 그러나 여기에 보이는 미사, 진이, 마로들은 실재한 인물로 볼 수 있다. 후나씨
가 왕진이의 조상이라는 것은 (『일본서기』권19 흠명 14년 7월)의 기록에도 나온다.

대였다. 같은 진손왕에서 나왔다고 하더라도 마쯔오까야마에 묘를 쓴 집단이 있었는가. 하면 또 따로 야쮸지일대를 선산으로 삼은 집단도 있었다.

그럼 어떤 씨족집단이 계속 마쯔오까야마일대에 묻혔을까? 『속일본기』 연력 9년조의 기사는 후나씨의 자손들이 밝힌 자신들의 선조들 이야기인데, 이것이 모두 맞는다고 할 수는 없지만 일정한 역사적 사실의 반영인 것은 물론이다. 여러 기록들과 유적, 유물들을 살펴보면 마쯔오까야마무덤과 후나씨와의 관계를 유추할 수 있다.

마쯔오까야마의 무덤들은 진사왕-진손왕에서 갈라져 나온 백제계통 왕족집단이 남긴 것으로 추측할 수 있다. 또한 후나씨의 조상들이 진사왕(385~392) 때 일본에 갔다고 한데서 알 수 있는 것처럼 그 시기는 4세기 말이었을 것이다.[115] 후나씨 집단이 야쮸지로 본관을 옮기는 바람에 마쯔오까야마의 무덤은 대대적으로 쓰이지 않았지만 예외적으로 그의 자손들이 묻힐 수 있었을 것이다.

이는 마쯔오까야마무덤이 백제계통 이주민 왕족집단의 무덤이었고 그들이 이 가와찌에 소왕국을 세웠을 것은 짐작하기 어렵지 않다. 가와찌에 진출한 백제왕족들이 가와찌에 소국을 세우고 국왕의 역할을 했을 것으로 짐작되는 근거들은 여럿이 있다.

첫째 문헌기록에 진사왕의 후손들이 왕이나 그 비슷한 지위로 기록되고 있는 점이다. 후나씨의 조상은 진사왕의 아들인 진손왕이며 가와찌에 진출한 진손왕의 아들인 태아랑왕은 인덕천황의 측근으로 있었다고 한다.

그의 아들과 손자는 군(君)이라는 왕자격 칭호를 지니고 있었다. 가와찌를 본관으로 삼은 누리오미는 산성을 짓고 살았는데 인덕천황의 부인이 거기에 얹혀 살았다. 인덕천황이란 『일본서기』 편찬자들이 지어낸 왕 이

---

115 조희승, 상게서, 376쪽.

름이다. 또 『고사기』에 나오는 누리오미 관계기사에서 '인덕천황의 근시'라는 장식을 벗기면 백제왕이 산성을 짓고 왕 노릇을 하였다는 역사적 사실이 남게 된다.

또한 『속일본기』에서 진손왕의 아들이 '인덕천황의 근시'라는 장식을 벗기면 태아랑 자체가 왕노릇을 하였다는 사실이 드러난다. 백제왕의 아들, 손자들이 높은 기술력과 무력을 거느리고 일본 열도에 진출해 소국을 세우고 왕노릇을 했던 것이다.

둘째 4세기말 가와찌지방에 백제무덤군이 있는 것도 백제소국이 있었다고 볼 수 있는 근거다. 마쯔오까야마 언덕의 원형무덤에서 가장 큰 무덤은 챠우스야마(采臼山)무덤이다. 이 무덤은 내부매장시설이 잘 알려져 있지 않다가 최근 조사가 진행된 결과 방형의 판석돌각무덤이라는 것이 알려졌다.

챠우스야마무덤은 바닥부분이 남북 22m, 동서 18m의 장방형으로서 높이 2m이다. 바깥벽은 길이 30㎝, 너비 20㎝의 안산암의 판석을 수직으로 쌓아올렸다. 돌칸은 무덤무지의 거의 가운데에 있으며 바깥벽처럼 안산암의 판석으로 쌓은 수혈식 무덤칸이다. 유물은 평면사수경 1면과 돌팔찌 25개, 차륜석, 낫, 검 등이 나왔다.[116]

무덤구조는 고구려에 연원을 둔 초기 백제형식 무덤이다. 초기 고구려의 무덤칸구조는 판석을 수직으로 쌓아올리는 것이 특징이다. 이런 챠우스야마무덤과 유사한 무덤들은 서울근방의 백제무덤들에서 찾을 수 있다. 고구려 왕실에서 갈라져 나라를 세운 백제가 한성에 도읍하고 있던 시기에는 고구려 계통의 돌칸무덤을 쓴 것이다.

챠우스야마무덤은 출토된 유물과 무덤 구조로 봐서 4세기 말에 축조된

---

116 조희승, 상게서, 377쪽.

것인데, 이는 앞에서 본 진사왕의 아들 진손왕이 일본에 건너간 시기와 일치한다. 챠우스야마(采臼山)무덤은 진손왕이나 그 족속들의 무덤일 것이다. 그런데 백제식 수직쌓기 무덤은 챠우스야마무덤에만 있는 것이 아니다. 마쯔오까야마무덤떼의 맹주적 존재인 마쯔오까야마무덤도 또한 그와 같은 수직쌓기를 하고 있는 것이다.

마쯔오까야마 무덤은 최근의 조사에 의하면 무덤무지의 바닥부분의 바깥에 세로, 가로 각기 30~40㎝, 높이 3~5㎝ 의 판자모양의 넓적한 돌을 10단 정도 수직으로 쌓아올렸음이 확인되었다. 그 수직으로 쌓은 돌위에 내부 길이 2.6m인 평면이 있고 거기서 약 45도의 경사를 가진 판석을 쌓았다. 또한 수직벽의 아래쪽에도 내부 길이 2m 정도의 평면이 있고 그 아래에 지반을 안정시킬 목적으로 너비 6.7m에 돌을 나란히 놓았다고 한다.[117]

셋째 가와찌의 이른바 대왕무덤에 길죽상자모양 돌널이 쓰인 것도 4세기말 가와찌지방에 백제소국이 있었음을 말해준다.

가와찌지방의 4세기말~5세기초의 대왕무덤이라고 부르는 무덤들은 마쯔오까(松岡)무덤, 약 170m 길이의 쯔죠도야마무덤, 224m 길이의 전방후원분인 지노오까(じの丘)무덤 등이다. 그 무덤들은 모두 수혈식 돌칸 안에 길죽상자 모양 돌널을 쓰고 있다.

길죽상자모양 돌널은 가와찌지방에 집중적으로 분포되어 있으며 그밖에 기비지방과 야마또 나라분지의 서쪽인 가라쯔기 일대에 분포되어 있다. 길죽상자모양 돌널은 6장의 판석을 짜서 만드는 것이 기본형식이지만 돌재료의 가공정도에 따라 속을 파 도려내서 만드는 것도 있다.

이 길죽상자모양 돌널 또한 전라도 익산에서 나온 장방형 나무널의 변

---

117 『요미우리신문(오사까)』, 1986년 11월 28일자

형이다. 다만 익산의 것은 나무이고 일본의 것은 돌이라는 재료의 차이가 있을 뿐이다.

이는 5세기 중엽 이전에 가와찌에 백제 소국이 있었음을 말해주는 근거들이다. 이는 백제의 칠지도(七支刀)를 통해서 더욱 분명하게 알 수 있다.

6. 도시국가 아스카베왕국

1) 대화(大和)로의 백제인의 대규모 집단이주

『일본서기』「응신기」에는 두 차례에 걸쳐 백제의 120현인과 17현인이 이주한 기사가 있다. 이는 백제계가 야마또왜국의 중추를 이루고 있음을 말해주는 기사다. 도쿄여대 명예교수였던 히라노 쿠니오(平野邦雄)[118]는 『일본서기』의 이 기사를 철저한 조작으로 부인하고 있다. 그는 이 이주민에 대해 신라인 또는 중국인 또는 대방유민, 진한의 유민이라면서 어느 나라사람인지 분간하기 어렵게 만들고 있다. 그러나 대화왜의 성립에 대해서 이노우에 미즈사다(井上光貞)는 한반도에서 건너온 미생문화의 담당

---

118 平野邦雄(1923~2014) 동경여자대학 명예교수, 일본의 대표적인 식민사학자, 중국사서에 나오는 이른바 「왜의 오왕」 기사를 한국이 일본에 지배되었다는 증거로 삼는 학자는 江上波夫, 水野祐, 上田正昭, 平野邦雄, 魁頭晴明, 坂元義種, 등이고 평야방웅은 응신기의 대규모 백제인의 이주기사를 가장 필사적으로 조작으로 몰아붙이는 식민사학자이고, 말송보화의 임나일본부 주장을 따르는 대표적인 학자가 井上光貞과 평야방웅이다. 이외에도 백제가 대화왜 경영팀을 일본에 파견한 일인학자의 이유를 보면 아래의 표와 같다.

이 유	
㉠ 伴跛國에 빼앗긴 백제땅을 일본에 돌려 달라고 청하기 위하여	大谷光男, 平野邦雄
㉡-1) 일본이 任那4縣을 돌려준데 대한 보답으로	日野 昭
㉡-2) 일본이 百濟의 領土를 확대해준 데 대한 보답으로	
㉢ 일본이 백제의 國際政治·軍事關係를 돕는 대가로	上田正昭·板本太郎·岩波書店의 『日本書紀』 平野邦雄
㉣ 中國과 百濟文化의 수입과정	大谷光男
㉤ 上級機關(일본)에 대한 下級機關(백제)의 의무	日野 昭, 平野邦雄
㉥ 人質의 制度化	坂元義種

고대 일본은
한국의 분국

자들에 의해 일본의 국가가 형성 되었다는 사상(思想)은 전복되었으며, 동시에 일본천황은 본래 대화에서 발상(發祥)하였다고 강변하고 있다.[119] 그리고 대화지역이 고시운하(古市運河)는 해외물류 유입의 중심으로 후루이찌(古市)→대수로(大水路) →나니와만 →세도내해→ 현해탄 →한반도를 잇는 항로의 종점인 동시에 생산품이 지방으로 퍼지는 기점이 되었을 것이고 경제의 규모도 커지고 생업이 다양화 해감에 따라 주민들의 생활도 크게 향상되어 갔고, 사회신분의 변화도 커갔을 것이다.[120]

왜왕이 하내의 국조(사실은 국조가 아니라 소왕국의 군주)에게 비옥한 량전(良田)을 구걸한 사실에 판전태랑(坂田太郎)·상전정소(上田正昭)의 주장이 성립되지 않음을 알 수 있었다. 왜왕에 직할농업경영지가 있었다면 국조에게 량전을 달라고 하지 않았을 것이다. 이 대화지역은 둔창과 고분밀집지역으로 하라시마 레이지(原島禮二)가 지적한대로 둔창은 한반도에서 기내에 이르는 해상교통 요지에 집중되어 있으며 또한 그 부근에는 대군(大群)의 고분이 존재하는 점을 고려할 때 한민족(韓民族)이 이주하여 대화 왜와는 별개의 수많은 소왕국을 건국하였음 알게 되는 것이다. 또 이 지역에는 앞에서 살펴본 바와 같이 한반도의 제국의 이름을 딴 지명이 무수히 많다는 것을 상기할 때 그러한 확신은 더욱 굳어지게 되는 것이다.[121]

---

119 최재석, 『일본고대사연구비판』, 일지사, 1991, 230쪽.

120 승천석, 『백제의 장외사, 곤지의 아스카베왕국』, 책사랑, 289쪽.

121 최재석, 『일본고대사연구비판』, 일지사, 1991, p. 235~236. 둔창(屯倉)은 왜왕의 직할농업경영지라는 것이 지금까지의 거의 전부의 주장이었다. 암파서점의 『일본서기』는 둔창을 대화전대(大化前代)의 대화왕실(大和王室)의 직할의 농업경영지(農業經營地) 혹은 직할령(直轄領)이라고 주장하고 있으며 상전정소(上田正昭)는 『일본서기』의 둔창 기사는 모두 사실로 인정하면서 대화조정(大和朝廷)이 둔전(屯田)·둔창(屯倉)경영을 하였는데 기내(畿內)의 둔창경영은 권력(權力)의 정치적·경제적 기반이 되고 변경지역에서는 호족(豪族)의 복속을 통하여 둔창(屯倉)을 경영

하라시마 례이지(原島禮二)가 지적한대로 둔창(屯倉)은 한반도에서 기내에 이르는 해상교통요지에 집중되어 있었으며 그 부근에는 대군의 고분, 한민족의 이주와 수많은 별개의 소왕국을 건국하였음을 역사적으로 증명되는 사례이다. 다시 말하면 율령제(645년)이전에는 야마또정권의 중앙집권적인 통일국의 형성은 없었으며 한국계통의 소국들이 일본열도 전역에 건립되어 있었음을 보여준 사례이다. 앞에서 본 무수히 많은 소국가

하였다고 주장하고 있다. 판전태랑(坂田太郞)도 각지에 있는 둔창은 대화조정의 직할경영지라고 주장하였다. 한편 원도레이(原島禮二)는 둔창은 6세기의 한국침략의 군사동원체제(軍事動員體制)와 관련있다고 주장한다. 그러나 이는 전혀 역사적 사실을 고려하지 않은 허구의 주장이다. 6세기는 백제가 백제의 관인과 오경박사를 대화왜(大和倭)에 파견하여 경영하던 시대이고 그 당시의 강역은 대화지역과 그 주변정도이며 대화왜의 해상운송은 전적으로 백제의 원조에 의해서만 가능하였다는 점만 고려하더라도 도원도레이의 주장은 성립될 수 없다. 또한 왜왕이 하내의 국조(사실은 국조가 아니라 소국왕의 군주이다)에게 량전(良田)을 달라고 구걸한 사실에 의해서도 판전태랑·상전정소의 주장은 성립되지 않는다. 왜왕에 직할농업경영지(直轄農業經營地)가 있었다면 국조(國造)에 량전(良田)을 달라고 하지 않았을 것이다. 원도레이(原島禮二)는 둔창(屯倉)은 한반도에서 기내(畿內)에 이르는 해상교통요지(海上交通要地)에 집중되어 있으며 또한 그 부근에는 종종 대군의 고분(마구·갑옷·도검·궁시 등의 무구(武具)부장(副葬))이 존재하는 점을 고려할 때 한민족(고구려·신라·가야)이 이주하여 대화왜(大和倭)와는 별개의 수많은 소왕국(小王國)을 건국하였음을 알게 되는 것이다. 이 지역에는 별고에서 살펴본 바와 같이 한반도의 제국(諸國)의 이름을 딴 지명이 무수히 많다는 것을 상기 할 때 그러한 확신은 더욱 굳어지게 되는 것이다. 그리고 『일본서기』에 신공(神功)시대부터 삼한·임나·해서제국(海西諸國)(한반도제국)·미이거국(彌移居國:백제·임나)여러 번 관가(官家:Miyake)를 설치하였다든가 한꺼번에 26개소의 둔창(屯倉)을 설치하였다고 (안한 2년5월) 기술한 것은 『일본서기』가 일본열도내의 한민족의 소왕국(小王國)과의 관계를 모호하기 위해서 조작되었을 가능성이 크다고 하겠다. 대화왜의 강역과 율령제(律令制)실시년도, 그리고 둔창과 고분군(古墳群)의 위치 및 그 부장품과 일본열도에 즐비하게 존재하는 한반도의 제국(가야·신라·고구려 등)의 국명을 본 딴 지역명(地域名)의 시각에서 보더라도 대화왜의 강역 이외의 지역에는 한민족이 세운 소왕국만이 무수히 존재하고, 대화왜의 지방행정조직으로서의 국(國)이나 현(縣)은 대화왜의 강역내의 것이라 할 지라도 실제로 율령제가 실시된 이후에만 나타나게 된다. ①『일본서기』「안한기」(安閑紀) (2년(532년) 5월 9일조), 置筑紫穗波屯倉·鎌屯倉·豐國膝碕屯倉·桑原屯倉·肝等屯倉取音讀·大拔屯倉·我鹿屯倉我鹿, 此云阿柯·火國春日部屯倉·播磨國越部屯倉·牛鹿屯倉·備後國後城屯倉·多禰屯倉·來履屯倉·葉稚屯倉·河音屯倉·婀娜國膽殖屯倉·膽年部屯倉·阿波國春日部屯倉·紀國經湍屯倉經湍, 此云俯世·河邊屯倉·丹波國蘇斯岐屯倉皆取音·近江國葦浦屯倉·尾張國間敷屯倉·入鹿屯倉·上毛野國緑野屯倉·駿河國稚贊屯倉.

고대 일본은
한국의 분국

즉 많은 도시국가 가운데 가장 대표적인 강력한 국가인 아스카베 왕국이 야말로 야마또정권에 버금가는 국가이었다. 야마또의 통일된 국가는 7세 기말 이후에나 가능한 이야기이다. 이미 많이 보아온 광개토왕비문에 나 타난 왜가 야마또 왜일 수는 없는 것이다. 근세에 와서 황국사관에 입각 한 식민총독사관에 의해서 조작되어 왔던 것이다.

2) 서가와찌(河內)와 이즈미(和泉)

5~6세기의 남셋즈에서 사까이(堺) 이즈미모즈의 해안지방은 백제인 집중거주하는 가와찌와 상가·관아자리와 인공수로가 있었고 남부 이시 가와에서 기와찌호로 연결되었던 큰 수로의 유구가 발견되었다.

이것이 '「古市大溝의 發見」은 후루이찌 대운하의 발견'이란 것이다. 수로 주변과 이즈미 모즈에 이르는 일대의 대취락과 대생산유적이 있었 다는 것이 확인되었다. 이것이 앞에서 본 둔창(관가)이고 둔창은 왜왕(大 和王室)의 직할 농업경영지(農業經營地)란 것이고, 그리고 『일본서기』 에 신공시대부터 삼한·임나·해서제국(한반도제국)·미이거국(彌移居國: 백제·임나)등에 여러 번 관가(Mlyake)를 설치하였다든가, 안한왕 2년에 한꺼번에 26개소의 둔창을 설치하였다고 기술한 것은 『일본서기』가 둔

둔창과 고분의 밀집지대

창과 일본열도내의 한민족의 소왕국과의 관계를 모호하게 하기 위하여 조
작되었을 가능성이 크다 하겠다.[122]

7. 백제유민들의 정착

7세기후반기 백제 고구려 멸망후 조선사람들의 일본으로의 진출은 전
시기와는 다른 환경속에서 진행되었다. 전시기의 진출은 고구려, 백제, 신
라 사람들이 제가끔 자기 계통소국, 자기사람들이 사는 고장으로 가는 진
출이었다면 이 시기의 진출은 야마또국가의 통제밑에 있는 일본땅으로 진
출이었다.

7세기 후반기의 일본은 분산 상태를 극복하고 야마또국가에 의하여 통
일이 되어 있었다. 그 통일 정권은 백제(가라)세력 주도하에 정권이었다.
그 정권은 고국에서의 사태 발전에 민감하게 대응하였다. 백제 고구려유
민들의 그 시기의 진출은 전시기와 다른 환경속에서 진행되었으나 일본땅
에서의 조선사람들의 권위는 아직도 멈추지 않았다고 볼 수 있다.

일본이 그 시기에 통일 정권밑에 있었고 그 시기의 기록이 역사에 남아
있는 것도 조선사람들이 오랜 진출의 역사에서 하나의 특징이라 할 수 있
다. 백제왕조가 망한 후 백제유민들은 국권을 회복하기 위하여 당나라세
력과 과감히 싸웠다. 그러다가 사태가 절망적으로 벌어지자 백제의 왕족
들과 귀족들은 자기 관하의 숱한 백성들을 거느리고 일본에 진출하였다.

온 국력을 다하여 백제을 구원하려던 친백제적 야마또정부는 반대파세
력의 반대를 무릅쓰고 백제왕족들과 귀족 및 장군들을 받아들여 국가의
요직에 들어앉혔다. 그것은 고국에서 오는 귀족들을 환대하자는 것과 함

---

122 최재석, 『일본고대사연구비판』, 일지사, 1991, p. 236.

께 뒤흔들리는 자기네 정국을 수습하고 더욱 강화하려는데 있었다.

그리하여 백제귀족들과 장군들은 일본에 가자마자 고위요직을 차지하지하였는데 『일본서기』에서 그 형편을 보면 다음과 같다. 즉 좌평 여자신(余自信), 사택소명(沙宅紹明)은 법관대보(法官大輔)(서법성의 차관)로, 귀실집사(鬼室集斯)는 학직두(문부성의 장관)로 임명하였고, 달솔 곡나진수(谷那晉首), 목소귀자(木素貴子), 억례복류(憶禮福留), 답발춘초(答㶱春初) 등은 군사에 숙달한 자들을 모셔 그들에게 신라, 당 세력을 막기 위한 방어체제를 세우고 산성을 수축하는 일을 맡겼다. 본일비자찬차라금수(㶱日比子贊波羅金須) 귀실집사, 달솔 덕정상(德頂上) 김수(金須), 길대상(吉大尙) 등은 의술 제약 등 기술부문에서 한자리 하였다.[123]

백제의 왕족들은 야마또왕권의 가장 존대하는 귀빈으로 받들리어 황실의 반열에 흡수되거나 비빈, 후궁으로 되었으며 자손들은 지방장관으로 임명되었다. 『속일본기』를 비롯한 여러 역사책들에는 백제 왕실의 망명 자손들의 생애에 대하여 적지않게 기록하였는데 한마디로 그들은 일본에서 높은 직위와 상당한 대우를 받았다고 할 수 있을 것이다. 이러한 유민들의 직위와 정착하는 사례들은 일본의 역사서인 六國史(古事記, 日本書紀, 續日本記, 日本後記, 續日本後記, 日本三代實錄)등에 잘 보여 주고 있다. 육국사에서 본 백제왕실의 후손들 (계보는 생략)

7세기 후반기 일본에 건너간 백제유민들은 육국사에 이밖에도 더 많았을 것이지만 기록에 전하지 않으므로 자세한 내용은 알 수 없다. 다만 그들이 동국지방과 같은 당시의 미개척지대에 이주 정착하여 그곳 원야를

---

123 『일본서기』(천지천황 10년춘정월) 「佐平余自信·沙宅紹明法官大輔, 以小錦下授鬼室集斯學職頭, 以大山下授達率谷那晉首閑兵法·木素貴子閑兵法·憶禮福留閑兵法·答㶱春初閑兵法·㶱日比子贊波羅金須解藥·鬼室集信解藥, 以上小山上授達率德頂上解藥·吉大尙解藥·許率母明五經·角福牟閑於陰陽, 以小山下授餘達率等五十餘人. 童謠云, 」

개척해 나갔다는 것만 알 뿐이다.

V 이즈모(出雲:출운) 왕국과 신라 천황족

1. 이즈모(出雲)왕국과 천황족

1) 북진한인에서 경주에로의 정착

진한은 중국의 하북과 요동에 살던 진번·한국계통의 종족으로 그곳에서 연(燕)나라의 북동진에 밀려 요동반도로 옮겼다가 진(秦)이 요동까지 동진(東進)하는 시기에 다시 위만에 나라를 빼앗긴 조선의 준왕(準王)은 '좌우궁인(左右宮人)'을 이끌고 해로로 남하하여 한(韓)을 세웠다.

이때 준왕이 도읍한 한지(韓地)는 3가지설로[1] 서로 엇갈려 있으나 『위지』 한전에 역계경(歷谿卿)은 이천여호의 백성과 함께 '동지진국(東之辰國)'으로 망명했다고 한다.[2] 이 진국을 종래 영남, 충남직산 또는 영산강일대라 했지만 실은 박혁거세가 진한에서 최초로 도읍한 나라가 진국이다.

박혁거세는 신라본기 원년(BC 57년) 그가 처음 도읍했던 곳은 진한 6촌이다.[3]

1 　김성호, 『비류백제와 일본의 국가기원』, 1990, p. 107.

2 　『위지』「한전」「魏略曰 初右渠未破時 朝鮮相歷谿卿 以諫右渠不用 東之辰國 時 民隨出居者 二千餘戶 亦與朝鮮貢蕃不相往來」

3 　김성호, 『일본은 구다라(백제)망명정권』, 기파랑, 2012, p. 82.

그러나 진한은 신라의 전신으로 초기 백제의 공격을 계속 받아 한강하류를 떠났고 백제의 추격으로 죽령과 조령 남부로 넘어가는 당시의 사로국은 소국이었다.

경주에 이르러 사로국을 통합하여 석씨왕조는 '사로신라'와 '진한신라'를 통합은 8대 아달라왕(阿達羅王:재위154~184)과 9대 벌휴왕(伐休王:184~196))사이에 이루어진 북진한의 사로신라를 정복하였던 석씨인 벌휴왕(伐休王)은 진한과 사로가 통합된 신라의 첫 왕이다.

이 전의 신라는 다벌국(多伐國:영일만)과 굴화촌(屈火村:울산)지역을 점거했을 정도의 소국이었다. 진국의 전신인 신라는 『삼국사기』 신라본기에 시조 박혁거세의 왕호(王號)가 거서간(居西干)이고 난생설화를 가지고 있는 등 이들이 북방족이었다고 말하고, 서문에서 김부식은 사로(斯盧)가 고조선족임을 명백히 밝히고 있다.

고고학적으로 경주지역은 진한시대의 유적에서 나오는 고대 청동기시대 유적·유물들은 북방형 고인돌·돌널무덤·돌무지무덤들과 비파형동검·세형동검 등 요녕 청동기문화와 금관 금제장식 등 북방형 문화이었음을 받쳐주고 있다.[4]

백제의 신라 추격전

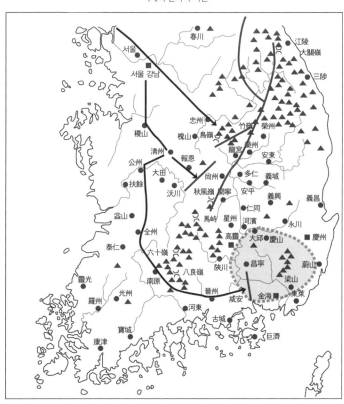

4 승천석, 『고대 동북아시아와 예맥한의 이동』, 책사랑, p. 136~139.

2) 선(先)신라인 일본진출과 천신

북진번설에 의해 중국 섬서성 한왕(韓王:고조선왕 준)이 한반도 신라의 남하와 정착과정을 보았다. 『한서』에 등장하는 진(辰:BC108)은 『삼국지』나 『후한서』의 기록으로 나타내고 있지만 이보다 이른 시기에 남하 한 것 같다.

그리고 신라가 일본열도의 진출한 사례를 문헌에 따르면 『부젠국 풍토기』에 말하는 설화에 의하면 다가와(田川)의 고을 가하루의 마을에 강이 있고, 옛날 신라국의 신이 스스로 건너와서 그 강에서 살았다. 이것을 가하루의 신(鹿春神)이라고 한다, 또 마을의 북쪽에 산봉우리가 있고 꼭대기에 높이 있다. 황양나무가 무성하고 용골(동약재)이 난다.

두 번째 산봉우리에서는 구리와 황양, 용골 등이 난다. 세 번째 봉우리에는 용골이 있다. 신라신의 사당인 가하루신사는 가라구니(辛國) 오끼나 가라히메, 오시호네, 도요히메의 세 신을 함께 모신 신이다.[5]

첫째 신은 일명 히메고소신(比賣許曾神)이라하고 하는 신라계통신이며, 둘째는 오시호네(天忍穗根尊:경경저존의 아버지)으로서 한국에서 건너간 신이다. 세번째 신은 역시 아마쯔가미도요다마히메(海神豐玉姬神:신무천황의 할머니)로서 바다를 건너간 한국신이다.[6][7]

---

5   조희승,『일본에서 조선소국의 형성과 발전』, 백과사전, 1990, p. 185.

6   『속일본후기』권6 승화4년(837) 가하루신은 『화명초』군향부 부젠국 다가와군 가하루 향(鄕)조에 기록되어 있다

7   세 신을 보면 모두가 한국에서 건너간 신으로 히메고소신(比賣許曾神)는 연희식 명부에 비매허증신사로 기록하고 아가류비메를 모시는 적유비매신사는 주길군에 기록되어 있다. 오시호네(天忍穗根尊)는 일본신화에 경경저존의 아버지이고 천조대신과 소전명존이 서약할 때 태어나 신이다. 아마쯔가미도요다마히메(海神豐玉姬神) 초대 신무천황의 할머니이고, 천황의 모 다마요리히메(玉依姬)의 언니이다. 일본 천황족의 중심신이다

만다친왕(萬多親王)의 『신찬성씨록』은 "신무왕을 신라국왕 조령(祖令)의 후예라고 하였으나 일본기에는 보이지 않는다"라고 하였다.[8]

2. 일본 『고사기』와 『일본서기』속의 신라 관련신화

1) 신대이래의 주요 씨족의 고향

「기기」의 신대부터 나오면서 아스까시대까지 등장하는 주요씨족은 "오오우지(多氏:천황족), 모노노베(物部), 나가도미(中臣), 오오도모(大伴), 고세(巨勢), 헤구리(平群), 하네다(羽田), 가쯔라기(葛城), 모도이신지(基肆氏)" 등이다. 이들은 구체적인 유래는 없다. 구체적인 전승돼 오는 씨족은 천황족인 다씨(多氏)와 물부씨(物部氏), 갈성씨(葛城氏) 정도다.

그리고 신관(神官)조상의 유래가 있는 중신씨(中臣氏)와 천황족의 부용족(附庸族)으로 보이는 대반씨(大伴氏)는 뒤에 후지와라우지(藤原氏)와 오오도모시(大友氏)로 개명하여 고세우지(巨勢氏)나 고세우지(許勢氏)로도 쓴다.

소가(蘇我)를 소가(曾我)로 부르기도 하며 북큐슈시대까지 끌어올리는 학자들이 있으나 그것은 명백히 왜곡이다.[9] 그는 응신이후의 사람이다.

8　『신찬성씨록』(右京皇別下)「新良貴 彦波瀲武鸕鷀草葺不合尊男 稻飯命之後也. 是出於新良國王者祖令 日本紀 不見」

8-1)　윤영식, 『백제에 의한 왜국통치 삼백년사』, 2011, 청암, p. 361. 『성씨록』에서 보면 신무의 형 도반명과 함께 신라국왕의 후손으로 한반도 출신임을 알 수 있다. 여기서 신라라 함은 지금의 경주가 아닌 신토(新土)를 말한다. 천일지모의 설화에서 일본 구주 서남부지역인 아구누마(阿具奴摩)에도 신라가 있었다고 하였으며 위의 성씨에서 신무의 형 도반명을 신라국주의 후라고 하였고 천일창을 신라국주의 아들이라 한 것과도 일치한다. 문정창 『한국사의 연장 일본고대사』 인간사 1989, p34 참조)

9　승천석, 『고대동북아시아와 예맥한의 이동』, 책사랑, 2011, p. 521.

신대의 이야기에서 야마또족을 창조한 이자나기의 후손이다. 이자나기는 가야사에 나오는 미오야마국(彌烏邪馬國)왕이고, 미오야마는 대가야 고령이라는 것은 앞에서 여러 번 언급되었다. 다씨(多氏)는 태씨(太氏), 대씨(大氏)에서 대왜씨(大倭氏)로 바뀐다. 다(多)는 황가(皇家)의 1대라는 신무(神武)의 본성이다. 천황족은 가야에서 북구주로 온 후 축자성(筑紫城)에 살았다고 신당서(新唐書)[10]에서 말하였는데 지금은 그 축자성이 서북구주 상류라고 밝혀졌다. 천황족은 그곳에서 살았는데 그곳이 다씨의 본관이다.

2) 이즈모(出雲)왕국과 천황족

이즈모국은 일본열도내 지역왕국 중 고마왕국보다 오래된 나라이고 선신라인(야요이인)은 신라가 생기기 이전의 신라지역에서 건너간 사람들을 말한다. 선신라인들이 그곳으로 건너가기 시작한 것은 BCE 3~2세기쯤부터라고 생각된다.

이즈모왕국은 『고사기』·『일본서기』에서 신대에 이미 왕국으로 나오고 3대왕의 왕명〔대국주명(大國主命), 사대주신(事大主神)···출운진근(出雲振根)〕으로도 나오고, 영역이 시마네현 동부에서 돗도리현 서부와 강산(岡山)의 비전(備前)지방에 이르고, 나리분지 북부에 까지 미쳤던 나라였다.

이 왕국이 나라분지로 들어가려는 초기의 천황족에게 이즈모왕의 조상신을 제사지내는 조건으로 시끼(磯城)에 들어가 살도록 허락하였다. 그

---

10 『신당서』(왜. 일본전), 「凡三十二世, 皆以「尊」爲號, 居築紫城. 彦瀲子神武立, 更以「天皇」爲號」
『일본서기』에 천황이 모두 40세로 나타내고 있으나 결사천황 8세를 빼면 『신당서』와 『고사기』모 두 32세와 일치 한다.

과정은 이들이 천황족에 나라를 바쳤다는 「기·기」의 소위 '양국(讓國)' 이야기이다.

이즈모왕국은 천황족들에게 나라분지에 살 땅을 빌려줄 수 있는 넓은 땅을 가진 대국이었다. 『고사기』와 『일본서기』의 이즈모왕 양국이야기는 이런 사실을 반대로 바꾼 천황사관이다.

나라분지 북부는 "위원중국(葦原中國 : 奈良)은 본래 넓고 거칠었다. 그러나 나는 정복시켜 순종하지 않는 것이 없어졌다"하고 "지금 이 나라를 다스리는 것은 오직 나뿐이다, 나하고 같이 천하를 다스릴 자가 있을까"라고 하였다.[11]

왜국(磯城:기성)이란 나라가 이즈모(出雲)국왕 대국주신(大國主神)의 땅이었음을 말한다. 스진기(崇神紀) 6년에 보면 '왜대국혼신(倭大國魂神)'을 '천조대신'과 함께 천황의 대전에 모셔왔다고 하였다.

천황이 왜대국혼, 즉 이즈모국왕 신을 황조신 천조대신과 함께 천황대전에 그때까지 제사를 모시지 않을 수 없었던 것은 그 땅 주인이 이즈모국왕이었기 때문이다.

이른바 '3신장(神將)'의 가라시마(韓島) 담판이라는 것은 천황족이 나라분지에 들어가 살게 해달라고 청원하는 것을 담판이라고 바꾼 것이다.

『일본서기』에는 입주허가청원을 담판이라 하고 입주허가를 양국(讓國)이라고 바꾸었다. 신정체제(神政體制)인 미와왕국이 이즈모의 국왕신 왜대국혼신을 황조신(皇祖神)과 함께 천황대전에 모셨다는 사실은 천황국(天皇國)이 이즈모왕국에 매여 있었음을 말한다.

황조신과 천황을 절대적 숭앙의 대상으로 하는 신정(神政)체제의 천황

11　『일본서기』「신대기」상 제8단 일서 (6)

족이지만 '왜대국혼(倭大國魂)'이 그 땅의 주인이기 때문에 거역할 수 없었던 것이다.

또 천황들의 대화속에 이런 대화도 숭신기에 숭신이 "지금 말하시는 신은 어떤 신이십니까" 하고 물었다. 그 신이 답하기를 "나는 왜국의 경내에 있는 신으로 오오노누시신(大物主神)이라고 한다"라고 답하였다.[12] 대물주신(大物主神)은 대국주명(大國主命)의 별명이고 출운국왕(出雲國王)이었다. 대물주신은 뒤에 미와산(三輪山)에 모셔지는데, 미와산은 미와왕국이 모시는 간나비산(神奈備山)[13]이다.

이와 유사한 신들의 이야기는 시기(磯城)에 사는 신라인과 가야인 이들은 모두 야요이인들로 새로이 들어온 천황족 사이에 갈등이 빈번하였음을 말해주는 것이다.

이상에서 보았듯이 『일본서기』 신대기에 나오는 신화체계는 세 갈래로 출운신화는 한반도에서 맨 처음 건너오는 선신라인들의 이야기이고, '천손'이야기는 '고천원'에 살던 천황족이 가야(高天原, 高靈加耶)를 떠나 북구주로 건너가는 이야기이다. '축자신화(築紫神話)'는 천손 「니니기노미꼬도(瓊瓊杵尊)」가 북구주에서 '신무(神武)'까지의 4대의 이야기이다.

그리고 스사노오미고또(須佐之男命)는 천황족으로 일명 소전명존(素戔嗚尊)이다. 반항적이고 부정적인 기록에도 불구하고 일본상고사와 『이즈모풍토기』에 남은 '스사노오미고또'의 이미지는 이즈모지방에서 아주 긍정적이고 생산적이며 용기있고 정의를 사랑하는 신이다. 이 신이 중요한 것은 용기있는 신이라는 이미지와 '대표적인 가라가미' 신이다. 즉 한신(韓神)으로 이즈모 지방의 고분에서도 초기고분형식들로서 선신라인들

---

12 『일본서기』 「숭신기」 (7년2월조)

13 제II-4장의 신롱 석 참조

이 일본열도의 어느 지방보다도 매우 일찍 천황족의 이주해 왔음을 말해 주고 있는 것이다.

3) 세오녀(細烏女)와 천조대신(天照大神)

앞에서 『부젠국풍토기』에서 야요이시대의 선신라인들이 일본열도로 건너가 가하루신사에 모시는 세 신중 신라신인 히메코소신(比賣許曾)과 『삼국유사』에 나오는 세오녀에 대응되는 설화가 있다. 또 히메코소(比賣許曾)는 신라왕자 아메노히보꼬(天日矛)의 처로 신이 되어 나니와(難波川) 등 여러 지방에서 그녀를 제신으로 모신 신사가 있다.

옛날 나니와(難波川)라 불리우던 오사까시 히가시나리(東成)구와 히가시스미요시(東住吉)구에 있고, 북큐슈 후꾸오까 오이다현 등 지방과 간또지방에 히메코소신사, 또는 아까루히메(赤留比賣) 신사 등이 여러 곳에 있다. 이처럼 아메노히보꼬와 히메코소를 『일본서기』와 『고사기』가 직접 신라 또는 가야에서 건너온 신이라고 한다. 한반도로부터 이주민의 도래와 밀접한 관련성을 보여주고 있다.

『삼국유사』1권 기이편에 제8대 아달라왕 6년에 '연오랑과 세오녀'의 설화가 전한다. 해초를 따려고 바닷가로 나간 연오랑이 돌아오지 않자, 세오녀는 바닷가로 찾아나갔다가 남편의 신발이 놓여있는 바위를 보고 그 바위에 위로 뛰어올라갔다.

그랬더니 그 바위는 세오녀를 태운 채로 대해를 건너 연오랑(延烏郞)이 건너간 일본의 해안 바닷가에 순식간에 닿았다. 그곳은 이즈모란 나라였다. 바위에 실려 온 세오녀를 보고 놀란 이즈모국사람들은 이미 그곳에 와서 왕이 되어있는 연오랑에게 이 사실을 아뢰었다. 다시 만난 연오랑과 세오녀는 그 나라의 왕과 왕비가 되어 잘 살았다는 이야기이다. 뒤에 이들

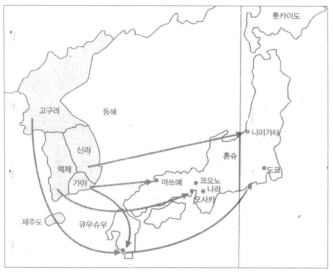

은 국과 그 외 여러 나라에 신으로 모셔졌다고 한다.

한편 신라에서는 세오녀가 떠난 후 해와 달이 빛을 잃어 캄캄하여 졌다. 신라 사람들은 깜짝 놀라서 이즈모로 건너가 연오랑과 세오녀를 모셔오려고 하였으나 모셔오지 못하고 대신 세오녀가 짠 명주비단 '일광단(日光緞)'을 가져다 제사를 지내자 해와 달이 다시 빛을 찾았다는 이야기다.

아마데라스오오가미(天照大御神)에게는 세오리즈히메(瀨織姫)라는 별명이 있다. 그가 아메노이와야(天岩屋)에 숨자 일본이 해가 없어져 캄캄해 졌다는 신대 제7단의 신화를 가진 신이다. 이 설화의 진원지는 경상북도 영일군 도기(都祁)이다

아마데라스대신(天照大神) 이야기다. 이 이야기와 세오녀의 신화는 서로 상당히 닮아 있고, 맥이 통한다. 실제로 일본사학일부에서는 '아마데라스오오가미'가 신라에서 온 신이라는 주장이 있다. 이 이야기들은 결국

그 기원은 하나로 보이며 그 뿌리는 신라에서 찾아야 할 것이라고 본다.[14]

3. 고고학적으로 자료를 통한 신라왕국

1) 지명과 신화·전설을 통해 본 신라왕국

기비지방에서 빗쮜남부 다음가는 정치적 중심지는 요시이강하류 동쪽에 자리잡고 있는 오꾸(邑久)일대이다. 오꾸지역은 해마다 막대한 토량을 끌어내는 요시이강의 하류에 위치한 곳으로서 산악은 많지 않으며 낮은 구릉과 충적평야로 이루어지고 있는 고대로부터의 곡창지대이다.

이곳은 야요이문화시기부터 가도다(門田)유적과 같이 한국적 유적들이 많으며 한국이주민집단이 정착해 있던 고장이다. 그 일대를 신라소국 즉 『일본서기』에 야마또가 여러 번 들이쳤고, 가야국의 동쪽에 위치해 있는 시라기-신라가 있었으나, 지금은 그 흔적을 찾아보기 어렵지만 그래도 오늘날까지 신라 지명이 몇 군데 남아있어 그 옛 자취를 찾아 볼 수 있다.

9세기말에 편찬된 야마또 국가의 정사인 『속일본기』는 "비젠국이 말하기를 오꾸고을의 시라기(新羅)가 자리 잡은 오꾸의 포구에 큰 물고기 52마리가 떠내려 왔는데 길이는 2장 3척이하 1장 2척 이상이더라...."라고 오꾸의 고을이 신라의 터전이었음을 명백히 밝히고 있다.

또한 『비양국지(備陽國志)』라는 책에도 오꾸군 우시마도의 물가에 시라

---

14 고준환,『사국시대 신비의 왕국』, 우리, 1993, 65쪽. 실질적으로 일본에 불교가 전파된 것은 우리나라(한국)에 전파된 것이 고구려에 공식적으로 전래된 4세기이라고 하나 이는 역사왜곡이다, 이보다 훨씬 앞선 AD 200년으로 추정된다. 이는 불교의 가야전 1세기 설에 따라 야유타국 공주 허황후, 장유화상이 AD48년에 가야불교를 전래하였고, 김수로왕과 허황후의 딸인 묘견공주가 일본으로 건너간 아마데라스오오가미(천조대신)과 남동생과 함께 AD 200년 구주로 건너가 정권을 잡고, 신도와 함께 불교를 폈다고 한다. 이는 2019년 한가람 역사문화연구소와 가야지역 불교연합회의 세미나에서도 밝힌 바가 있다.

꾸−신라라는 지명이 있는데 이는 곧 신라의 물가이라고 하였다. 이에 대해서는 "기비군 서집성 (吉備郡書集成)에 ' 「시라꾸(우시마도촌)' 이것은 신라의 문자이다. 옛날 신라사람들이 많이 오는 대대로부터 옛 책에 나타나게 된 것이다. 신라를 시라기로 읽게 되었으니 시라꾸로 전화된 것이다." 라고 하였다.[15]

오늘의 항구도시 우시마도 일대의 앞바다가 '시라기의 오꾸노우라'였으며[16] 우시마도항의 북쪽 해안지대의 지명들이 시라꾸로 불리워 왔다.[17] 시라꾸라고 써서 시라기로 뜻과 음을 읽는다는 것은 다른 지명들에서도 실례를 찾을 수 있다.

『구사본기』에 의하면 그 지역에 오호꾸국(大伯國)을 둔다고 하였으며 대화 2년(646년에 와서야 비로소 오꾸군을 둔다고 하였다. 그런데 중세기 일본에서는 맏백(伯)자를 '하꾸', '호꾸'라고 읽었으나 그것은 원래 희다는 뜻인 '시라', '시로' 로서 고대에는 '시라'라고 읽었다.

실례로 화산(花山, 968~1008년)천황[18]의 손자인 청인(靑仁)천황의 아들 연신(延信)이 세웠다는 문벌 시라가와(白川)는 다르게 맏백(伯)자로 표시하였다는 것을 가지고도 잘 알 수 있다. 말하자면 호꾸국은 하꾸의 나라, 힌 나라, 시라(신라)의 나라로 해석되는 것이다. 그리고 또『국조본

---

15 조희승, 상계서, p. 291.

16 『일본지명대사전』2권 평번사 1938, p 1285 이곳 일대를 여러 옛 기록들은 각가지로 표기하였는데 고지락(古志樂), 지락(志樂), 사락(師樂), 신라포(新羅浦), 읍구포(邑久浦) 등이 그것이다.

17 옛날의 다쯔마란 마을의 앞바다인 시리미(尻海)는 신라바다를 의미하였다. 일본고고학의 큰 발견이라고 하는 시라꾸식 질그릇(한국식 제염질그릇)은 바로 그 일대에서의 첫 출토품(1929년)이였으며 그곳 지명인 사라꾸−신라의 이름을 땄다는 것은 너무나도 유명하다.

18 화산천황(花山天皇: 968~1008년)) 일본의제 65대천황, 냉천천황의 제일황자, 모는 섭정태정대신 등원이윤의 딸 후궁 가이코, 산조천황의 異母兄, 花山源氏(神祇伯을 세습된 伯王家 그 뒤 끊김)의 조

기』에는 오오호꾸(오꾸)는 기비씨(가야씨)와 계통을 달리하는 존재로 기록되어 있다.

8세기 이후의 오꾸군은 『화명초』에 의하면 10개 향으로 이루어져 있었다. 즉 오호꾸향, 유께히(靭負)향, 하지향, 수에(陶)향, 나가누마(長沼)향, 오누마(人形)향, 오와리(尾張)향, 쯔나시향, 이소노가미(石上)향, 핫또리(服部)향들이 그것이다.

이 10개 향이 차지하는 지역이 초기 신라소국이 차지한 영역이었다고 생각된다. 알다시피 수에향, 핫또리향 등은 그곳들이 한국이주민집단이 살던 마을 이라는 것을 쉽게 알 수 있다.

그밖에도 현재는 오까야마시에 편입되었지만 오꾸정과 우시마도(生窓)정에 인접한 옛 오꾸향일대에는 아찌노오미에 유래하는 아찌(阿智, 웃아찌, 아래아찌)라는 지명이 있으며, 또 우시마도정 시라꾸(신라)앞바다에 면한 곳에는 핫또리와 더불어 한국말의 천짜기에 유래하는 지명이 있다는 것은 곧 바다를 거쳐 천짜기기술을 가진 한국이주민집단이 그곳에 정착하여 마을을 이루었음을 보여 준다.

그 뿐 아니라 오꾸군 오꾸향의 서부에는 이마끼(今城))촌[19]이 있는데 이마끼는 한국으로부터 새로 온 이마끼(新來)이주집단이 정착, 거주한데에 유래한 지명이었다.[20]

오꾸 10향의 하나인 오와리향 역시 한국계통이주민집단인 오와리(尾張) 무라지에 유래하며 그 일족들이 거기서 살았다고 한다.[21]

19　『일본지명대사전』1권, 평범사, 1938, p. 680.

20　이마끼의 끼(성)가 한국식 산성으로부터 오는 것으로도 볼 수 있지만 아직 고고학적으로 증명되지 못하였다.

21　『일본지명대사전』2권, 평범사, 1938, p. 1285.

오꾸의 고을에는 한국계통(新羅)이주민씨족인 하다(秦)씨에 유래하는 지명들도 많다. 오꾸군 우시마도정 나가하마(長浜)에도 하다에 연원을 둔 하다(畑)라는 마을이 있는가 하면 같은 나가하마촌 오꾸우라(奧浦)에도 하다(半田)라는 마을이 있다. 그 지명들은 하다의 미야쯔꼬 하다베의 본관지에서 오는 것으로 추측된다. 또한 오꾸군 오꾸촌 야마다(山田)에도 하다라는 마을이 있다고 한다.

그것들은 하다(秦)에 유래한 한자표기의 사례이다. 더 말한다면 앞에서 본 신라 바다의 전화된 말인 시리미(尻海)라는 곳에 하다씨의 조상신인 마쯔오(松尾)신사가 있다. 이처럼 오늘날까지도 오꾸군에 남아있는 한국계통지명들은 그곳에 한국사람이 세운 나라가 있었다는 것을 지명과 관련하여 말해야 할 것은 한국식 부곡명에 유래한 향명(鄕名)들이다.

오꾸군의 10개 향명은 소국형성과 발전의 자취이다. 향명(鄕名)들 가운데 핫또리(천짜기 집단), 수에(질그릇 생산집단), 하지(토목공사집단), 유께히(무기, 무장 생산집단) 등에서 알 수 있는 바와 같이 이러한 여러 부곡들은 소국가 발전의 중요한 징표의 하나였다. 그러한 부곡제도가 집중적으로 존재한 지역이 바로 오꾸지방이었던 것이다.

이소노가미는 『화명초』에 밝혀진 오꾸군 10개 향명의 하나이다. 이소노가미라는 지명은 북한학자 조희승의 생각에는 세 곳에 있다. 하나는 유명한 백제의 칠지도(七支刀)[22]가 보존되고 있는 나라현 이소노가미신궁이며, 또 하나는 기비 오까야마현 오꾸군의 이소노가미이고,[23] 다른 하나는

22　윤영식,『백제에 의한 왜국통치 삼백년사』, 청암, 2011, p. 228. 이소노가미(석상신궁)에 있는 칠지도(七支刀)는 태화4년 명문 칠지도는 천치언(天稚彦)이 먼저 가지고 도왜한 칠지도가 형(兄) 칠지도(七支刀)라 하며 이보다 3년 뒤에 천웅장언(千熊長彦彦 : 천치언(天稚彦))이 휴대였던 칠지도가 제(第) 칠지도(七支刀)라 한다.

23　『일본지명대사전』 2권, 평범사 1938, p. 569. 이소노가미의 향명은 오늘날 이소노가미(礒上)로 그

오까야마현 아까이와군 후쯔미촌의 이소노가미이다. 아까이와군에 있는 이소노가미는 일명 이소노가미 후쯔노 미따마(布都御魂)신사라고 부르는 데서 알 수 있는 것처럼 나라현 이소노가미신궁과 같은 신사신궁(神社神宮)이였다.

그런데 기비의 이소노가미에 대하여 『일본서기』(권1 신대상의 제8단)에 스사노오 미꼬또가 오로찌(신화에서 나오는 큰 뱀, 어른치)와 싸우던 한국 칼(韓鋤劍:한서검)[24]을 기비의 가무또모 즉 기비의 신사에 보관하였다고 한다.

「연희식」이라는 책에는 기비에 이소노가미 후쯔노다마(布都御魂)신사가 있다고 하였다. 바로 거기가 스사노오 미꼬또가 썼던 한국칼을 보관한 곳이라는 것이다.

스사노오 미꼬또는 한국의 신라땅에 자주 내왕하였다는 신화적 인물이다. 신라에 자주 드나들었다고 하여 그를 두고 일명 신라 대명신(大明神)이라고 한다. 그의 이야기는 이즈모에 건너간 이주민집단이 신라본국과 내왕한 사실을 반영한 것이다. 꼭 그러한 인물이 실재하지 않았다고 하더라도 신라와 깊은 인연이 있는 인물이 쓰던 한국 칼이 기비의 신궁에 보관되었다고 하는 기록은 의미심장하다.

더 말한다면 오꾸일대와 아까사까(赤坂)일대가 신라이주민집단이 정착하여 살던 곳이었기 때문에 한국의 신라와 이즈모를 비롯한 일본 땅에 자

유제가 남아있다. 여기에는 하다씨의 조상인 유즈끼노기(궁월인)를 제사지내는 유즈끼(渴次)신사가 있는데 그 신사가 유즈끼노기미에 유래한다는 것은 불 보듯 명백하다. 또한 이소노가미에는 유스기(油衫)라는 부락이 있는데 (『아까이와군지』 p 302) 그것 역시 유즈끼의 왕에서 나왔다고 보인다. 그리고 유즈끼신사가 있는 야마다(산전)은 앞에서 본바와 같이 하다씨의 본관지였다.

24 『일본서기』「신대기」(제8단 보검출현) 제일서(3)「. 故裂尾而看, 卽別有一劍焉, 名爲草薙劍, 此劍昔在素戔嗚尊許, 今在於尾張國也.」

주 드나드는 스사노오노 미꼬또가 쓰던 칼을 기비의 이소노가미신궁에 두었다는 전설이 생겼다는 것은 그곳이 신라와 인연이 깊었던 것만 사실이다.[25]

문제는 야마또(나라현) 이소노가미와 기비 오꾸 이소노가미, 아까사까(赤磐) 이소노가미와의 상호관계이다. 우선 오꾸와 아까사까의 이소노가미는 같은 계열의 이소노가미였다고 추측된다. 오꾸의 신라가 요시이강을 건너 가야(임나)의 소국인 가라(죠도일대)를 정착하면서 신라의 이소노가미신궁의 분사 비슷한 것이 옮겨진 것으로 이해된다. 아까사까 이소노가미일대가 가야-가라국이었다는 것은 앞에서 죠도(가라)를 이야기하면서 본 바이다. 또 거기에는 가루베(輕部)라는 지명도 남아있다. 가루베의 가루는 가라(加羅), 한(韓)의 전화된 말이다.

죠도, 아까사까일대에 하다씨와 관계된 하다(半田), 진(秦)라는 지명과 하다씨의 조상신인 마쯔오의 신사가 많다는 것은 죠도-가라 소국위에 신라세력이 겹쳐진데서 유래한 현상일 것이다.[26]

나라현의 이소노가미는 본래 이즈모지방을 거쳐 거기에 정착하였던 신라세력에 의하여 운영되던 오랜 신궁이던 것이 6세기경 백제-가라계통에 의하여 백제 칠지도(七支刀)를 비롯한 여러 무기들이 보관된 것 같다. 어떻든 간에 이소노가미신궁이라는 지명이 신라와 인연이 깊은 것만은 의심할 여지가 없다. 이는 앞으로 더 연구해 보아야 할 것이다.

우시마도로부터 요시이강에 이르는 옛 오꾸일대가 신라소국의 중심지였다는 것은 지명의 고증과 그 일대에 사는 주민들의 구성을 보아도 잘 알 수 있다. 바꾸어 말하면 신라이주민집단의 사람들이 많이 살았기 때문

---

25 조희승,『초기조일관계사(상)』, 사회과학사, 1996, p. 283.

26 조희승, 상게서, p. 284.

에 한국-신라적 지명이 생겨나게 되었다고 말 할 수 있다고 할 것이다.

물론 역사자료에 나타난 그와 같은 몇몇 신라계통이주민들 및 그 후손의 이름은 빙산의 일각에 불과하다. 그러나 이를 통해서도 비젠, 특히 오꾸(邑久:지금의 뢰호내시)일대에는 신라계통으로 볼 수 있는 하다씨(지명 및 인명)가 지배적으로 많다는 것이며 옛 가야국이 차지하고 있던 시모쯔미찌(下ツ道), 가야, 미야(미누), 가미쯔미찌(上ツ道)의 고을들에는 야마또노 아야씨, 가와찌노아야씨, 오시아마노 아야씨 등 여러 아야씨가 압도적으로 많다는 사실이다.

가미쯔미찌(上ツ道)와 미야란 지명은 원래 그 일대가 『국조본기』에 밝혀져 있듯이 조상이 같은 가야씨의 거주지역이란 뜻에서 나온 말이다. 이 고을들은 원래 가야국의 영역이었다.

아사히강과 아시모리강사이, 현재의 오까야마시 서쪽 약 5㎞지점(기비정과 경계가 맞닿는 곳)에 시라이시(白石)[27]라는 마을이 있다. 시라이시는 시라기가 전화된 말이다. 그 기비정과 시라이시마을의 가운데를 경계선으로 비젠(備前)과 빗쮸(備中)의 국(國)경계가 그어져 있는 사실이다.

시라이시마을 건너편이 가야군의 나와세(향), 오늘의 기비정이니 7세기말~ 8세기이후 비젠. 빗쮸의 경계를 잡을 때 가야국경내에 뚫고 들어간 신라국의 계선(界線)을 그대로 경계선으로 한 것이라고 짐작되는 것이다. 말하자면 비젠 남부는 신라가 차지하고 빗쮸는 가야가 차지한 것으로 볼 수 있다.[28]

우시마도일대에 진출한 시라기는 세력을 서쪽으로 뻗쳐 아사히강하류

---

27 『일본서기』「수인기」(시세조에 관련설화가 전하고 있다.)「其所祭神, 是白石也. 乃以白石, 授牛直. 因以將來置于寢中. 其神石化美麗童女. 於是, 阿羅斯等大歡之欲合. 」

28 조희승, 『초기조일관계사(상)』,사회과학, 1988, p. 285.

유역을 강하게 통제하여 결국 죠도일대(가라소국)에 자리잡아 있었다. 그리하여 서쪽은 가야국과 경계를 접하게 되었는 것으로 보인다. 오꾸군과 죠도군에 분포된 한국계통지명과 주민의 분포가 우시마도의 시라기 지명의 시작이라면 죠도, 미야군의 신라지명은 그 종점이라고 말할 수 있다.

6세기에 와서 서쪽으로의 진출을 강화한 신라는 경계선이었던 요시이강을 건너 가야국의 판도이며 그의 중요한 구성 소국인 가라-죠도 땅을 침범, 병탄한 것이다.[29]

2) 유물·유적을 통하여 본 신라왕국

『일본서기』에 나오는 신라는 가야-임나국과는 달리 기내 야마또정권과 항상 적대 관계있었던 신라였다. 이 신라는 한반도의 정세에 따라 4세기까지는 약하였는데 5세기 중엽이후 6세기에 이르러 점차 강해졌다. 즉 고구려대군의 남하로 백제의 기세가 꺾이면서 신라-백제의 세력판도가 바뀌게 된다. 그리하여 여러 정치세력이 할거해 있던 기비일대에서 이 시기에 와서는 신라세력이 상당한 정도로 우세를 차지하게 되었다. 이러한 사정은 이 지역 일대에 분포되어 있는 고분무덤떼와 『일본서기』에 잘 알 수 있게 되어있다.

이 신라는 서부일본통합과정에 있던 야마또정권과 대결하게 되었다. 기비지방에 있던 신라소국(왕국)은 야마또왕정의 지배 권력을 장악하고 있던 백제-가라계통세력에 의하여 통합 멸망되었으며 그 과정에 역사자료들도 많이 없어졌다.[30]

---

29 조희승, 상게서, p. 286.

30 조희승, 『초기조일관계사(상)』, 사회과학사, 1988. p. 279.

① 무덤(전방후원무덤)

기비일대에서 이 시기에 와서 신라 세력이 강력한 우세를 차지하게 되었고, 이러한 이 지역 일대에 분포되어 있는 무덤떼와 신라소국은 요시이 강(吉井)의 동쪽의 오꾸평야를 중심으로 근거지로 삼았다. 따라서 오꾸평야를 중심으로 한 지대의 고분들은 필연적으로 한국 신라적 색채를 많이 띠게 되었다. 이 오꾸일대가 고대시기 기비지방에서 또 하나의 정치적 중심지였다는 것은 다음과 같은 사실을 통해서도 잘 알 수 있다.

1930년대 현재 오까야마 현 3개 시, 19개 고을들 중 오꾸군은 무덤 수에 있어서 쯔구보(筑穗郡:768기)과 기비군(吉備郡:765기), 다음 가는 무덤집중지역에 435기이라고 한다. 이것은 오까야마현 총 고분수 4,160기 가운데서 제3위를 차지하고 있다. 일본학자들이 오꾸지역에서 왕급이라고 규정하는 무덤 몇 개를 시기순으로 배열하면 다음과 같다. 게고오지야마(花光寺山) 무덤(전방후원분 110m)→ 텐진야마 무덤(전방후원분 125m)→ 쯔루야마(鶴山) 무덤(원분 50m)→쯔끼야마(築山) 무덤(90m)→ 우시부미 챠우스야마(茶臼山)무덤(밥조개식 55m)→후나야마(船山) 무덤(전방후원 70m) 〔자료:고대 기비왕국의 수수께끼, 121페이지〕

오꾸신라에서는 최대라고 할 수 있는 게고오지야마(花光寺山)무덤과 텐진야마무덤은 하나의 구릉위에 서로 인접해 있는 무덤이었다. 이 두 전방후원무덤은 현 오사후네의 들판이 바라보이는 곳에 있다. 오사후네의 들판이란 앞에서 본 하또리 향과 하지향 등을 포괄하는 오꾸평야의 중심부분을 가르킨다.[31]

쯔루야마(鶴山), 마루야마(丸山) 무덤은 직경 50m나 되는 큰 무덤이다. 그 무덤의 수혈식 돌칸에서는 한국식으로 속을 파내어 만든 장대한

---

31 조희승, 상게서, 1988, p. 289.

집모양의 돌널이 있었다고 한다, 또한 무덤에서는 30면 이상의 거울과 많은 철기가 나왔으며 그밖에도 주술적 색채가 강한 여러 가지 껴묻거리 등이 나왔다.

5세기에 들어와서 우시부미(牛踏) 챠우스야마, 하지 챠우스야마(茶臼山), 니시수에 쯔끼야마(西須惠築山)와 같은 중기의 대표적인 무덤들이 나타난다. 특히 우시부미 챠우스야마무덤이 있는 언덕위에 여러 작은 무덤들에서는 5세기 말부터 6세기 초의 수에끼(須惠器)와 U자형 보습날, 마구류, 창대패 등이 나왔다고 한다.[32] 상기의 무덤과 그 주변에서 나온 유물들은 완전히 한국제인 것으로 하여 주목을 끈다.

오꾸의 중심지대로부터 동쪽에 지우쳐 있는 우시나도일대에는 60m에 이르는 하까야마(墓山)무덤, 기부(木部)야마(무덤을 비롯하여 5기의 60~70m 에 이르는 5세기말~6세기의 전방후원무덤이 바다에 면하여 축조되어 있다. 그것은 우시마도와 같은 바다와 통한 좋은 항구를 가지고 세력을 뻗친 신라세력의 일단을 엿볼 수 있다. 이상에서 본 오꾸평야의 대표적 무덤들이 한국의 신라적 무덤들이라는 것은 거기서 나온 껴묻거리를 통하여 알 수 있다.

오사후네정 우시부미 챠우스야마 무덤에서는 한국제 금동방울달린 짐승면(獸面)띠고리가 나왔으며 하지 챠우스야마무덤에서는 장식달린 한국제 질그릇들이 나왔다. 오꾸군 우시마도정 가시노〔(鹿忍), 가부야마(鹿步山)무덤〕와 현재의 비젠시 니시가다야마(西片山)에서도 한국의 신라적인 장식달인 질그릇(6세기)이 나왔다고 한다. 그 뿐 아니라 5세기 말엽경으로 추정되는 쯔끼야마(築山)무덤은 한국의 신라적 무덤으로 유명하다.

그 무덤은 오사후네(長船)정의 동남쪽 들판의 남쪽 산기슭에 위치해

---

32 『고대일본의 유적』,오까야마편, 보육사, 1985, p. 208

있다. 거기에서는 고대시기의 집모양 돌널과 함께 한국의 신라적 마구류들이 나왔으며, 특히 말자갈과 둥근모양 거울판, 둥근 칼끝모양행엽은 경주에 있는 신라무덤의 마구류들과 유형이 같다. 같은 오사후네정(長船町)의 낑게이즈까(金鷄塚)무덤에서도 이와 비슷한 둥근모양행엽과 마탁 등이 나왔다고 한다.

오사후네정 가끼산(我城山) 제6호무덤이나 게고오지야마(花光寺山)무덤에서 나온 환두대두는 의심할 바 없는 한국제이다. 그밖에도 우시마도정 하나이나고무덤에서는 가나꾸라야마(金藏山)무덤에서 나온 것과 같은 한국제 도끼형(주머니모양)날이 나왔다.

오꾸군 우시마도 일대에는 신라적 질그릇들도 나왔다. 우시마도 항구앞에 있는 구로시마(黑島)에는 구로시마 제1호, 제2호, 무덤이 있다. 제1호무덤은 70m의 전방후원무덤이며 그 북동쪽에 있는 무덤이 제2호무덤은 원형무덤이다. 둘 다 5세기 후반기경에 축조된 것이라고 한다. 제2호무덤에서 고대초기의 신라질그릇인 수에끼에서 나왔다.

아시다시피 일본의 무덤은 반드시 평야지대만을 제한하는 위치에 있어 평야지대를 통제하고 거주하는 무덤이 기본형태를 이루면서 비록 평야지대는 아니지만 철과 소금이 나거나 물산이 집중거래되는 곳 또는 천연적으로 좋은 항구 등에 큰 무덤들이 집중 분포 되었다.

우시마도일대의 무덤축조는 바로 이러한 지리적 위치의 결과라고 말할 수 있다.

한국의 신라적 무덤[33]들이 집중 분포 되어 있는 오꾸평야에는 고대 조

---

33 우실하, 『전통문화의 구성원리』, 소나무, 2007, p. 212. 고구려와 백제의 무덤양식이나 매장법이 신라와는 전혀 다르다. 신라에서는 고분벽화도가 거의 없으며 오행론이나 방위신, 방위색이 결합된 사신도가 전혀 나오지 않는다는 점이다. 무덤 양식이 다르다는 것은 무덤의 주인공인 지배층이 다르다는 것을 의미한다. 신라의 무덤 양식은 러시아 남부와 몽고인접지역인 북방 시베리아지역에

리(條理 : じょうり)의 유제가 있는데 그것 역시 오꾸지역의 국가발전정형을 보여준다. 오꾸군 오꾸, 후꾸다, 가사까(笠加), 미와(三輪), 사이다이지(西大寺), 도요하라(豊原), 이마기(今木) 일대가 바로 그런 지역이다.[34]

오꾸군을 중심으로 한 일대가 고대에 신라소국이 있던 곳이라는 것은 무덤의 분포 뿐 아니라 신라적 돌탑 유적을 통해서도 알 수 있다. 오꾸의 중심부으로부터 북쪽으로 치우친 곳인 현 비젠시와 아까이와, 와께 두 고을의의 접경지대에 솟은 구마야마(熊山)는 고래로 영산(靈山)으로 숭배되어 오던 산이다.

그 중 보존상태가 좋은 것이 산정가까이와 그 밖의 여러 군데 봉우리들에는 계단(戒壇)이라 불리우는 돌로 쌓은 산정 탑유적이 있다. 최근의 조사에 의하면 구마야마에서 탑유적이 적어도 33개소에서 발견되었다고 한다. 그 가운데서 보존상태가 제일 좋은 것이 산정가까이에 있는 돌탑유적이다.

한 변의 길이 11.8m 정도의 기단위에 3단의 방형으로 된 탑 몸체를 올려놓은 그 유적은 이 산에서는 가장 규모가 큰 유적이다. 이 석탑의 유적은 깬돌을 가로로 쌓아올렸는데 전제적인 높이는 4m 정도이다.

그런 유형의 석탑의 유적은 구마야마산외에는 비젠시와 와께정의 지경에 있는 오나까야마(大中山)에 2기, 오까야마시 오메구리산(大廻山城)에 5기가 알려져 있다고 한다. 그 밖에는 그와 유사한 유적이 일본에서 알려져 있지 않다고 한다.

서 발견된다. 이는 우리의 고대역사, 문화사, 사상사에서 백두대 간의 동쪽과 서쪽은 서로 다른 유형의 문화가 유입된다는 점에 대한 상세한 내용은 상기책(191~201 참조)

34 조희승, 상게서, p. 298.

그런 석탑유적이 한국 특히 신라에 연원을 둔 것이라는 것은 경상북도 의성군 안평면 석탑동, 안동군 복후면 석탑동, 및 경상남도 산청군 금서면 화계동의 석탑유적을 보더라도 잘 알 수 있다.

그러한 한국 신라적 돌탑유적 석탑이 오꾸고을의 북쪽에 있다는 것은 그곳이 곧 신라의 소국이 있었기 때문이다. 말하자면 오꾸평야일대에서 신라소국을 형성한 한국이주민집단들이 본국인 신라의 본을 따서 구마야 마일대에 돌탑유적을 남기었다고 추측하게 된다. 물론 현존하는 돌탑유적들이 좀 후세의 것인 것만은 사실이다.

하지만 한국이주민집단의 후손들이 그 후에도 계속 고국 신라와 연계를 가지면서 고국의 것과 꼭 같은 구조물을 얼마든지 만들 수 있는 것이다. 그리고 또 그 현존하는 돌탑유적이 비록 나라시대(710~784년)의 것이라고 하지만 그러한 유적이 나라시대에 처음으로 만들어졌다고 단언하기는 이르다.

신라적 돌탑유적이 오꾸북부와 오나까야마(大長山), 오메구리야마(大廻山城)에 걸쳐 있다는 것은 매우 중요한 역사적 사실을 시사해 준다. 즉 30여기에 달하는 종교 미신적인 돌탑유적이 오꾸-신라의 북부에 있다, 또 몇 개의 같은 유적이 요시이강을 사이에 두고 오나까산과 오메구리산에 있다는 사실은 바로 신라세력이 서쪽에로의 진출노정을 잘 보여 준다고 생각한다.

『일본서기』에 신라세력이 가라를 타고 앉은 것으로 되어 있다. 죠도-가라를 겹진 신라는 죠도의 성(鬼之城)인 오구메리산성 (大廻山城)을 차지하고 신라식의 돌탑을 쌓았다고 말할 수 있는 것이다.

그러면 오꾸 신라국의 정치적 중심지, 왕궁이 위치한 곳은 어디였겠는가. 그것은 현재의 비젠(肥前)시 이오산(醫王山:301.4m)이남의 평야지대일 것이다. 이 평야지대는 인베(伊部). 오오찌(大內), 가가도(香登) 등의 지대가 펼쳐지며 거기서부터 3km도 못되어 쯔루(鶴山)야마, 마루야마(丸山)무덤이 있다. 그리고 앞에서 본 핫또리(服部), 이소노가미(石上)도 그곳에서 멀지않다. 이오산 아래에는 기비 가야국의 기노죠산성과 비슷한 이름인 오니가죠(鬼城)라는 고대산성이 있다.

산성에는 한다리의 무서운 코 큰 '귀신(:천순(天狗)'에 대한 전설이 전한다고 한다. 이오산을 한국식 산성인 오니가죠라는 이름과 결부시켜볼 때 그것은 이오산이 아니라 기오산(鳥王山)으로 불리웠던 것으로 생각된다고 하여 이오오산 남쪽기슭에 있는 오가이께(大池, 큰 못)는 왕의 못이란 뜻인 오가이께(王池)가 전화된 말이며, 거기에서 지척인 오우찌라는 지명은 '왕내(王內)', '황내(皇內)'였던 것으로 추측할 수 있다고 한다.

오우찌란 말은 대내리의 약칭으로서 임금이 사는 왕궁 또는 편전을 가리키는 말이다. 그렇게 보면 그 근처에 집중적으로 분포되어 있는 지명들이 다 임금과 관련된 말이라는 것을 알 수 있다.

고고학적으로 볼 때도 그 일대에 수많은 무덤들이 집결되어 있고, 그 출토유물들은 한국의 신라적 색채가 매우 강하다. 이오산 남쪽 가가또의 오우찌와 오가이께 근처의 남쪽 산기슭에는 무수한 무덤들이 널려 있으며 이오산(오니가죠)일대에도 후따쯔즈까(二塚)무덤을 비롯하여 무덤들이 많다.

더욱이 이오산 남동일대에는 큰 규모의 고대 가마터인 비젠 북부 큰 가마터, 서부 큰 가마터, 남부 가마터 등 고대 가마터가 집중되어 있으며 거시에서부터 멀지 않은 곳에 가따가미(片上)나루가 있어 바다와 직접 연결되어 있다.[35]

---

35 조희승, 상게서, p. 300.

위에서 본바와 같은 사실들은 그 일대가 신라소국의 정치적 중심지였다고 볼 수 있다. 오꾸 우시마도(牛窓)일대를 거점으로 하여 서북쪽으로의 진출을 강화한 신라세력은 지리적으로 유리한 이오산일대에 정치적 거점인 소왕도를 두었는 것으로 보인다. 앞으로 이오산의 진면모를 고고학적 조사발굴을 통하여 좀 더 따져보아야 할 것이다.

4. 기비 신라왕국의 특성

첫째, 오늘의 오까야마(岡山)시를 동쪽으로 요시이강이 흘러 오꾸군과 경계를 삼고 있다. 요시이강 하류에 사이다이지(西大寺)시가 있다. 사이다이지라면 신목을 빼앗기 위한 '하다까마쯔(裸祭り)리'로 유명하다. 수백명의 남자들이 하나의 신목(神木)을 빼앗기 위해 경합을 진행하는 '하다까(裸祭)리'는 일본 전국적으로 유명하다.

둘째, 기비신라 소국의 위치는 기비의 나라를 구성하는 비젠국이 743년(천평15년)에 중앙정부에 보고한 내용이 명백히 오꾸 고을이 신라였음을 기록하고 있다. 기비지방에 대한 역사를 밝힌 책으로서 비양국지(備陽國誌)가 있다. 여기서도 "오꾸군 우시마도의 물가에 시라꾸-신라라는 지명이 있는데 이는 곧 신라의 물가"라고 말하였다.

셋째, '오까야마현통사, 상편'에 "오가야현 … 오꾸군의 동남방 우시마도(牛窓)부근이 신라 사람들의 본거지로서 옛날에는 '고시꾸라(古志樂), 시라꾸(志樂) 혹은 사락(師樂)라고 쓰는데 신라국(新羅國)의 뜻이다', 신라포(新羅浦), 오꾸포(邑久浦)등의 지명이 있다".

현대 일본고고학의 대발견이라고 하는 것으로서 시라꾸 시기가 있다. 그것은 한국식으로 바닷물로 소금을 굽는 그릇는 질그릇이었는데 바로 신라 앞바다라고 하는 오꾸군 앞바다의 섬에서 첫 출토품(1929년)이 나온 데서 그곳 바다가의 지명을 따서 시라꾸(신라)식 토기라고 명명하였었다.

넷째, 『일본고전문학대계』 본 제2권인 풍토기에 수록되어 있어 누구나 쉽게 구독할 수 있는 책이며 자료인데 전설은 이에 그치지 않고 신라를 치러가는 야마또의 배를 들이받은 황소는 사실 진륜귀(塵輪貴)라는 괴물이 변신한 것이라는 이야기가 오래 동안 그 바다에 전해왔다.

진륜귀는 머리가 8개나 있고 검은 구름을 타고 다니면서 신공의 남편 중애를 습격하였는데 중애가 활로 진륜귀를 쏘아 맞히니 그의 몸과 목이 갈라져 하늘에서 떨어져 죽었다고 한다. 그런데 진륜귀 역시 중애를 활로 꼭 같이 쏘았기 때문에 드디어 중애도 죽었다고 한다.

이상에서 기비신라가 지닌 입지적인 특성이나 기비신라가 갖는 특성적인 면을 두루 살펴보았으나 기비 가야국의 기노죠 한국식 산성의 주인 '괴물'이 백제에서 간 '우라(溫羅)'라는 왕자였다면 기비 신라국으로 인정되는 오꾸고을의 괴물은 신라의 왕자였다.

오꾸군 일대에는 신라계통 한국이주민집단인 하따(秦)씨 사람들이 수많이 정착하였고 하따를 비롯한 신라계통 지명들이 적지 않게 널리 퍼져 있고, 더욱이 한국(新羅)계통 유물 유적들이 많이 분포되어 있다.[36]

신라의 소국으로 기비지역 이외에도 이즈모지방에 맨 처음 하나의 정치집단으로 진출 정착한 것은 진한-신라계통의 이주민세력이었다. 일찍이 히노강, 가무도강하류 지역에는 야요이 중말기의 야요이 유적·유물들이 전개된다. 실례로 기즈끼신사(일명 이즈모대사)의 큰 바위아래서는 중세형 동과가 나온 적이 있으며 고진다니유적에서는 막대한 량의 동검

---

36 조희승, 이덕일, 해역 『임나일본부해부』 말, 2019, p. 243~249.

358개와 동창 16개 등이 나왔다.[37]

히노강하류 주변 특히 이즈모군 기즈끼향의 기즈끼(杵築)신사는 신라 이주민집단의 진출정착지, 한국으로부터 항해의 표식으로 되었다. 무엇보다도 히노강주변에 신라계통이주민들이 수많이 진출하였다는 것은 지명과 문헌의 전승을 통하여 알 수 있다.

첫째,『이즈모 풍토기』에는 히노(日野)강하류에 신라의 나라가 건너갔다고 밝혀져 있다는 사실이다.

『이즈모풍토기』에 의하면 스사노오노 미고도의 4세손이라고 하는 팔속수신진야명(八束水臣津野命)이 이즈모나라의 첫 나라는 작게 만들었으며 시라기(志羅紀:신라)나라의 곶이(串)에 밧줄을 걸어 '나라오라, 나라오라(國來, 國來)'라고 끌어당겨서 오게 하여 끌어 붙인 나라가 바로 기쯔끼향〔현재의 대사정(大社町) 히노미사기(日之御碕)〕이라고 한다.

그밖에도『이즈모 풍토기』에 의하면 가시마정 사다와 고시의 즈쯔의 곶을 끌어당겨왔다고 한다. 여기서 보는 바와 같이『이즈모풍토기』는 이즈모 서쪽의 옛 미즈모군 기즈끼향에 있는 땅에 신라의 땅(나라)을 끌어당겨 생긴 것이라고 명백히 말하고 있다. '나라오라, 나라오라'고 했다하여 실지로 땅덩어리가 갔을 리는 만무하며 그것은 나라를 이루고 있는 기본 역량인 신라사람들이 건너가 나라를 만들었다고 보아야 할 것이다.

『이즈모풍토기』에는 히노강정일대에 우야리(宇野里)가 있어 우야쯔베노미고도(宇夜都辨命)가 하늘에서 내려왔다고 하였다.[38] 하늘인 즉 한국

---

37 조희승,『일본에서 조선소국의 형성과 발전』, 1966, 한국문화사, p. 497.

38 이 부분은 『일본서기』「신대기」제6단 서주맹약(瑞珠盟約)본문에 잘 나타나 있다. 〈於是, 素戔嗚尊請曰「吾今奉教, 將就根國. 故欲暫向高天原, 與姉相見而, 後永退矣」〉(원문해석. 이때에 소전명존이 나는 명을 받들고 근국으로 가려고 합니다. 그런고로 잠시 고천원에 가서 누이를 빕고 난 뒤에 영원히 떠나려 합니다.)

이다.[39] 한국에서 그 곳에 건너갔다는 것을 알 수 있다.

둘째로 서부 이즈모지역에는 스사노신에 유래한 스사(須佐)라는 지명(鄕名:향명)이 존재한다는 사실이다. 주지하는 바와 같이 『일본서기』·『고사기』에 나오는 스사노신은 신라에 자주 드나드는 신이다. 그리고 그가 가는 신라인 '가라향(韓鄕:한향)'은 금·은이 있는 곳으로 묘사되었다. 스사노신은 일명 신라인이라 한다. 스사의 땅은 한국에 면한 곳이며 스사향을 포함한 서부 이즈모지역은 한국 특히 신라와 매우 교통이 편리하고 가까운 곳으로 의식되어 있다. 그것은 이즈모의 땅과 나라에 대해서 뿐 아니라 이즈모 신화나 이즈모의 설화에 등장하는 신이나 사람이나 물건」에 대해서 그렇게 말할 수가 있다.[40]

셋째로 문헌들에 히노강일대를 지배한 사람이 명문으로 신라-한국계 통인물이라는 것이 밝혀져 있다는 사실이다. 『일본서기』 대모우 반입근(大母隅 飯入根)은 7~8세기의 야마또 중심사관에 의하면 전체 이즈모지방을 지배한 호족 우두머리는 일률적으로 이즈모노오미(出雲臣)로 되어 있다.

비록 『이즈모풍토기』에도 이즈모구니노미야쯔꼬(出雲國造)인 이즈모노오미가 편찬하였던 것이다. 하지만 『일본서기』에는 이즈모후루네(出雲振根)와 오가스꾸네(鷦濡淳)의 두 인물로 되어 있다. 그것은 아마도 다른

---

39 문정창, 『한국사의 연장 일본고대사』, 인간사, 1989, p. 20. 이른바 「근국(根國)」을 일본의 학자중에는 강원도 춘천지방으로 보는 자도 있고, 최근 일본민족의 남방 유래설을 주장한 いわたくにお(岩田國男:암전국남)은 오키나와라고 주장한다. 이는 모두 잘못된 것이며 근국(根國)은 그들의 본국(本國)인 한국(韓國)을 가르킨 것이다.

40 『이즈모의 고대사』, 가도와끼 일본방송출판, 1984, p. 50.

40-1) 조희승, 상게서, p. 498.

계통의 조상전승 이야기였던 것을 합친 것으로 보인다.[41]

『일본서기』숭신 60년 7월 조에 의하면 이즈모의 조상으로는 이즈모후루네(出雲振根), 이이 이리네(飯入根), 우마시가라히사(甘美韓日狹), 우가즈꾸네(鸕濡渟) 등 이들 4명의 우두머리들은 서로 형제 또는 부자간으로 되어 있다.[42] 반입근(飯入根)과 감미한일협은 출운진근(出雲振根)의 동생이고, 우가즈꾸네(鸕濡渟)은 감미한일협(甘美韓日狹)의 아들로 되어 있다.

어떤 일본학자 연구에 의하면 그들이 할거한 중심거점은 아래와 같다.

- 이즈모노 후루네 : 이즈모 다께향이 중심지역
- 이이 이리네(飯入根) : 히오끼 시오야향이 중심지역
- 우마시 가라히사(甘美韓日狹) : 기쯔끼(杵築)향을 중심으로 한 지역
- 우가 즈꾸네(鸕濡渟) : 우가향을 중심으로 한 지역

여기서 주목해야 할 사실은 기쯔끼향을 중심으로 한 우두머리가 우마시가라히사(甘美韓日狹)라는 사실이다. '가라히사'라는데서 알 수 있는 것처럼 기쯔끼향(杵築鄕)을 틀어쥔 우두머리는 분명 한국계통이주민집단의 우두머리가 틀림없다.

이 4명의 우두머리들은 형제지간 또는 부자지간으로 반영되어 있듯이 혈연적 지역연합체를 이룩했을 것이다. 이 연합체의 위에 디디고 선 우두머리가 바로 후루네였던 것이다. 그 연합체는 "해상교통의 중요한 표식인

41 조희승 상게서 p 498

42 『일본서기』「숭신기」60년 7월 〈當是時, 出雲臣之遠祖出雲振根主于神寶. 是往筑紫國, 而不遇矣. 其第飯入根, 則被皇命, 以神寶, 付第甘美韓日狹與子鸕濡渟而貢上. 旣而出雲振根,〉

기쯔끼 곶(串)과 감도수해(神門水海)를 항구로 삼아 북큐슈나 한국으로
부터 새 문화를 받았다"[43]는 것으로 인정된다. 그 연합체의 중심에 있었던
것은 해로의 신인 기쯔끼신이었다. 그리고 이 지역의 연합수장들은 이 신
을 아주 후하게 제사 지냈던 것이다.[44]

넷째로 이즈모 서쪽에는 한국이주민들을 제사지내는 한국신사(韓國神
社)들이 적지 않았다는 사실이다.

『이즈모풍토기』에 의하면 이즈모군에 가라가마(韓銍) 즉 한국신사가
있다고 한다.

그리고 소기노야(曾伎乃夜), 미무스네(御魂), 아수기(阿受枳) 등도 다
같이 가라구니 이다데(韓國伊太氏)신사 즉 한국의 신사라 한다. 옛 이즈
모군만도 3개의 가라구니 이다데(韓國伊太氏) 신사가 있다. 모든 아스기
신사와 이즈모대사(기쯔끼신사), 소기노야(曾枳能野)신사가 처음부터 가
라구니의 이름을 단 신사였을 수 있다. 그곳 일대에 가라가마, 가라구니
의 이름을 지닌 신사가 많다는 것은 그곳은 오래전부터 한국이주민들이
이주 정착해 온 역사를 잘 보여준다.

더욱이 가라가마신사는 한국가마, 즉 용해가마에 유래한 이름이다. 그
리고 가라가마신사는 가라가누찌신(韓鍛冶神)인 스사노오노 미고또를
제신으로 받들고 있다. 또한 이즈모군에는 아구(阿具)신사가 있는데 아구
는『고사기』(중권 응신기). 천일창 설화에 나오는 한국(신라)에 있던 이름
이다.[45] 다시 말하면 이즈모 서쪽에 있던 아구신사는 신라에 있는 고장에

---

43 『이즈모의 고대사』 가도와끼 일본방송출판 1984, p 50

44 조희승상게서 p 499

45 노성환『일본고사기(중권)』예전 1990, p 223. 「有新羅國主之子. 名謂天之日矛. 是人參渡來也. 所
以參渡來者. 新羅國有一沼. 名謂阿具奴摩」〈신라에 천일창이라는 왕자가 있었다. 이 사람이 일본
으로 건너왔다. 신라에는 어떤 늪이 하나 있었다.극서을 아구노마(阿具奴摩) 라 한다〉

일본속의 한국혼을 그대로 보여주는 신사의 편액
(자료 : 김달수, 일본열도에 흐르는 한국혼, 동아일보사, 1993, p. 251.)

유래하는 사당(고장)이름이라고 할 수 있다. 스사노오노 미고또(須佐之男命)를 제사신(祭祀神)으로 모시고 있다.

다음은 고고학적으로도 옛 이즈모군을 중심으로 한 지역에 소국가가 형성되어 있었다는 것을 알 수 있다. 먼저 무덤군에 대하여 보기로 한다.

불경산(佛經山)의 북쪽기슭에는 길이 약 50m로 추정되는 이꾸사바라 무덤(軍原, 전방후원무덤, 길죽상자 모양돌널과 곧은 칼 4, 굽은 구슬 2, 판옥 18, 빗 6, 약간의 쇠활촉)과 배모양 돌널을 묻은 이와후네무덤(神庭岩船, 전방후원분 길이 58m), 다이지무덤(大寺, 전방후원분 길이 52m, 수혈식 돌칸에서 쇠도끼와 보습이 나옴)이 있다. 히가와군 히가와정에서는 고진다니유적으로부터 2㎞ 떨어진 구릉지대에서 30기 이상의 무스비(結) 유적이 새롭게 발견되었다.

원형무덤과 방분으로 이루어진 그 유적 가운데서 가장 큰 원형무덤은 직경 20m, 방분은 1번의 길이 18m이다. 제10호무덤과 제11호무덤에서는 각각 철검이 나왔다고 한다. 철검은 길이 83㎝, 53㎝의 것이라고 한다.[46]

또한 히라다시 구니도미정 다비후세야마(旋伏山)의 동쪽산기슭에는 직경 15m의 아게시마(上島)고분무덤이 있으며, 거기서는 한국제의 많은 유물이 나왔다. 그 무덤은 6세기 전반기에 축조된 것으로 추측된다고 한다. 그 밖에도 쯔끼야마(築山))무덤, 다이넨지(大念寺)무덤, 지조우산(地藏山)무덤 등이 있다.[47]

이즈모 서쪽에는 여러 개의 오랜 한국식 산성이 존재한다. 『이즈모풍토기』(이즈모군)에 의하면 앞에서 본 무덤들이 전개되어 있는 뒷산인 불경산의 감비산이다. 감비산은 북한의 역사학자 조희승의 견해에 의하면 오

---

46 『마이니찌신문』 시네마판 1984년 9월 7일

47 조희승 상게서 p 500

래 된 한국식 산성이다. 구마노(熊野)신사, 사다(佐太)신사, 니즈모(기쯔끼)신사의 뒷산들도 산모습과 여러 유적과의 관계에서 신성시된 감나비산으로 추측된다.

불경산 앞벌에는 숱한 고대유적이 전개되어 있을 뿐 아니라 앞벌의 낮은 구릉지대의 북쪽에는 이즈모지방에서 가장 큰 곡창지대인 히노강 평야가 펼쳐져 있다. 그것은 산성과 평야가 일체를 이루고 있는 전형적 형태이다.

이즈모 서쪽의 전형적인 감나비산인 한국식 산성은 기나히산(城名樋山)이다. 『이즈모풍토기』(오하라군)에 실린 기나비산은 오나무찌미고또(大己貴命)가 야소가미(八十, 뭇신)를 치기 위해 그 산에 산성을 쌓았기 때문에 그런 이름이 지어졌다고 하였다.

여기서 문제는 산성이 구축된 시기이다. 그것은 오래된 한국이주민 세력인 오나무찌가 야소가미, 즉 뭇 토착세력들을 치기 위해 산성을 쌓았다고 한 사실이다. 이것은 산성축조시기가 아주 오래되었다는 것을 말한다.

그 시기는 고진다니(一乘谷)유적과 이즈모대사(杵築:기쯔끼신사)경내에서 나온 동과 중형 및 세형 동과들과 시기적으로 일치하는 야요이문화시기 후기에 해당하는 것으로 볼 수 있다. 감나비산은 바로 기나비산과 같은 목적으로 구축된 한국식 산성으로 인정된다.

다음으로 이즈모의 신라에 가야세력이 덮친데 대하여 알아보기로 한다. 서부이즈모에는 신라계통의 지명과 함께 가야(아라, 가라)계통의 지명이 적지 않다. 그것은 야요이문화시기 말 (2~3세기경)에 그곳에 진출한 진한-신라의 이주민집단 위에 가야계통 이주민세력이 겹친데로부터 나온 현상일 것이다.

신라소국이 있었다고 보는 서부 이즈모의 감도(神門)군에는 가야리(加

夜里)가 있다. 이에 대해서는 『이즈모국대세진급력명장』[48]에 밝혀져 있다. 그리고 가야리에는 가야에서 유래한 가야신사도 있다.[49]

그밖에도 이이시(飯石)군에는 가야하라(茅原)[50] 라는 지명이 있다고 한다. 히가와군 서쪽에는 아라끼(荒木, 아라성(阿羅城))라는 지명이 있다.

그리고 이 주변에는 1890년에 아라기(荒木), 고아라기(古荒木), 가야하라(茅原)을 합쳐 새로 만든 아라가야(荒茅)라는 마을이 있다[51]고 한다. 그밖에 아즈까군에는 가야-아라에 유래한 아라하히(阿羅波比)라는 곳도 있으며[52] 아쯔까군의 '출운(出雲)'향은 이즈모로 읽지 않고 「아다가야」로 읽는다.[53]

그것은 거기에 있는 아다가야(阿太加夜)신사의 이름에 기인한다고 한다. 실지로 오우군에 아다가야신사가 있다. 그리고 앞에서 본 가라가마신사 부근에는 가라가와 〔(辛川), 당천(唐川) 한천(韓川)〕라는 고장이름이 있다. 또한 여기에는 가가라(加賀羅), 가아라(加阿羅)의 지명이 있다. 그러면 어떻게 되어 이즈모에서 진한-신라세력위에 가야세력이 겹치게 되였으며 그렇게 볼 근거는 무엇이겠는가.

첫째로 노또반도에 있는 가야계통이 이주민세력이 서부이즈모에 진출, 정착하였다는 근거가 있는 사실이다. 『이즈모풍토기』(오우군)에 의하면 아쯔까쯔노미고또는 신라땅과 함께 고시(고지)의 즈쯔곶도 '나라오라,

---

48 『나라유문(상)』도꼬당 1965, p. 308.

49 『풍토기』이와나미판 1976, p 207. 가야신사는 현재의 이즈모시에 있다고 한다.

50 『일본지명대사전』, 2권, 평범사, 1938, p. 1800.

51 상게서, p. 409.

52 상게서, p. 420.

53 상게서, p. 345.

나라오라'하면서 끌어온 지역이라 한다. 고시국(古市國)이란 곧 노또(能登)반도를 중심으로 한 나라이며, 즈쯔(都都)는 지금의 모도반도 북쪽끝인 수수곶(珠洲岬)으로 비정되고 있다.

고시의 노또반도의 나라를 끌어왔다는 것은 말하자면 노또반도에 있던 사람들이 건너와서 나라를 세웠다는 것을 말해준다. 이것을 증명해주는 것이 『이즈모풍토기』(감도군)에 실린 고시향의 유래이다.

『이즈모풍토기』에 의하면 이자나미노미고또(伊奘冉尊)의 시대라고 하는 아주 오랜 옛날에 히부찌강(日淵川), 현재의 감사이호에 들어가는 강)의 물로 저수지 못을 만드는데서 고시국사람들이 건너와서 제방뚝을 쌓았다고 한다.

그래서 오늘날까지도 고시의 지명이 남아 전한다. 이 기사는 고시국에 있는 사람들이 그곳에 진출하여 토지를 개간하고 못을 만드는 등 정착생활을 한 역사적 사실의 일단을 보여주는 단편적 기사로 보인다. 물론 고시국사람들이 비단 저수지(池)를 만드는 등 단순한 노역에만 종사한 무미한 존재가 아니였음은 스사노오노미고또가 오로찌를 퇴치한 설화를 놓고도 이야기 할 수 있다.

스사노오노미고또는 여자를 잡아먹는 오로찌를 한국검(韓鉏之劒:한서지검)으로 쳐죽이지만 『고사기(상권)』에 의하면 그 오로찌란 고시국에서 건너온 오로찌이다. 오로찌란 곧 한국식 산성이다. 그리고 그것은 한국계통이주민소국의 상징이었다.

바로 고시에서 건너온 이주민집단은 이즈모에서 한국식 산성을 쌓고 살았던 것이며 그 결과 옛부터 있던 진한-신라계통이주민들과 마찰이 생겨 신라신인 스사노오노미고또가 그를 「정벌」하는 형식으로 설화가 꾸며진 것으로 볼 수 있다.

그러면 구체적으로 고시(古志)란 누구를 염두에 둔 것이었겠는가. 그것은 노또반도에 정착했던 가야계통이주민집단으로 생각된다.

이미 앞에서 본바와 같이 노또반도에는 고구려이주민들과 함께 일찍부터 가야계통이주민들이 정착했었다. 바로 그 노또반도의 가야계통이주민들이 해류를 따라 이즈모에 다시 이동해 가서 정착하였던 것이다.

『일본서기』「수인기」(2년 이해)에도 한국의 오가라국의 왕자 쯔누가아라히도가 "북해를 돌아 이즈모국을 거쳤다"라고 하였다. 이 기사는 가야계통이주민집단인 쯔누가아라히도의 진출 정착노정을 반영한 기록이라고 볼 수 있을 것이다.

거기서 말하는 북해란 해류관계 등으로 보아 고시국의 앞바다 일대를 가리킨다고 하여 잘못이 없을 것이다. 가야국의 왕자 쯔누가아라히도는 고시국의 앞바다를 돌아 이즈모를 거쳤던 것이다.

둘째로 그 근거는 이른바 이즈모의 신들속에 신라계통의 신과 함께 가야계통신도 들어있다는 사실이다. 이즈모의 신으로는 오나무찌와 그의 아들이 있을 뿐 아니라 가야의 나루미신이 있다. 가야나루의 미신은 가야는 한국─가야에 유래한다. 즉 이즈모에서는 신라뿐 아니라 가야신도 조상신으로 되고 있는 것이다.

그것은 이즈모에서 가야세력이 적지 않은 비중을 차지하고 있었음을 단적으로 보여준다. 마지막으로 이즈모 동쪽의 오우지방의 정치세력에 대하여 알아보기로 한다.

마쯔에(松江)시와 야스기(安來)시를 중심으로 한 지역에는 5세기경부터 축조되기 시작한 방분과 전방후원무덤이 압도적으로 많다. 1973년의 조사에 의하면 이즈모의 무덤총수 540기 가운데 방분은 111기, 전방후원무덤은 17기이며 그 후의 재조사에 의하면 방분은 약 250기, 전방후원무덤은 30기를 넘는다고 한다.[54] 그리고 방분의 변형인 네모퉁이 돌출무덤이 이즈모에서 7기나 확인되었다고 한다. 그런데 대부분이 이즈모 동쪽에 치우쳐 있는 것이다.

이즈모 동쪽의 대표적 방분(전방후원무덤 포함)을 들면 다음과 같다. 쯔꾸리야마(造山) 제1호무덤(1변의 길이 약 60m 높이 10m), 이시야(石屋)무덤 (1변의 길이 약 40m), 우스이바라(薄井原)무덤(전방후원무덤 길이 약 50m, 전방부의 폭 23m), 높이 3.1m), 오나리(大成)무덤(1변의 길이 약 36,5m, 신수경과 고리자루칼, 검, 도끼, 행엽 등이 나옴), 오까다야마(岡田山) 제1호무덤(전방후원무덤 마구류와 함께 글자 새긴 칼이 나옴), 깅자끼(金崎) 제1호무덤(전방후원무덤 길이 약 36m), 단계안 (丹花庵)무덤(한 변의 길이 47m, 높이 3.5m 조각 새겨진 길죽모양돌관이 나옴), 니와도리즈까(鷄塚)무덤 (동서변의 길이 40~42m, 남북변의 길이 42~44m, 높이10m,), 후따고즈까(二子塚)무덤 (전방후원무덤 길이 약 90m, 전방부의 폭 50m, 높이 6.5m, 후방부의 폭 54,5m) 등이다.

이즈모 동쪽의 큰 방분은 고구려에의 영향밑에 이룩되었다. 오우(意宇)군에는 한국식 산성으로 인정할 수 있는 것들이 많다.

『이즈모풍토기』에 의하면 감나비노형의 챠우스야마(茶臼山)가 감나비산이라고 한다. 그리고 야스기지구의 도가미산(十神山), 아쯔가끼산(暑垣山), 다까노산(高野山)등도 감나비산으로 인정된다. 앞으로 조사와 연구가 심화될수록 한국식 산성의 면모가 더 밝혀지게 될 것이다.

이즈모 동쪽의 방분의 계보가 고구려와 잇닿아 있다는 것은 문헌자료에 나오는 인명을 통해서도 명백하다. 『일본서기』「천무기」(원년7월)에 의하면 임진란(672년)때에 오미측에 가담한 장수 가운데 이즈모노고마

---

54 『고대사의 숨결』, 우에다 저, PHP연구소, 1982, p. 42.

(出雲狛)[55]라는 사람이 나온다.

그리고 『속일본기』(권2 보2년 8월 병신, 9월 을유)에도 종5위하 이즈모노 고마(出雲狛)[56]의 이름이 나온다. 이즈모노 고마란 이즈모지방의 고마라는 뜻이다. 고마는 곧 고구려이다. 또한 오우고을에는 고마(高句麗)에 유래한 구메(久米)신사가 있다.[57]

이처럼 현재의 마쯔에시와 야스기일대에 분포되어 있는 방분계열의 무덤들이 고구려와 무관계하지 않았다고 볼 수 있다. 오우일대의 세력은 6~7세기경에 이르러 전체 이즈모를 대변하는 큰 세력으로 등장하여 이즈모의 구니노미야쯔꼬도 오우의 장관(대령)이 겸하게 되었다. 오우고을 일대에 고구려소국이 있었는가 없었는가는 앞으로 더 두고 봐야 할 일이지만 고구려의 큰 영향이 이곳에 미쳤던 것만은 부인하지 못한다.

이외에도 문헌상으로 볼 때 『고사기』(상권)의 오로찌를 한국검으로 쳐 죽이지만 이는 고시국에서 건너온 오로찌이다. 오로찌란 곧 한국식 산성이다. 그리고 그것은 한국계통 이주민 소국의 상징이었다.

바로 고시에서 건너온 이주민집단은 이즈모에서 한국식 산성을 쌓고 살았던 것이며 그 결과 옛날부터 있던 진한-신라계통이주민들과 마찰이 생겨 신라신 스사노오노미고또가 그를 징벌하는 형식으로 설화가 꾸며진 것으로 볼 수 있다.

앞에서 보았듯이 『일본서기』, 「신대기」, 「수인기」, 「천무기」, 『풍토기』 등에서 많이 나타나고 있음은 또한 이중에는 가야-고구려-신라 등의 소

---

55 『일본서기』 「천무기」 (원년 7월) 「先是, 近江放精兵, 忽衝玉倉部邑. 則遣出雲臣狛, 擊追之.」 〈이보다 먼저 근강조정에 정병을 내보내 갑자기옥창부읍을 쳤다. 곧 출운신박을 보내격퇴하였다〉

56 『속일본기』 (대보2년 8월 병신) 「授出雲狛從五位下」 〈출운박(고마)는 종오위하를 받았다.〉 (대보2년 9월 병을유) 「從五位下出雲狛賜臣姓」 〈출운박은 종오위하성을 받았다〉

57 『풍토기』 이와나미, 1976, p. 118.

왕국으로 겹쳐나고 있음으로 보아 일본열도 곳곳에 삼한사국들의 분국이 산재하고 있음을 보여주고 있다.

5. 기타 지역의 신라소국

1) 야마또 지역의 신라소국

일반적으로 야마또 분지에서 와니(和珥)씨와 소가(蘇我)씨 그리고 가쯔라기(葛城)씨가 가장 유력하였다고 하는데 그것은 이 호족들이 이른바 '천황'씨와 사돈관계를 맺고 그 딸들을 후궁에 넣어 외척으로 행세하였다고 보기 때문이다.

와니씨(和珥)[58]는 개화에게 1, 응신에게 2, 반정에게 2, 인현에게 1, 흠명에게 1, 민달에게 1, 모두 여섯 천황에 총 8명의 후비를 보냈고, 가쯔라기(葛城)씨는 개화에게 1, 응신에게 1, 인덕에게 1. 리중에게 1, 웅략에게 1, 계 다섯 천황에게 5명의 후비를 넣었다.

그리고 소가(蘇我)씨는 흠명에게 2, 용명에게 1, 서명에게 1, 효덕에게 1, 천지에게 3, 천무에게 1, 문무에게 1, 계 일곱 천황에게 총 10명의 후비를 들어 밀어 사돈관계를 맺었다.

이와 같이 이 세 호족은 야마또 분지에서 큰 호족세력을 이루고 있었다. 문헌에 전해지는 이 세력들의 할거구역과 무덤분포는 기본적으로 맞아떨어진다.

그런데 소가씨는 5세기 말엽경 야마또에 진출한 백제세력으로서 본래

---

58 와니는 『일본서기』 「응신기」 15년조에 나오는 왕인을 말한다. 왕인은 『일본서기』에서는 書首의 始祖, 『고사기』에는 和邇吉師로 文首의 祖로 표기하고 있으며 「有王仁者, 是秀也。」時遣上毛野君祖荒田別 · 巫別於百濟, 仍徵王仁也. 其阿直岐者, 阿直岐史之始祖也。」

미와산 はしはか(箸墓고분)

부터 야마또 분지에 할거하던 호족세력이 아니었다. 그리고 가쯔라기 세력 역시 가와찌에 있던 백제계열의 호족세력이었다.

따라서 야마또 분지의 호족세력의 기본은 와니세력이었으며 와니씨는 보통 미와야마(三輪山)세력이라고 한다. 야마또 분지 동쪽지역에 비교적 큰 호족세력이 있었다는 것은 그 지역에 형성된 5세기 초, 중엽까지의 무덤군를 보아도 잘 알 수 있다.

분지 동쪽지여에 조성된 사끼다떼나미(佐紀楯列)무덤떼, 미와야마산을 중심으로 한 시끼(磯城)무덤떼들이 그러한 대표적 무덤떼들이다.

특히 미와야마를 중심으로 한 시끼고을 일대에 있는 경행릉(전방후원 무덤, 길이 310m), 하시하까(箸墓)고분(전방후원분 길이 278m), 숭신릉, 사꾸라이, 챠우스(茶臼)야마무덤, 이시즈까(石塚)등이 미와 야마세력을 대변하는 대표적 무덤들이라고 할 수 있다.

4세기의 큰 무덤들이라고 일본사람들이 말하는 시끼일대의 무덤들이 후에 야마또 (대화(大和), 대왜(大倭), 대의덕(大義德)의 구니노미야쯔 꼬(國造)로 되는 야마또씨와 관련이 있는 것이다. 나라현 야마또 분지의 동쪽은 일찍부터 진한-신라세력이 진출, 정착한 고장으로 보인다. 그렇게 말 할 수 있는 근거는 첫째 『고사기』·『일본서기』에 반영된 미와야마 세력의 정체가 진한-신라세력이었음을 보여주고 있기 때문이다.

2) 자하현(滋賀縣)의 신라계 왕국

시가현에 있는 일본최대의 호수 비와호(琵琶湖)를 둘러싼 지역에는 신라와 관계되는 지명유적들과 설화, 고고학적 유물들이 적지 않다. 그것은 이 지역에 이른 시기부터 신라계통이주민들이 수많이 진출하였기 때문이다. 아래에 역사자료에 반영된 비와호주변이 신라계통소국에 대하여 개괄해보기로 한다.

① 다까시마(高島)군의 신라소국

한국 동해와 얼마 떨어있지 않은 다까시마(高島)군은 아도가와(安曇川)의 물이 밀어낸 흙으로 이루어진 충적평야가 펼쳐진 비옥한 곳이다. 거기에 한국 동해를 거쳐 와까사나 에찌젠(후꾸이현)에 상륙한 신라계통이주민집단이 남하하면서 정착하였다.

거기에는 신라와 관계되는 지명들이 적지 않게 있다. 실례로 다까시마정에 있는 시라가미(白鬚)신사는 이른바 수인 25년(서기전 4년)에 세워진 오랜 신사라고 하는데 일명 히라(比良)신사라고도 한다. 시라가미, 히라(시라)는 다 같이 신라를 의미하는 신라(斯羅-히라에서 나온 것이며, 히라명신(比良明神)은 곧 시라(신라)명신이다.

다까시마군일대의 정치적 중심지는 다까시마정일대이다. 다까시마정은 다까시마군의 남쪽에 위치해 있으면서 동남으로 비와호에 접해 있다. 그리고 서쪽으로 아미타산(454m) 등이 여러 산봉우리가 솟았고 중부와 동부는 밋밋한 평야를 형성한다. 가모(加茂)강은 그 일대의 동부와 중부의 논밭들을 적시며 비와호(琵琶湖)로 흘러든다.

다까시마군일대의 신라분국이 있었다고 보는 것은 바로 다까시마정일대에 신라적 무덤이 분포되어 있기 때문이다. 다까시마에서의 신라무덤에서 대표적인 무덤은 이나리야무덤이다. 이나리야마(稲荷山)무덤은 『화명초』에 밝혀진 다까시마군 미오(三尾), 오늘의 가모)에 위치한다.

가모강이 형성한 충적지에 있는 이나리야마무덤은 약 66m의 규모를 가진 전방후원무덤이다. 1902년에 유물이 나온 다음 1923년에 발굴이 되었다. 무덤은 후원부에 길이 10m, 너비 1.8m정도의 횡혈식(橫穴式) 돌칸이 있었고 그 안에 속을 도려낸 형식의 집모양 돌널판이 있었다.

널안에서는 금으로 된 장식달린 귀고리, 금동제관, 금동제 쌍어패, 금동제 신발, 등 금 또는 금동제 장식품과 각종 구슬류, 내행꽃무늬거울과 쌍룡고리자루달린 큰칼, 록각장식 큰칼, 쇠도끼 등이 나오고 널바깥에서는 쇠판에 금동색씌운 경판달린 자갈, 등자, 안장쇠부치, 행엽, 운주, 말방울, 등의 마구류와 단지, 굽높은 그릇, 스에끼 등 모두 120여점이 유물로 나왔다.

무덤의 축조시기는 스에끼의 편년으로 보아 6세기 전반기 중엽경으로 보아진다고 한다.

이나리야마무덤은 일본학자들 자신이 '국가를 상징'하는 무덤이라고 한다. 어떠한 정권이 국가를 상징하는 것인가.

그것은 유물의 신라적 성격으로 보아 신라의 소국가였을 것이다. 그 무덤주위에서 주목을 끄는 것은 호화찬란한 순금귀고리와 금동제관을 비롯한 여러 가지 금동제장식제품들이다. 특히 금동제관을 비롯한 금동제장식품들은 신라 경주금관무덤에서 출토된 것과 거의 같은 것으로서 국왕급

인물이 쓰던 호화스런 물건이라고 말할 수 있다.

금귀고리, 금동관 뿐 아니라 신발, 어패, 구슬류, 거울, 둥근 자루칼, 마구류 등도 그와 유사한 것들이 신라의 수도였던 경주에서 나왔다는 것은 다 아는 사실이다.[59]

한마디로 말하여 이나리야마무덤에서 출토된 6세기 신라문화가 이룩한 국왕급인물의 장식품들이었다고 말해야 옳을 것이다. 더욱이 『일본서기』에 의하면 이른바 16대 천황이라고 하는 계체의 아버지인 히꼬우시왕(彦主人王)[60]은 다까시마군 미오출신이다.

이런 대로부터 일본학계는 이나리야마무덤에 묻힌 자들이 계체의 아버지 무덤으로 보는 견해가 강하다. 그에 대해서는 알 수 없으나 계체의 계보속에 신라왕자 천일창(天日槍)과 관련인물도 보이는 것으로 보아 이 무덤에 묻힌 자가 신라계통이주민집단의 우두머리였음은 틀림없을 것이다.

이나리야마무덤 주변에는 고대제철유적들이 분포되어 있으며 또한 다까시마군 아도가와정에는 한국식 집자리 유적인 남시동(南市東)유적이 있다. 그 유적은 3~5세기경까지의 유물들이 겹쳐져 있는 복합유적인데 한국 남부지방에서 나오는 것과 같은 스에끼가 수많이 나왔다. 그리고 약 60기의 움집식 집자리가 나왔는데 거기서는 한국식 가마(가라가마)가 발견되었다.

다음으로 다까시마군일대에 신라계통소국이 있다고 보는 것은 그곳에 한국사람들의 소국의 상징인 한국식 산성이 있기 때문이다.

---

59 『경주금관무덤과 그 유보』, 고적조사 특별보고 제3책, 조선총독부

60 『일본서기』「계체기」(계체천황)「孫男大迹天皇更名彦太尊, 譽田天皇五世孫, 彦主人王之子也, 母曰振媛. 振媛, 活目天皇七世之也」.〈남대적천황의 다른 이름은 언태존은 응신(예전)천황의 오세손, 언주인왕의 아들이다. 어머니는 진원이다. 진원은 활목(수인)천황의 칠세손이다.〉

산성은 다까시마정의 미오곶(三尾崎)을 말발굽모양으로 감싸듯 큰 규모의 흙담과 돌담으로 둘러져있다. 산성아래는 가모 이나리야마무덤을 비롯한 고대의 한국식 유적들이 전개되어 있다.

다까시마(高島)군 남쪽은 시가군이다. 시가군 역시 신라계통이주민세력이 정착하던 곳이다. 거기에는 신라말에서 나온 히라라는 지명이 산줄기이름으로 되였으며 한국에 연원을 둔 가라사끼(가락기(可樂埼), 한기(韓崎), 신(기辛埼)라는 곶(串)이름도 있다. 신라소국은 다까시마군과 시가군을 포함한 지역에 걸쳐 있었을 것이다.

② 사까다(坂田)군의 신라소국

사까다군에는 아나(阿那)향 오끼나가(息長)라는 고장이 있다. 『일본서기』편찬시에 천일창[61] 설화가 삽입된 것 같다. 신라계통소국이 있었기 때문이다. 사까다군에는 오끼나가씨와 관련한 무덤과 고장이름들이 적지않게 전해온다. 그것은 거기가 오끼나가씨의 본거지였음을 잘 보여주는 것이다. 어쨌든 사까다군 오끼나가라는 고장이 신라와 관계가 깊었던 것만은 틀림없다.

오끼나가씨는 사까다군 오끼나가에 본거지를 두고 있었다. 신라왕자 천일창은 결과적으로 오끼나가씨와 결부되어 있다. 말하자면 오끼나가는 신라와 밀접한 관계에 있다. 신라와 관계가 깊은 오끼나가다라시히메에 관한 설화는 야마쯔데루(山津昭)신사나 오끼나가 스꾸네왕[62]을 제사지내는

---

61 『일본서기』「수인기」(3년춘3월)「三年春三月, 新羅王子天日槍萊歸焉. 將來物, 羽太玉一箇, 足高玉一箇, 鵜鹿鹿赤石玉一箇, 出石小刀一口, 出石桙一枝, 日鏡一面, 熊神籬一具, 幷七物.」

62 『日本書紀』(おきながのすくねのみこ, おきながすくねのみこ) 気長宿禰王; 息長宿禰王,『古事記』(おきながのすくねのみこ);息長宿禰,『先代旧事本紀』おきながのすくね)라 한다.

히나네(日撫)신사에 전해온다.

오끼나가씨가 신라와 밀접한 관계에 있다는 것은 비단 오까나가다라히시메(息長帶日賣:신공황후)가 오끼나가스꾸네(氣長宿禰)의 딸이며 사까다오끼나가 출신이라는 데만 한하지 않는다. 앞에서 본바와 같이 큐슈동쪽인 부젠 다가와군의 신라-진왕국에서 제사지내는 가하루신사야말로 가라구니 오끼나가히메(息長比賣)라는 사실이다.

사까다군에는 오끼나가씨 즉 신라이주민집단의 우두머리들이 남긴 무덤들이 적지 않다. 대표적 무덤으로 후원부의 수혈식 돌칸에서 스에끼와 마구류, 도검류, 내행꽃무늬거울이 나온 이시부스야마무덤, 오까야마무덤 등이 있다. 본거지를 두고 있다.

오까야마무덤은 아마노강(天野川) 오른쪽 기슭에 축조된 야마쯔데루신사경내에 있는 전방후원무덤으로서 전체길이 약 43m이다. 전해오는 말에 의하면 오끼나가다라시히메(氣長足姬尊)의 아버지인 오끼나가스꾸네 왕의 무덤이라고 한다.

무덤은 1882년에 발굴되었다. 횡혈식 돌칸에서는 오령거울, 변형육수거울, 내행꽃무늬거울과 쇠칼, 손칼, 스에끼류, 금동관, 등자, 자갈, 행엽, 은주, 말안장쇠붙이 등이 나왔다. 이것은 그 부덤이 사까다일대를 지배한 정치세력인 것으로 하여 무덤에 묻힌 자의 국적에 대하여 잘 보여준다.

사까다군에 한국사람의 소국이 있었다는 것은 또한 거기에 한국계통소국의 상징인 한국식 산성이 있기 때문이다. 사까다에 있는 한국식 산성은 오미정, 마이하라(米原)정, 산또(山東)정의 지경에 위치한 높지 않은 작은 산(표고 284m)에 있다.

그 산은 일명 가부또(투구)산이라고 한다. 거기에는 무수한 열석떼가 있어 이미 1934년에 '사메가이촌 고고이시모양의 열석'(사가현 사적천연물

조사회 보고서)이라는 글이 발표된 적이 있다.

그 글에 의하면 열석떼는 산기슭을 따라 남남서부터 북북동에 타원형으로 연결되어 있는데 타원형의 너비는 최고 약53m, 길이 략145m이며 열석의 너비와 높이는 최대가 약 1.8m 이다. 동쪽의 산경사면을 따라 4열의 열석이 있다고 한다. 그리고 그 후의 개별적 사람들의 탐사에 의하면 서쪽 봉우리쪽에 또 하나의 열석떼가 있는데 그것은 계곡을 따라 누비듯이 계속된다고 한다.

하지만 전면적인 고고학적 조사가 진행되지 못한 조건에서 그 산성의 전면모는 아직 밝혀져 있지 않다. 산성서쪽에는 신라-오끼나가씨의 본거지인 옛 오끼나가촌이 있고, 거기에는 앞에서 본 대표적 무덤들이 전개되어 있다. 그리고 산성주변에도 무덤떼들이 수많이 있다.

그런데 주목을 끄는 것은 그 산성이 간접적으로 『일본서기』에 반영되어 있다는 사실이다.

『고사기』・『일본서기』에 의하면 야마또 정권은 야마또 다께루[63]를 사도장군의 하나로 삼아 동정을 보낸다. 다께루는 이부끼산(伊吹山), 담취산(膽吹山)에 거치른 산신이 있다는 말을 듣고 싸움하러 간다. 산신은 오로찌, 즉 큰 뱀으로 변한다. 따께루는 결국 오로찌를 이기지 못하며 정신이 혼미해졌다가 사메가이(醒井)촌의 맑은 샘물을 마시고야 깨어나지만 결국 그것이 후환이 되어 죽고 만다.

이부끼(伊吹)산은 사까다군의 동쪽 모퉁이에 있는 표고 1,377m의 시가현에서는 제일 높은 산이다. 『고사기』와 『일본서기』에 전하는 사도장군인 야마또 다께루설화를 그대로 믿을 수는 없다. 하지만 그 설화에는

---

63 倭建命(야마또다께루 : ヤマトタケル)『일본서기』에는 「日本武尊」으로『고사기』에는 「왜건명(倭建命)(やまとたけるのみこと)」로 표기로 경행(景行)천황의 아들로 나옴

역사적 사실이 담겨져 있다고 본다. 왜냐하면 다께루(武尊)가 깨어났다고 하는 사메가이에 바로 방금 본 한국식 산성이 있기 때문이다.

그것에 대하여 따져보면 이부끼(伊吹)산에 있다는 산신과 오로찌는 한국계통 세력집단이라고 볼 수 있다. 오로찌는 어른치 즉 어른되는 사람이란 뜻이며 산성벽이 산허리를 누비며 감은 모양이 멀리서 보면 꿈틀거리는 뱀모양과 같다는데서 그렇게 불렀을 것이다.

물론 오로찌가 이부끼산에 있지 않았다. 실지 산성은 사메가이에 있었던 것이다. 그러면 왜 오로찌-산성이 이부끼산에 있듯이 꾸며지게 되었는가. 그것은 아마 이부끼산이 그 일대에서도 가장 높은 지대로부터 오로찌 이야기를 이부끼산에 가져다 붙인 것이다.

이 설화는 6세기중엽이후 7세기초 야마또 정권의 일본통합과정에 있었던 일로 보인다. 왜냐하면 일본(日本)이라고 쓰고 '야마또'로 읽는 것은 7~8세기이후의 독법이기 때문이다. 야마또 다께루로 상징된 야마또 정권의 어떠한 장수격 인물이 사까다의 신라소국의 군사력과 사메가이에 있는 가부또(兜山) 즉 한국식 산성에서 격전을 벌렸다는 것을 전해오는 이야기가 어느 때인가 이부끼산에 옮겨진 것 같다.

그러면서도 사메가이가 가부또산을 중심으로 야마또 정권과 사까다의 신라 소국사이에 싸움이 벌어졌음은 부인 못한다. 앞으로 연구가 심화되면서 가부또산 즉 한국식 산성의 진면모는 더욱 드러나게 될 것이다.[64]

3) 가모오(蒲生)군의 신라―가야소국

비와호 동쪽기슭에 위치한 야스(野洲). 가모오(蒲生), 간자끼(神崎), 에지(愛知)일대에 걸쳐 있는 고또(湖東)평야에 신라―가야소국이 있었다.

---

64 조희승, 상게서, p. 508.

거기에 신라-가야소국이 있었다는 것은 문헌과 지명의 유래 및 여러 고고학적 자료를 통하여 증명된다.

먼저 문헌기록 및 지명유적에 대하여 알아보기로 하자.

『일본서기』「수인기」에 의하면 오미국 가가미(鏡)촌의 스에히도(陶人)는 천일창의 심부름군으로 되어 있다. 가가미촌은 야스군과 가모군에 걸쳐있는 가가미야마의 북서쪽 산기슭인 가가미신사 부근을 가르킨다. 즉 오늘날의 가모오군 가가미야마촌의 스에(須惠)땅이 그곳이다.

가가미야마(표고 384m)는 고도평야에 홀연히 솟아 산정에서 비와호를 내려다보면 완연히 거울을 대하는 것과 같다고 한다. 바로 거기에서 신라왕과 천일창이 살았다고 한다. 산기슭에는 무덤들이 널려 있으며 특히 가가미산의 동쪽기슭 가모오군 류오정 및 북서쪽기슭 야수정을 중심으로 하여 37개소의 가마터가 확인되었는데 조사되지 못한 것까지 합치면 100개소가 넘는다고 한다.

현재 확인된 가장 오래된 스에끼 가마터는 6세기 초엽부터 중엽에 걸친 것이라고 한다. 그와 같은 사실은 그곳이 정치세력이 흔히 말하는 천일창 설화에 반영된 이른 시기인 야요이문화시기 말기가 아니라는 것을 말해준다. 아마도 그곳일대가 신라계통이주민들이 후손들이 진출, 정착한 곳이라는데서 『일본서기』에 신라왕자 천일창의 설화를 갖다 붙인 것 같다.

가모오군일대에는 신라계통지명과 인명들이 적지 않게 있다. 현제의 애지군 하다소(秦莊)정은 본래 하다가와(秦川)촌으로서 신라에 연원을 둔 지명이다. 그리고 가루노(輕野)와 같이 가라(韓)에 유래하는 지명도 있다. 거기에는 하다씨성을 가진 사람들이 많은데 실례로 천평 보우 6년(762년)부터 정관 8년(866년)까지 알려진 에찌군의 대령 16명, 소령 9명은 다 같

이 하다씨 출신이다.[65]

'야기향전권'(팔목향전권(八木鄕田卷)), '가야향전권'(문야향전권(蚊野鄕田卷)), '아부향전권'(양부향전권(養父鄕田卷)) 등에 반영된 에찌하가기미(依智秦公)는 83명(그중 중복된 자 18명을 제거하면 65명)이다. 그 가운데서 거주지분포가 명백한 것은 아부향에 11명, 야기향에 4명, 가야향에 2명, 오구니향(大國鄕)에 41명이다.

말하자면 에찌(愛知)군안에는 상당한 수의 하다씨가 집중 거주하였다는 것을 알 수 있다. 물론 하다씨가 에찌고을 일대에만 산 것은 아니다, 가모오군에도 하다씨가 살았다는 것은 『일본후기』(권16 대동 2년 7월 병오)에도 전한다. 바로 그들 하다씨가 고또(湖東)평야 일대를 개척한 것으로 볼 수 있다.

다음으로 고고학적 유적유물을 통하여 신라소국을 보기로 한다. 고또평야 중부의 정치적 중심지는 가모오군 기누가사산(繖山) 일명 간논지산 표고 433m) 기슭중부, 동부평야지대와 서쪽으로 전개된 구릉지대이다. 기누가사산에는 한국식 산성이 있다. 그 산성에는 계곡에 설치한 수문들과 산허리를 누비는 열석떼가 있다. 간논지산성의 특징은 다른 고대 산성과는 달리 산성주인이 『일본서기』에 뚜렷이 밝혀져 있다는 사실이다.

이미 앞에서 본바와 같이 간논지산성의 주인은 『고사기』(안강기), 『일본서기』(웅략기)[66] 등에 "사사끼산의 임금의 조상인 가라부꾸로"라고 밝

<hr>

65 조희승, 상계서, p. 509.

66 『일본서기』「웅략기즉위전기」와 「현종기」에 산성의 이름이 전하고 있다. 「웅략기」「勸遊郊野日 「近江狹々城山君韓俗言『今, 於近江來田綿蛟屋野, 猪鹿多有」〈들놀이를 권하여 근강의 사사끼야마군 한대(韓俗)가 지금 근강의 내전면과 문옥들에는 산돼지와 사슴이 많다〉「현종기」「五月, 狹々城山君韓俗宿禰, 事連謀殺皇子押磐, 臨誅叩頭, 言詞極哀.」〈사사끼성 한대숙녜는 음모에 가담하여 압반황자 살해에 연좌됐다. 죽임을 당하는 자리에 머리에 땅을 대고 하는 말이 극히 슬펐다〉

혀져 있다. 사사끼산이란 곧 사사라는 끼(城木) 즉 산성이었고 이는 곧 간논지(觀音寺)산을 가르킨다.[67]

산의 이름인 가라부꾸로(韓俗)는 이름 그대로 한국(가라)계통 인물로 자주 나온다.『일본서기』에는 그가 이찌노베노오시하왕자(市邊押磐皇子)[68]의 횡사에 관련되어 있으며 가모오군일대에서 비교적 큰 세력으로 있던 자였음을 미루어 볼 수 있다.

아마도 가라부꾸로는 간논지산에 있던 한국식 산성을 거점으로 고또평야일대에 큰 세력을 뻗쳤던 것으로 볼 수 있다. 유감스러운 것은 아직 간논지산성에 대한 전면적 조사발굴이 진행되지 않는 데로부터 그 진면모가 밝혀져 있지 않은 것이다.

앞으로 조사와 연구가 심화될수록 그 산성의 전모는 더욱 드러나게 될 것이다. 그리고 그곳 간논지 산성과 더불어 이미 본 비와호를 둘러싼 미오끼, 가부또산의 고대 한국식 산성의 면모가 드러날수록 종래 일본학계에서 말해오던 "고대일본의 한국식 산성[69]은 천지년간의 대륙적 침공에 대처하여 구축된 구조물"이라는 견해는 타파되고 말 것이다.

다음으로 무덤에 대하여 알아보기로 하자. 고또평야에서 대표적 무덤군은 가모오군 아즈찌정에 있는 다쯔이시산(龍石山)무덤군. 감사끼군 고가쇼(五箇莊)정 마루야마(丸山)무덤떼, 효탄산무덤, 하다쇼정 공고지야(金剛寺野) 무덤떼(총수 300기에 이르는 떼무덤) 등이 유명하다.

야스군 야스정일대의 무덤들로서는 다양한 거울과 철검이 나온 오이와

---

67 조희승,『초기조일관계사(상)』, 1988, 사회과학사, p. 95.

68 『일본서기』「웅략기」「冬十月癸未朔, 天皇, 恨穴穗天皇曾欲以市邊押磐皇子(이중천황의 장자) 傳國而遙付囑後事, 乃使人於市邊押磐皇子, 陽期狡獵, 勸遊郊野日「近江狹々城山君韓俗言....市邊押磐皇子, 乃隨馳獵. 於是, 大泊瀬天皇, 彎弓驟馬而陽呼日「猪有.」即射殺市邊押磐皇子」

69 『일본서기』「천지기」(6년11월)「是月, 築倭國高安城·讚吉國山田郡屋嶋城·對馬國金田城.」

야마(大岩山)무덤을 비롯하여 사꾸라하자마(櫻生)무덤 등이 있다. 사꾸라하자마무덤떼에서 얼마 떨어진 곳에는 초기의 마구류를 비롯한 많은 유물이 나온 신까이(新開)무덤이다.

대표적으로 효탄야마무덤에 대하여 보면 다음과 같다. 간논지산성의 서쪽기슭의 등성이 끝머리를 이용하여 구축된 효탄야마무덤(현재의 시가현 가모오군 아즈찌정 미야쯔)은 전체길이 162m, 후원부의 직경 90m 높이 18m, 전방부의 폭 약 70m의 전방후원분이다.

전방부에서 2개의 돌상자 돌널이 발견되고 굽은 구슬과 관옥 등이 나왔다. 1936년 후원부에서 3기의 수혈식 돌칸이 발견되었다. 가운데 있던 수혈식 돌칸은 깬돌을 차곡차곡 쌓아올리고 바닥에는 점토를 깔았다. 나머지 2기는 큰 돌을 거칠게 쌓아올려 만든데서 가운데의 수혈식 돌칸과 차이가 났다.

가운데 돌칸의 길이 6.6m, 너비 1.3m, 깊이 1.1m의 규모이다. 돌칸안에서는 거울과 돌팔찌, 차륜석, 추형석, 관옥, 통모양동기, 쇠칼, 검, 손칼, 구리활촉, 쇠활촉, 도끼, 낫, 가래, 창대패, 단갑 등이 나왔다고 한다. 전반적으로 말하여 효탄야마무덤은 돌칸(가운데 것)구조와 유물로 보아 신라의 무덤을 방불케 한다.

이 밖에도 그 일대에는 신라유적 유물들이 많이 있다. 가모오군의 중심부에 위치한 사꾸라가와촌에 있는 석탑사의 석탑(일본국보)의 모양은 한국의 경주 불국사의 석탑과 신통히도 같다고 한다. 그리고 그곳에 있는 가바다(綺田)는 한국이주민들이 정착하여 천짜기를 전문한데서 붙은 지명이라 한다.

6. 신라 왕국의 연혁과 구조

일본 상고사에 대한 일본학자들의 야요이시대(대체로 서기전 4~3세기로부터 기원 3세기까지), 고분시대(대체로 3세기~6세기말까지)라는 고고학적 시대구분은 정치사적으로 보면 일본열도(주로 서부일본)에서 그 시기에 수십 개도 넘는 소국들이 존재한 소국시대였다.

소국이란 한 개 또는 몇 개의 고을이 모여서 이루어진 정치단위이다. 시일이 흐름에 따라 큰 소국도 생겨나고 그런 것 가운데 수십 개의 작은 소국들로 이루어지는 것도 나타난다. 소국은 고을이 생겨난 결과에 이루어지는 것이다. 소국은 고을을 역사적 전제로 하는 만큼 일본 땅에 고을이 생겨난 뒤 고을을 이루고 살던 사람들에 의하여 처음으로 이루어졌다.

일본 땅에 고을이 생겨난 것은 야요이시대가 시작되어 한국이주민들이 서부일본에 정착한 때로부터였다. 그때까지 일본의 주민들은 정착생활을 모르는 채취경제에서 살고 있었다. 소국들은 농경문화의 소산이었다. 그렇다면 일본 땅에서의 소국들의 형성은 한국이주민에 의하여 야요이시대가 시작된 시기로부터 그리 늦지 않은 시기에 시작되었다고 말할 수 있다.

그러나 문헌자료로서는 서기전후이다. 『위서』(왜인전)에 "저 바다가운데 왜인이 있어 백여 국으로 나뉘어 있다"라고 한 것을 서기전후 앞선 시기일 것이다. 『한서』이후 중국의 역사책들에는 『삼국지』(위서 동이전 왜인조)에서 보는 바와 같이 3세기 중엽경에 왜인이 30개가 넘는 소국으로 나뉘어졌다고 하였으며 『송서』(이만전 왜국전)[70]에서 볼 수 있는 5세기

---

70 『송서』「이만전」(왜국전)「順帝昇明二年, 遣使上表日:「封國偏遠, 作藩于外, 自昔祖禰, 躬擐甲胄, 跋涉山川, 不遑寧處. 東征毛人五十五國, 西服眾夷六十六國, 渡平海北九十五國, 王道融泰, 廓土遐畿」

왜왕이 중국황제에게 보낸 편지에서는 왜땅에 있던 200개가 넘는 소국들에 대하여 말하고 있다.

일본열도의 이러한 형편은 고고학적 유적을 가지고도 말 할 수도 있다. 5세기는 이른바 큰 무덤들의 출현시기라고 하며 그 분포가 몇 개 지역으로 집중되어 있고, 그 매개 집중분포지역에서는 크고 작은 무덤들이 계열을 지어 분포되고 있는 것이다.

무덤들이 몇 개의 집중분포지역으로 나뉘어져 있다는 것은 일본열도가 아직 통일되지 못하고 몇 개의 독립지역으로 나뉘어져 있었으며 소국들의 존재를 말하여주는 것이다. 그런 분포상태가 가려지는 것은 6세기에 이르러서부터 시작되었다.

소국들의 종족구성도 매우 복잡하였을 것이다. 처음에는 한국이주민들에 의하여 이루어졌던 소국에는 차차 원주민도 망라되었을 것이고 원주민들에 의한 소국들도 생겨났을 것이다.

그리하여 이주민계통과 원주민계통이 있었을 것이며 한 개 소국안에는 이주민과 원주민이 섞여 살게 되며 이주민계통안에서도 고구려, 백제, 신라, 가라의 구별이 확연하지 못하고 두 나라, 세 나라 계통이 섞이는 경우가 많았을 수 있다.

가라계통소국이라 해도 가라사람만이 사는 소국이 아니라 그 안에는 백제와 신라에서 이주한 주민이 섞여 사는 소국으로서 가라사람이 그 안에서 우세하여 패권을 쥔 소국이라고 해야 정확할 것이다.

『삼국지』(위서, 동이전, 왜인조)기사에 소국들은 약30개나 되는데 비미호(卑彌呼) 여왕국이 7만여호나 되는 패권자이며 작은 소국은 1,000여 호밖에 안된다고 하였다. 비미호 여왕국은 패권을 쥐고 북큐슈일대의 여러 소국들을 거느리고 있었던 것이다. 비미호 여왕국은 작은 소국들의 종

적인 연합체였다고 볼 수 있다,

그러나 그 연합은 공고치 못했다. 비미호 여왕이 죽은 후 연합 안에서는 혼란이 일어나 100여명이 죽는 사변이 벌어졌다, 비미호(卑彌呼)의 친척 여자를 왕으로 내세워 혼란은 수습되고 나라는 안정되었다고 한다.

비미호여왕은 그 나라 남쪽의 구노국왕과 사이가 좋지 못하여 서로 다투었으며 비미호 왕국의 소국들도 중국과 개별적으로 내왕하여 무역을 하였다고 한다. 소국들의 연합은 쉽게 깨어질 수 있었으며 패권자의 교체도 자주 있었을 것으로 짐작된다.

기비지방(오까야마현)에는 9개 갈래의 무덤떼가 있다고 한다. 그 무덤떼들의 "각 떼의 길이 축 60개전후의 전방후원무덤을 주봉으로 하여 이루어져있고 각 떼의 규모는 거의 근사한 상황을 보여준다"고 한다. 9개 무덤떼들은 본래 9개 소국들이 있었거나 그중 몇 개가 하나의 소국을 이루고 있었다는 것을 말해준다고 생각한다.

> 전방후원무덤이 특별한 의의를 가지고 축조된 것이라는 것은 명백하며 적어도 그 지역에 있어서는 우두머리층의 무덤으로서 나타난다. 전방후원무덤이 출현한 지역에 있어서는 방분떼, 원형무덤떼가 전방후원무덤에 교체되는 것이 아니라 그 하부조직으로서 발전, 확대되는 현상을 보이고 있다.
> 전방후원무덤의 분포는 그 지역에서의 국가를 형성하는 그것이 독자적 소국인가, 또는 왜의 왕권이 '야마또 천황정권'과 연계되어 있는가는 따로 치더래도 그것은 국가형성의 발전단계를 말하고 있는 것이라고 생각해도 좋다.[71]

---

71 『신판고고학강좌 5』, 고분문화각설 유잔각, 1975, p. 49.

이 서술에서는 소국들을 거느리고 있는 강력한 소국이 교체되더라도 그 아래의 작은 소국들은 건재하다는 것, 기비지방에서도 야마또정권과는 별개의 국가정권이 형성되고 있었다는 것을 시사하고 있다.

소국들의 연합은 종적인 상하관계로 맺어졌다고 하더라도 연합체안에서의 소국들의 독자성은 강한 것이 있었다고 보아진다. 비미호 여왕이 3세기중엽에 죽었을 때 직경이 100여보나 되는 큰 무덤을 만들었으며 노비 100여명을 순장하였다고 한다.

그러한 모습은 3세기중엽 비미호 여왕국이 있었던 북큐슈에서는 그때에 고분시대가 시작되었다는 것을 보여준다고 생각한다. 비록 공동체적인 유제가 강하게 남아있다고 하더라도 야요이시대의 소국들은 계급사회에 처하고 있었다고 보아야 할 것이다.

그러나 그 시기로부터 소급하면 할수록 공동체적 유제는 강했을 것이고 계급사회적인 요소는 약하였을 것이라고 생각한다. 또한 소국들의 종족적 구성이 복잡했던 만큼 그들의 관계를 일률적으로 단정할 수는 없을 것이다.[72]

---

72 조희승, 상게서, p. 516.

VI 남만주의 지배자 고구려

1. 고조선의 계승자 고구려의 강성과 남하

1) 고조선의 계승자 고구려의 건국과 남하

고조선이 한무제(漢武帝)에 의해 망한 후 한민족(韓民族) 역사의 계승자는 고구려였다. 한민족사(韓民族史)에 고구려의 영웅적 활약상은 한민족(韓民族)의 가슴에 커다란 자부심을 가지게 한다.

전성기의 고구려는 한(漢)에 의해 멸망한 고조선의 고토, 만주의 동부를 수복하고 고조선을 이어 당시의 초강대국 한(漢)·수(隋)·당(唐) 등과 맞서는 동북아시아의 유일무이한 강대국이었다.

온 아시아가 중국에 굴복하여 입조하고 그 연호를 사용하였으나 고구려는 입조하지 않았으며 독자적인 연호를 세우고 중국에 굽히지 않는 강대국이었다. 고구려는 오히려 한나라에 의해 망한 한민족 최초의 고대국가 고조선의 구영역(舊領域)에 설치된 한군현(漢郡縣)을 밀어 내었다.

부여국의 투항을 받아들이고 한반도로 남하해서 백제와 신라를 신속시켜 분산되었던 동족 부여족 맥족(貊族)을 통일하였으나 말기에 연개소문(淵蓋蘇文)이 죽은 후 아들들의 내분과 신라와 당나라 연합군의 협공으로 9백년의 계속된 고구려의 운명은 끝이 난다.

고구려의 건국은 『삼국사기』「고구려본기」에 보면 시조왕 주몽의 나이 22세에 한(漢)의 효원제(孝元帝) 건소(建昭) 2년(BCE 37년)에 건국했다고 한다. 그러나 일본 교토대학의 고고학자 모리 고이찌(森浩一)는 고구려의 건국 연대를 BCE 107년 이전으로 보고 있는데 이는 고구려군에 의한 현토군 공격한 때를 고구려가 이미 고대국가로 발전된 시기로 본 것이다. 이기백 교수도 대개 유사한 견해를 가지고 있다.[1][2]

이외에도 『신당서』 이전의 『당회요』에도 나타나고 있다.[3] 또한 『고려도경』은 1123년에 고려사신으로 왔던 서긍(徐兢)이 1124년에 완성한 책으로 김부식의 『삼국사기』를 완성한 1145년보다 21년 앞서서 출간한 책으로 고구려 건국년대를 2세기 전으로 올려 볼 수 있는 중요한 기록이 『고려도경』에 보인다.[4]

그는 고주몽이 졸본부여로 옮겨와서 새로운 국가를 창설한 것으로 기술된 『삼국사기』의 고구려 건국과정을 고주몽이 동부여에서 동부여족을 이끌고 환인(桓因)으로 내려온 시기로 보고 있다. 주몽이 졸본에서 예맥

---

1 승천석,『고대동북아시아의 여명』, 백림, 2011, p. 102쪽에서 재인용. 森浩一, 文脇禎二『古代史を解く鍵』(고대사를 밝혀주는 열쇠)일본 : 학생사 ,1955, p. 50~54.

2 당나라 시어사 가언충(賈言忠)이 말한 고구려 900년 유국설을 『한단고기』에 비추어 보면 북부여를 건국한 해모수로부터 4세손이 고주몽이므로 따져 보면 17세손으로 서기전 232년에 해모수가 단군이 되고 고구려가 668년에 망해서 900년이 된다. 건국기원도 『삼국사기』가 신라중심의 기록이여서. 고려해 볼 필요가 있다.

3 『唐會要』 卷95 高句麗 臣聞高麗祕記云. 不及千年, 當有八十老將來滅之. 自前漢之高麗氏. 卽有國土. 及今九百年矣. 李勣年登八十. 亦與其記符同「신이 듣기에 "『고려비기』에 천년이 못되어 나이 80의 대장이 나타나 그를 멸망시킨다"고 하였는데, 고려씨가 전한(前漢) 때부터 나라가 존속한지 지금 9백년이 되고, 이적(李勣)의 나이가 80입니다. 역시 그 기록과 들어맞습니다.」〈임찬경 『고구려와 위만조선의 경계』, 한국학술정보, 2019, p. 23에서 재인용〉

4 서긍 조동영 감수, 『고려도경』(송나라 사신 고려를 그리다) 서해문집, 2005, p. 33~37.

으로 불리던 선주세력 예군남여(滅君南閭)를 정복한 과정이라고 보는 것이다.[5] 이런 일련의 증언들을 고구려가 이미 BCE 2세기에 고대국가를 형성하였음 말해주고 있다.[6][7]

2) 맥족의 이동 과정과 진출경로

고조선과 고구려가 물러날 때까지 요녕과 북만주의 주인이었다. 이들은 대릉하 유역과 요동반도에 꽃피웠던 고조선문화는 비파형동검으로 대표되는 요녕 청동기문화였다.

요녕지방 비파형청동단 출토지

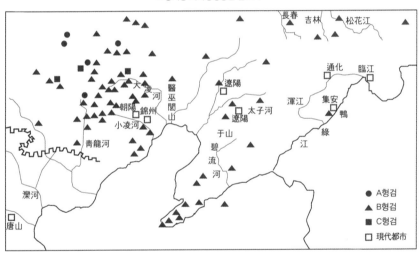

---

5 『삼국사기』「고구려본기」(유리왕조)

6 『新唐書』「卷二百二十」(列傳 第百四十五) 東夷 高麗 "侍御史賈言忠計事還,帝問軍中云何. 對曰:
   「… 且高麗祕記曰: 不及九百年, 當有八十大將滅之" 高氏自漢有國 今九百年, 勣年八十矣, 虜仍荐
   飢 人相掠賣 地震裂, 狼狐入城, 蚡穴於門, 人心危駭, 是行不再擧矣」"

7 『冊府元龜』 卷六百五十五 「奉使部」四 智識 臣聞高麗祕記云. 不及九百年. 不及九百年, 當有
   八十大將滅之. 自前漢之末. 高氏節有國事. 及今九百年矣 李勣年登八十亦與其記符同.

북방족인 맥족은 몽골과 중국 러시아 접경의 알타이고원과 '바이칼호' 서부의 '사이안산줄기'에 걸쳐 살았다. 그들은 기원전 20세기경부터 점진적으로 남하하기 시작한 것으로 보인다. 그 주 루-트는 알타이산 서쪽에서 우루무치, 돈황, 가곡관, 오르도스, 산서를 잇는 한줄기와 미누신스크[8] 동단에서 몽골고원을 종단하여 하북의 요녕을 잇는 루-트가 주 이동로였던 것으로 보인다.[9] 다음은 주로 고고학의 연구 성과와 중국사서의 기록, 서역 문화유적의 연구들을 근거로 맥족의 이동로를 간략하게 정리해보면 이는 (승천석:『고대 동북아시아의 여명』 p 71~74)에서 인용 것이다.

제1파: 미누신스크·카라스크→울란바토르→위장(圍場)→적봉→조양

- 주류 맥족으로 비파형청동검 문화를 담당하여 고조선을 건설했다. 가장 큰 집단이고 맨 먼저 활동을 시작한 맥족이다. 이 가설은 주로 고고학의 주장을 살린 것이다. 요서의 연대가 시베리아족 청동기시대보다 앞선다는 주장과 함께 발해만 해안일원이 동북아에 존재했던 또 하나의 문명의 시원지라는 가설이 있다.

이 가설이 증명된다면 요녕청동기 문화와 함께 고조선은 발해문명의 담당자가 되겠지만 요녕문화는 시베리아 문화와 연관된 것이 너무 많다. 시

---

8 김원룡, 『한국고고학개설』, 일지사, 1992, p. 63. 우리나라 청동기문화는 요녕지방 청동기를 통해서 화북수원(華北綏遠:Ordos), 그리고 다시 시베리아의 미누신스크(Minussinsk), 스키트(Scyth) 청동문화의 요소를 받아들이고 있다. 미누신스크의 청동기문화는 안드로노브(Andronovor)기 (BCE1700~1200), 카라숙(Karasuk)기 (BCE1200~700), 타가르(Tagar)기 (BCE 700~200)의 3기로 나뉘어진다. 이중 안드로노보문화는 중부시베리아를 중심으로 분포하며, 미누신스크는 그 분포권의 동단에 있을 뿐이다. 다음의 카라숙문화는 외몽고로 퍼져 중국의 은(殷)문화와도 관련을 가지게 된다. 그 주민은 몽고종(蒙古種)의 농경민이며 판석으로 짠 소위 돌널〔Cist:석상(石箱)·석관(石棺)〕무덤을 축조하였다.

9 승천석, 고대동북아시아와 예맥한의 이동』, 책사랑, 2011, p. 65~67.

기의 문제에 대해서는 아직 앤드로노보 혹은 카라스크 문화가 고고학적으로 충분히 발굴되지 않았던 시기의 이야기였다고 본다.

제2파: 알타이고원·서역→오르도스→섬서의 한성, 산서의 양산, 탁군의 방성현, 또는 안문(雁門)→하북→요동→한반도로 진입→북진변(진번 변진)의 남하로 본다.

- 이 가설은 중국 고전에 근거한 중국 본토의 한·예·맥족의 이동을 추적해 본 것이다. 「사기」를 비롯한 중국 사서들은 연의 위치를 설명할 때 항상 맥과 예, 한족도 함께 기술한다.

즉 연이 한성(漢城)을 수축할 때 예와 맥족이 동원되었다든가, 또는 북방에 예맥, 동예는 조선이 있었다고 기술한다. 중국 각 고전들의 기록과 연의 이동과 연결해 볼 때 대체로 위의 경로에 예, 맥, 한의 이동로를 추정할 수 있다.

신채호는 산동에도 맥족이 있었던 것으로 파악한다. 한편 중국 서역의 우루무치, 투루판, 돈황을 잇는 석굴유적에서 고조선 또는 고구려의 그것을 닮은 문화의 흔적이 눈에 띠며, 제2파 맥족이 이 길로 남하했을 가능성을 가늠해 볼 수 있다.

제3파: 카라스크→보르항(몽골고원) → 눈강 하류 → 농안- 백금보문화를 담당한 부여맥

- 와다나베 미쯔도시(渡辺光敏)의 주장으로, 카라스크에서 내려온 맥족의 일파가 울란바토르 북동쪽 푸류고원의 보르항타크로 내려와 상당기간 정착하다가 다시 송화강 상류 눈강 유역으로 이동하여 백금보문화를 일으켰다고 본다.

이 가설에 의하면 맥족(부여족)은 원래 푸류(布留)라는 몽골의 대고원, 바이칼 남쪽 케루렌강 상류가 조성하는 고원과 아르쿤강 사이에 근원을 둔 민족으로, 단목향과 박달나무 숲으로 이루어진 대초원에서 살고 있었다고 한다.

그 중심에는 보르항타크(不咸山)로 불리우는 성산이 있는데 이 모든 것이 한족, 맥족의 이미지와 일치하는 유래를 가졌으며 알 수 없는 이유로 이 지역을 떠나 송화강 상류로 이동하여 부여국을 세웠다는 것이다.

제4파: 요동 →한반도중부→가야지역(전남·경남해안에 가까운 지역)

– 전기가야인, 비파형동검이 출토된 고인돌 유적을 따른 통로, 이 분파는 중국사서에 기록된 맥족의 이동로로 중국 산서와 하북을 거쳐 요동반도로 이동하였다가 뒤에 이곳을 떠나 한반도 중·남부로 남하하여 BCE 5세기 이전에 한반도 최남단까지 도달하였던 것으로 보인다.

비파형동검출토유적을 고려한 가설이며, 구칸족(九干族: 전기가야인)의 전신을 이룬다. 대체로 BCE 6세기경부터 이동하기 시작하여 BCE 5세기 전후의 시기에 전남지역과 경남지역으로 남하하여 전기가야인의 원류를 형성한 파와 BCE 4세기 말에 이동을 시작하여 요동을 거쳐 BCE 2세기에 사이에 한반도에 진입, BCE 1세기 중엽에는 조령 북방 제천군, 남방의 문경·상주·김천지방, 죽령 북방의 봉화·영주·안동 등지로 이동한 북진변(北辰弁)파로 2분된다.

전자는 『삼국유사』에 나오는 쿠칸족의 전신인 전기가야인(야요인:彌生人)이고, 후자는 6가야로 통칭되는 후기가야인이다.

제5파: 가야(전남·경남해안지방)→대마도 →북큐슈[10]

- 전기가야인(야요이인:彌生人), 비파형동검과 그 발전형인 세형동검의 유
적을 따른 가설이다. 주로 전남 해안지방과 가야지역에 내려와 살던 맥족
의 일부인 이들이 일본열도의 북큐슈로 건너가기 시작하는 것은 BCE 4
세기 말부터이다.

이들은 대마도와 북큐슈로 건너가서 그곳에서 일본의 청동기문화, 즉 야
요이문화를 일으킨다.

맥족의 이동로

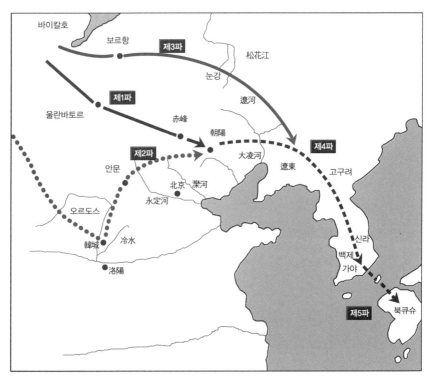

---

10 승천석, 『고대 동북아시아의 여명』, 백림, 2003, p. 53~81.

맥족은 앞에서 본 대로 남북 만주와 한반도에 걸쳐 광범위한 지역에서 활동하면서 한국사의 청동기시대를 담당했던 종족이다. 맥족의 문화는 고조선, 부여, 고구려가 가졌던 문화의 선대문화로써 그 초기 활동지역은 고조선 지역인 대릉하 유역과 요동반도, 그리고 송화강 지류의 눈강 하류 유역이었다. 맥족은 주로 수렵과 농경을 하였는데 위 지역에 살면서 많은 유적 유물을 남겼다. 그들이 남긴 대표적인 청동기 유물은 비파형 청동검과 같은 형의동모, 동과 다뉴기하문경 등으로 앞에서 설명했던 유물들과 같다.

이들은 또한 무문토기를 사용하였는데 이런 유물들과 함께 반달형, 돌도끼, 곤봉두(棍棒頭), 활석제석기, 청동기, 거푸집 등이 대개의 돌널무덤에서 나온다. 돌널무덤은 맥족의 무덤 특성인 돌무덤 형식의 하나이며, 고인돌무덤과 돌무지무덤도 함께 사용하였다.

이 무덤형식은 동북중국의 요녕·길림·북만주·눈강 하류와 한반도 전역에 걸쳐 분포되어 있다. 성토부분과 목관묘를 주로 쓰는 중국묘제와 구별되는 고조선 청동기문화는 중국 청동기문화와 다른 갈래이다.

예·맥족에 대한 중국 사학의 시각은 같은데 맥족의 언어풍습을 부여, 고구려, 숙신, 물길과 공유했다는 시각이나 이들이 대릉하 유역과 요동반도에 꽃피웠던 고조선문화는 비파형동검으로 대표되는 요녕청동기문화였다.

그 유적은 이들의 활동무대였던 요녕과 송화강 유역에 두루 퍼져있으며, 맥족의 백금보문화와 예족의 서단산문화에 대한 지적, 하가점(夏家店) 상층문화가 맥족문화의 연원일수 있다는 지적과 맥족, 예족의 위치에 대한 관점 등은 한국사로서 대단히 중요한 대목이다.

하가점 상층문화의 소속에 대한 견해는 일본학자들의 "동호족문화의

소속이다"고 주장에 동의하고 있는 상황에서 나온 것이기 때문에 더욱 중요하게 받아들여진다.[11]

그리고 한국사에서 전혀 언급이 없었던 부분은 맥족과 동호족의 관계다. 우리사학은 그 동안 맥족과 동호족이 서로 전혀 별개의 종족으로 교류가 거의 없는 종족이라고 보아왔다. 그러나 손진기(孫進己)는 능순성(凌純聲)의 글을 인용하면서, 하가점 상층문화가 동호족 문화와 함께 맥족문화인 백금보문화와도 공통된다고 말한다.[12]

백금보문화는 눈강 하류 유역에 널리 퍼져 있던 문화이고, 그 담당자는 탁리(槖離)[13], 부여로 이어지는 맥족의 문화라고 지적한다.

예맥족의 문화에 대해서 주목할 만한 관점을 제공해주는 것이 있는데 우선 예맥의 언어는 부여, 고구려, 숙신, 물길 등이 공유했다고 보고 있으며 그 기원은 고아시아족일 가능성이 높다고 본다. 또한 예맥족의 주거형태는 움막집(穴居)에서 점차 지상가옥으로 이행하면서 '서옥(壻屋)' 나타나는 것은 여러 예맥어족들에 공통된 것이라고 한다.

서옥제도는 아내 중심의 생활구조가 남긴 남편 중심의 생활구조로 이행되는 과정의 표현이라는 것이다. 이 제도는 『후한서』와 『삼국지』에 기록된 고구려의 주된 풍습의 하나이다.

뿐만 아니라 길림 서단산에서 발굴된 인골은 형질인류학적 감식 결과 예맥족계인 부여족과 가장 가깝고 그 인골이 들어있던 석관묘는 예맥족의 풍습이므로 이는 예맥문화가 하가점 상층문화와 통한다는 뜻이 된다고

---

11 승천석, 『고대동북아시아의 여명』, 백림, 2003, p. 67.

12 손진기, 『동북민족원류(東北民族源流)』, 서울 동문선 문예선서, 1992, p. 213~268.

13 『후한서』「동이전」(부여조)에는 이국(離國)이라고 되어 있고 『삼국지』「동이전」(부여조)에는 고리국(高離國)으로 되어 있다. 탁리(槖離)의 근거는 '고담(古談:논형(論衡)'의 '부여기원어탁리(夫餘起源於槖離)'두고 있다 . 이때 탁리는 부여의 전신으로 본다.

했다.[14]

석관묘의 인골은 고고학적 유물로서 이보다 더 확실한 유물적이고 실물적 증거는 이 세상 어디에도 없다. 그런데 맥족인 고조선 문화와 관련이 없다고 하는 현실의 한국내 강단사학자들을 어떻게 보아야 할 것인가?

이 책의 머리말에서도 말했지만 참으로 한탄스러움이 땅을 치고 통곡할 일만이 아니다. 우리국민 모두가 정계와 역사학계에 대한 엄중한 질책이 없다면 대한민국은 역사에 중엄한 질책을 면할 길이 없을 것이다. 즉 인류사회의 시·공간적 활동에서 주관적인 위치에 선 자인 '아(我)'라고 하는 미래의 역사에서 그 생명을 이어가는 영원한 투쟁의 승리자가 될 수 없을 것이다.[15]

하가점하층문화는 요하문명의 중심지인 내몽고 적봉시(赤峰市)와 요녕성 조양시(朝陽市)를 중심으로 동쪽으로는 심양일대까지 확대되어 요하유역까지, 서쪽으로는 북경을 지나 삭주지역까지, 남쪽으로는 발해만을 끼고 서남쪽으로 천진시와 하북성 보성시까지, 북쪽으로는 서랍목륜하를 넘어 적봉시 파림우기(巴林右旗)지역까지 분포한다.

---

14 승천석, 『고대 동북아시아의 여명』, 백림, 2003, p. 53~81.

15 러시아의 세계적인 역사학자 유 엠 푸틴(БУТИН Юрий Михайлович : 1931~2002년)는 고조선의 연구로 국내외에 많이 알려진 역사학자로서 이외에도 중앙아시아와 알타이계열의 언어 비교연구와 중국 사서분석을 통한 동아시아의 연구를 많이 하였다. 그의 연구에 의하면 고조선의 강역은 현재 홍산문화 일대가 협소하게 그려졌다고 하며 한대(漢代) 이전부터 현토와 낙랑지역에 이르렀던 조선의 영역은 한 번도 중국의 제후국이 된 적이 없으며 연나라나 주나라에 예속된 적이 없다고 한다. 동북아 고대사에서 단군조선을 제외하면 아시아 역사는 이해할 수 없다. 그 만큼 단군 조선은 아시아 고대사에 중요한 위치를 차지한다. 그런데 어째서 고대사를 부인하는지 이해할 수 없다. 일본이나 중국은 없는 역사도 만들어 내는데 당신들 한국인은 어째서 있는 역사도 없다고 그러는지,,,, 도대체 이해할 수 없는 나라이다. 이외에 세계적인 석학 하이데거는 세계역사상 가장 완전무결한 평화 정치를 2000년간 펼친 단군시대를 안다고 했다. 자료출처(blog.daum.net/greentetra/15944428)

이 하가점하층문화의 가장 특징적인 것이 석성(石城)이고 '치(雉)를 갖춘 석성'의 갖추고 있는 곳이 적봉시 홍산구 초두랑진(初頭朗鎮) 삼좌점촌(三座店村)의 삼좌점 유지이다.

'치(雉)를 갖춘 석성'은 수도 없이 많이 발견되는데, 이것은 고구려 석성만이 지닌 특성이라 생각하는 학자들이 많다. '치(雉)를 갖춘 석성(石城)'은 하가점하층문화시기 요서지역에서 처음으로 등장하는 것이다. 그리고 비파형동검, 고인돌, 미송리식 토기와 팽이형 토기 등을 고조선을 상징하는 유물로 본다.

돌널무덤·돌무지덤·고인돌무덤의 분포

비파형동검은 이 가운데 가장 중요한 유물 가운데 하나이다. 비파형동검은 한반도 일대에도 분포하지만 한반도지역으로 남하한 이후 일정기간이 지나면 소위 '한국식 동검'으로 불리는 '세형동검'으로 변해갔다.[16]

앞에서 맥족의 이동로 5개의 유형의 흐름을 살펴보았듯이 전기가야인(야요이인:彌生人), 비파형동검과 그 발전형인 세형동검의 유적을 따른 가설이다. 주로 전남 해안지방과 가야지역에 내려와 살던 맥족의 일부인 이들이 일본열도의 북큐슈로 건너가기 시작하는 것은 BCE 4세기 말부터이다. 이들은 대마도와 북큐슈로 건너가서 그곳에서 일본의 청동기문화, 즉 야요이문화를 일으켰다.

3) 고구려 대군의 남하와 일본열도의 변화

백제가 무섭게 팽창하던 백제의 기세도 391년의 고구려 남하를 시작으로 5차에 걸친 대대적인 공격을 받고 꺾이고 만다. 근초고왕의 서남지역의 영남공략이 성공적인 마무리 직전에 고구려대군 남하, 이는 동북아 정세에 커다란 변화를 수반하게 되었다. 근초고왕의 서남의 영남공략이 한반도 남부의 급변을 초래하였을 뿐만 아니라 광개토대왕의 남하정책(南下征策)은 한반도 전체뿐만 아니라 일본열도까지 지대한 영향을 초래한 결과를 가져왔다. 광개토대왕이후의 동북아시아 정세의 흐름은 「광개토대왕의 비문」과 『일본서기』의 기록들이 잘 대변해 주고 있으며 커다란 변화를 가져왔다.

첫째, 백제의 전성기에 낙동강일대의 백제가 평정했던 가야제국이 신라로 넘어가 절대 우위의 백제의 판세가 역전되는 판이었다.

---

16 우실하, 『고조선 문명의 기원과 요하문명』, 지식산업사. 2018, p. 565~572.

두 번째로는 신라라는 경주지방의 조그마한 소국에서 강국으로 전환하는 계기가 되고 또 남과 동해에 신라를 공격하던 구주왜도 파멸되어 북구주로부터 왜침이 없어진다.(5세기이후는 왜의 침입이 거의 없음)

셋째로 려-백간의 치명적인 전화(戰禍)를 겪을 때마다 피-아의 상류층의 백제인, 가야인, 그리고 일반적인 백성들의 해외진출의 역사를 기록하였다.

4) 고구려의 일본열도진출 경로

한반도 사국 중에 가장 넓은 영토와 강대한 국력을 가졌던 고구려는 백제, 신라, 가야의 정치, 경제, 문화발전에 커다란 영향을 주었을 뿐만 아니라 바다건너 일본땅에 총체적인 문화발전에도 큰 영향을 주었다.

고구려 사람들이 일본열도에로의 진출은 시기적으로 4~5세기 이후의 시기이며 그들이 진출, 정착한 곳은 주로 일본 혼슈(本州) 서부해안지역을 중심으로 경도(京都), 군마(群馬), 장야(長野), 관동(關東) 등이었으며 그것은 고구려가 일본열도와 지리적으로 멀리 떨어져있을 뿐 아니라 고구려가 남쪽으로 영토를 그쪽으로 크게 확장한 것은 4~5세기이기 때문이다.

일본 혼슈섬 중부와 서부해안지대에 한국계통의 소국이 수많이 있었다. 그 일대에 진출한 것은 주로 한국 동해를 낀 나라들인 고구려와 신라 사람들이었고, 그밖에 가야의 여러 분국(分國)의 사람들도 있었다.

고구려인들은 일본열도로 진출한 경로는 대체적으로 아래와 같은 루트를 나타내고 있다. 한반도 동해안 북부→니이가다나오에쯔(新潟縣 直江津市)→와까사만(福井縣 若狹灣 북부서단) →비와호(滋賀縣 琵琶湖)→야마시로(山城)으로 열본열도 진출항로를 보면 아래 도면과 같다.

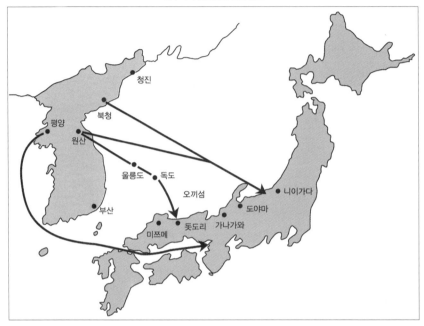

고구려의 일본열도 진출 항로

『일본서기』에 반영된 고구려 사람들이 일본열도 도착기사를 보면 기본은 한국 동해를 거치는 것이 간혹 세도나이까이를 경유한 경우도 있었고, 그리하여 일본에서 동해연안의 고분문화시기(특히 중기와 후기)의 문화는 직, 간접을 불문하고 고구려적 영향이 짙은 영향성을 띠고 있다. 시마네(島根)현, 돗도리(鳥取)현, 후꾸이(福井)현, 도야마(富山)현, 니이가다(新瀉)현 등에 고구려적 방분(方墳)이 많고, 고구려적 횡혈식 돌칸무덤과 고구려적 색채가 많은 것도 그와 같은 고구려 사람들의 진출이라는 명백한 역사적 사실에 기초하고 있는 것이다.

2. 문헌상의 고구려 소국

1) 『일본서기』상의 고구려 소국

『일본서기』에는 고마에 대한 많은 기사가 나온다. 그러나 고마에 대한 기사를 분석해 보면 분명히 성격이 다른 두 가지 부류의 기사로 나눌 수 있다. 하나는 한반도의 고구려와 야마또와의 관계기사이며 또 하나는 일본내에 있는 고구려 소국에 대한 기사이다.[17]

일본열도내의 고구려소국에 관한 『일본서기』의 기사들을 보면, " … 고마국이 철의 방패와 표적을 공물로 바쳤다. 고마의 손님들에게 연희를 베푼 후 야마또국가의 군신백료들을 모아놓고 고마에서 헌납한 쇠방패와 표적을 쏘게 하였다. 여러 사람들은 맞히지 못하였는데 단지 이꾸하노오미(的臣)의 활쏘기 솜씨가 우수한 것을 보고 두려워 다 일어나 절하였다."[18] "천황이 대장군 오또모노 무라지사데히꼬(大伴連狹手彦)를 보내러 군사 수만을 거느리고 고마를 들이쳤다. (중략) 그 왕이 담을 넘고 도망쳤는데 사데히꼬(狹手彦)는 드디어 이긴 기회에 고마왕궁에 들어가서 온갖 금은보화 등을 약탈하고 돌아왔다."[19]고 하였다.

고구려본국에 대해 『일본서기』의 기사들을 보면 "고마사람 쯔무리야해(頭霧唎耶陛)등이 쯔꾸시에 오니 야마시로에 두었다.[20] 고시국사람이

17 조희승,『초기조일관계사 (상)』,사회과학사, 1988, p. 293.

18 『일본서기』권11 인덕기 12년 7월,8월조 「十二年秋七月辛未朔癸酉, 高麗國貢鐵盾·鐵的. 八月庚子朔己酉, 饗高麗客於朝. 是日, 集群臣及百寮, 令射高麗所獻之鐵盾的, 諸人不得射通的, 唯的臣祖盾人宿禰射鐵的而通焉, 時高麗客等見之, 畏其射之勝工, 共起以拜朝.」

19 『일본서기』 흠명기 23년八月조, 「天皇遣大將軍大伴連狹手彦, 領兵數萬, 伐于高麗. 狹手彦乃用百濟計, 打破高麗. 其王踰墻而逃. 狹手彦遂乘勝以入宮, 盡得珍寶貨賂·七織帳·鐵屋, 還來.」

20 『일본서기』 흠명기 26년5월조「廿六年夏五月, 高麗人頭霧唎耶陛等, 投化於筑紫. 置山背國」,

말하기를 '고마의 사신이 풍랑에 신고하여 배길을 잃고 물의 흐름에 따라 표류하다가 갑자기 기슭에 도착하였습니다.'라고 하였다. 천황이 말하기를 내가 제업(왕업)을 이은지 얼마 안되었다. 고구려가 길을 잃고 처음으로 고시국의 기슭에 닿았다. (중략) 해당관청에서는 야마시로국의 사가라까 노고을로 하여금 고나사를 세워 정찰하게 하여 후하게 공대하게 할 것이다"라고 말하였다.[21]

이 두 부루의 기사를 대조해 보면 모순되는 점이 적지 않다.

첫째, 부루의 흠명기 23년8월 기사는 야마또정권이 고마국에 쳐들어가 왕궁까지 차지하였는 것으로 되어 있는가하면, 둘째, 부루의 흠명기31년4월부터 민달 2년 7월까지 계속된 기사는 야마또국이 고마로 쳐들어간 직후에 이어 기록된 기사로서 동해를 거쳐 온 고구려를 극진히 환대한 내용과 관한 완전히 다른 내용으로 일관 되어 있다.

고시국에 도착한 고구려사신을 일본사람들도 야마또정권과 "고구려와의 국교에 관한 최초의 믿을 수 있는 기사"라고 하고 있다.[22]

고마가 바친 쇠표적을 야마또국가의 무사가 꿰뚫고 고마의 왕궁을 야마또국가가 차지하였다고 하는 첫째기사에 나오는 고마를 한국에 있던 고구려라고 한다면 말도 않되는 이야기이다.

그것은 당시의 고구려의 강대성에 비추어보면 그 기사가 말도 안되는 조작된 이야기이기 때문이다. 역사적인 사실에 비추어 보아도 언제 한번도 일본 야마또정권이 고구려왕궁을 쳐들어간 적이 없었다.

---

21 『일본서기』 흠명기 31년4월조 「夏四月甲申朔乙酉, 幸泊瀬柴籬宮. 越人·江渟臣裾代, 詣京奏日「高麗使人, 辛苦風浪, 迷失浦津, 任水漂流, 忽到着岸, 郡司隱匿, 故臣顯奏.」詔日「朕承帝業, 若干年. 高麗迷路, 始到越岸. 雖苦漂溺, 尚全性命. 豈非徽猷廣被·至德魏々·仁化傍通·洪恩蕩々者哉. 有司, 宜於山城國相樂郡, 起館淨治, 厚相資養.」

22 『일본서기』 하권 이와나미서점 1966년, p128

동방의 강국으로서의 위용을 떨치고 무기, 무장에 있어서 이웃나라들의 위압적인 고구려의 우수한 쇠방패와 표적들과 말도 변변히 하지못했던 일본무사가 꿰뚫었다는 것은 되지도 않는 조작된 이야기이다. 고시국에 온 고구려사신이 전한 국서를 읽지 못하여 쩔쩔매는 일본사람들이 한국에서 온 백제사람들의 후손들의 손을 빌어서 겨우 해득했다는 사실 등을 보아도 알 수 있는 바와 같이 고구려와 일본 야마또 사이에는 경제, 군사, 문화적으로 벌써 현저한 차이가 있었던 것이다.

이께우찌 히로시(池內宏)를 비롯한 일본학자들이 당시 고구려는 아세아의 강국인데 일본 야마또에 조공할 까닭이 없었다고 한 것도 우연이 아니다. 그렇다고 첫째 부루의 기사내용을 완전한 허구로 몰아버릴 것이 아니라 이는 8세기『일본서기』의 편찬자들은 일본열도안에 있던 고마 소국에 대한 내용기사를 한국의 고구려와의 관계기사를 서툴게 조작해 놓은 것으로 볼 수밖에 없다.

『일본서기』에서 첫째, 부루의 고구려국이 야마또 정권과 상당한 정도로 적대적이었다면, 둘째, 부루의 고마국은 야마또국가의 귀족들이 동경심을 가지고 사신들을 극진히 환대한데서 알 수 있는 것처럼 한국에 있던 고구려국이었던 것이다.

북한학자 조희승은 기내 야마또정권이 쳐들어가 왕궁을 노략질했다는 고마국과 쇠방패 등을 야마또에 바쳤다는 고마국이 같은 나라였다고 보았다.

강대한 고구려가 작고 보잘 것 없는 가야 임나왕이 보낸 군사들의 협공을 받아 괴멸되었다는 것도 말이 안되며 신라를 지키기 위해 기껏 100명의 군사를 보냈다는 사실들로 미루어 보아도 그 고마국이 매우 작은 나라였음을 알 수 있다.

신라를 보호하는데 100명의 군사밖에 보내지 못하고 그것도 또 가야-임나의 군사에게 패전당하는 고마는 바로 일본열도내에 있던 작은 고마소국으로 볼 수밖에 없다. 『일본서기』에 나오는 고마국은 기내야마또국가와 관련이 많은 임나(가야)국의 북쪽에 있던 나라였기 때문에 그것은 마땅히 기비가야국의 북쪽에 위치해 있었다고 본다.

실제로 기비가야국 북쪽에 고마국이 있었다. 그 위치는 현재 오까야마현 구메(구메)군 한 일대이다. 물론 그밖에도 일본열도에는 『일본서기』를 비롯해서 옛 기록에 실려 있지 않은 고구려 소국도 많이 있었을 것이다.

2) 『속일본기』를 통하여 본 고구려 소국

『속일본기』(권40권 연력8년5월 경오)에는 "시나노국 지구지마고을의 사람 후부의 우시가이(牛養) 종촌(宗村)의 데히도 등에게 다가와노 미야쯔꼬(田河造)의 성씨를 주었다"라고 쓰여 있고 『일본후기』(권5, 연력16년 3월 계묘) 에는 "시나노국사람 전부(前部)쯔나마로에게 아사까(安坂)의 성씨를 주었다"라고 기록되어 있다.[23]

또한 같은 『일본후기』(권5, 연력18년 12월 갑술)에는 다음과 같이 기록되어 있다. 「시나노국사람 외종 6위하 계루(桂樓)의 신로, 후부의 구로다리, 전부의 구로마로, 전부의 사네히도, 하부의 나데마로, 전부의 아끼다리, 지이사가따고을 사람 무위, 상부(上部)의 도요히도, 하부의 후미요, 고마(高麗)의 이에쯔구, 고마의 쯔구다데, 전부의 사다마로, 상부의 시고후지 등이 말하기를 "자기들의 조상은 고마(고구려)사람이다. 추고왕과

---

23 『속일본기』권40권 연력8년5월 경오 「信濃国筑摩郡人外少初位下後部牛養. 無位宗守豊人等賜姓田河造」. 『일본후기』(권5, 연력16년 3월 계묘 「信濃国人外從八位下前部綱麻呂賜姓安坂.」令遠江. 駿河. 信濃」.

서명왕대 귀화해 왔다. 대를 이어 평민으로 지냈는데 본래 이름을 고치지 못하였다. 바라건대 천평승보 9년(757년) 4월 4일의 지시에 의거하여 성씨를 고치게 해 주십시오"라고 하였다.

이리하여 신로 등에게는 스즈끼(須須岐), 구로다리 등에게는 도요오까(豊岡), 구로마로에게는 무라가미(村上), 아끼다리 등에게는 시노이(篠井), 도요히도등에게는 다마가와(玉川), 후미요 등에게는 기여오까(淸岡), 이에쯔구 등에게는 미이(御井), 사다마로에게는 아사지(朝治)시고후지에게는 다마이(玉井)의 성씨를 주었다.[24]

이상의 『속일본기』·『일본서기』의 자료를 통하여 다음과 같은 몇 가지 사실을 확인할 수 있다.

그것은 북시나노에는 8세기 말엽에 이르도록 고구려출신의 적지 않은 사람들이 본국에서 처럼 고구려식 이름을 가지고 있었다는 것, 그들이 전부, 후부, 계부, 하부, 상부라는 고구려 5부의 행정단위를 성씨로 삼고 있었다는 것, 북시나노의 고구려후손들은 그들의 말대로 한다면 적어도 200년 동안은 북시나노지방에서 고구려 성씨를 그대로 칭해 왔다는 것 등이다.

사료를 통해서 명백히 알 수 있는 것처럼 북시나노 지구마군일대에 사는 토호세력들은 연력 18년(799년)이라는 늦은 시기까지 본국(고구려)의 5부명을 그대로 지니고 있었다. 5부 명칭은 『삼국사기』에도 『신당서』「고구려전」에도 전해지고 있다.

사료에 보이는 고구려 사람들의 정착, 분포상태를 보면 대체로 다까이

---

24 『일본후기』 (권40 천평승보9년 4월4일) 「伏望依去天平勝寶九歲四月四日勅. 改大姓者. 賜眞老等姓須須岐. 黑足等姓豊岡. 黑麻呂姓村上. 秋足等姓篠井. 豊人等姓玉川. 文代等姓淸岡. 家繼等姓御井. 貞麻呂姓朝治. 色布知姓玉井. 」

군, 시라시나, 지이사가따군, 지구마군, 등 지구마강 하류유역을 중심으로 한 지대이다. 거기에 고구려 사람들이 집중적으로 진출 정착하였던 것이다.

여기서 문제는 계루, 신로, 전부, 쯔나마로 등이 8세기말까지 일본사람으로 동화되지 않고 조상전래의 고구려 전통을 그대로 고수하고 있었던 사실이다.

조상의 성(姓)을 그대로 지켜왔다는 것을 가지고 그렇게 말할 수 있다. 고구려 사람들의 이곳에로의 진출은 고고학적으로 보아 4~5세기까지 끌어올릴 수 있으나 북시나노 일대에서 실로 근 400년 동안이나 고구려 사람들이 건재해 있었다는 것으로 된다.

물론 북시나노의 고구려 소국은 그 이전 시기 즉 7세기경에 기내 야마또정권에 의해 통합되었을 수 있으나 앞에서 본 사료에서 반영되어 있듯이 고구려 사람들은 일본열도안에서 한국 독자적 정치세력(조선소국)이 해소된 다음에도 8세기 말까지 고구려 사람들의 기개를 안고 살았던 것이다.

북시나노에 고구려 소국이 있었다는 것은 거기에 고구려왕이 존재하고 그런 사실이 오늘날까지도 전하는 것을 보아도 잘 알 수 있다.

『속일본기』(연력 8년 5월 경오)나오는 다가와노 미야쯔꼬(田河造)후부 우시가이)는 『신찬성씨록』(권30 좌경 미성잡성)에 의하면 고구려사람 후부 고천금(高千金)의 후손이라고 하며 후에 고을이름이 된 다까이미야쯔꼬(高井造)는 『신찬성씨록』(권25 산성국 제번)에 의하면 고마(고구려)국주 추모왕의 20세손인 여안기왕(汝安祁王)이 나왔다고 하는데 여안기왕은 『삼국사기』에 그 이름이 나오지 않는 이름이다.

북시나노의 고구려 소국을 특징짓는 것으로 말목장이 있다.[25]

북시나노의 고대 말 목장은 산기슭이나 평지위에 있다. 그리고 그 규모는 아주 커서 전일본적으로 대규모 말 목장은 여기에 집중되어 있다.

그런데 말목장이 있는 곳에 반드시 고구려적 무덤떼가 있다는 사실이다. 실례로 오무로무덤떼의 주변일대(나가노시 마쯔시로정)에는 오무로노마끼(大室目)가 있던 곳이다. 그리고 본 사구시 고라신사의 뒤에 광대한 초원에도 모찌즈끼노마끼((望月牧)가 있다. 다까이군에도 큰 말목장들이 있었다.

어려서부터 말타기를 좋아하고 기마병들이 국방에서 큰 비중을 차지하였던 고구려 사람들은 말 사육을 잘 하였다. 바로 일본땅에 건너간 고구려 사람들은 이르는 곳마다에 말 목장을 차려놓고 말을 잘 길렀던 것이다.

북시나노에 진출한 고구려 사람들이 말을 잘 기르고 그 집안에 기마병이 많았다는 것은 비단 말 목장의 수가 많았다는 것 뿐 아니라 고고학적 유적유물을 통해서도 증명된다. 유물이 나온 전체 나가노현의 무덤 750기 가운데 140기의 무덤에서 마구류가 나왔다고 한 사실[26] 하나만으로도 그곳에 정착한 집단이 고구려적 성격을 엿볼 수 있다.

3. 혼슈 중부 및 서부해안의 고구려 소국

일본 혼슈섬 중부와 서부해안지대에 한국계통 소국이 수많이 있었다. 그 일대에 진출한 것은 주로 한국동해를 낀 나라들인 고구려와 신라사람들이었고, 그밖에 가야의 여러 작은 나라 사람들도 있었다.

---

25 조희승,『일본에서 조선소국의 형성과 발전』,1990, 백과사전, p. 491.

26 『왜인전의 세계』, 소학관, 1988, p. 177.

이주민들이 일본 혼슈섬 서부해안일대에 진출, 정착하였다는 것은 오늘날까지도 그곳에 남아있는 돗도리현 이와미(岩美)군 가지야마(梶山) 벽화무덤(고구려적 색채벽화와 금으로 된 얇은 연판이 나옴), 오까마스이신도(岡益石堂:고구려적 돌등), 후꾸이현 오뉴(遠敷)군 니시즈까무덤(西塚: 횡신판징박이 갑옷들과 고구려식 마구류, 보주형귀고리와 용무늬 돋우새긴 띠고리가 나옴), 요시다군 니혼마쯔야마무덤(二本松山:한국제금동판과 투구, 갑옷, 둥근고리자루 큰칼이 나온 것으로 하여 유명해짐), 이시와현 가가시 기쯔네즈까무덤(抓塚:전방후원분 한국제의 심협형은띠고리, 은가락지 갑옷류가 나옴) 등을 보아도 일목요연하다.

네 나라에서 가장 넓은 영토와 강한 국력을 가졌던 고구려는 백제, 신라, 가야의 정치, 경제, 문화발전에 커다란 영향을 주었을 뿐 아니라 바다 건너 일본 땅의 문화발전에도 큰 작용을 하였다. 고구려 사람들은 일본열도에로의 진출은 시기적으로 볼 때는 4~5세기 이후시기이며 그들이 진출, 정착한 곳은 주로 일본 혼슈(本州) 서부해안지역이었다.

그것은 고구려가 일본열도와 지리적으로 멀리 떨어져 있을 뿐 아니라 고구려가 남쪽으로 진출하여 영토를 그 쪽으로 크게 확장한 것이 주로 4~5세기이기 때문이다. 또한 고구려가 일본열도에 진출할 당시에는 큐슈섬과 세도나이까이 연안지역은 거의 다 백제 가야, 신라의 세력들이 차지하고 있었기 때문이다.[27]

그리하여 일본에서 한국동해연안의 고분문화시기(특히 중기와 후기)의 문화는 직접, 간접을 불문하고 고구려적 영향이 짙은 경향성을 띠였다. 시마네(島根)현, 돗도리(鳥取)현, 후꾸이(福井)현, 도야마(富山)현, 니이가따(新潟)현, 등에 고구려적 방분이 많고 고구려적 횡혈식 돌칸무덤과 고구

---

27 조희승, 상게서, p. 481.

려적 채색화가 많은 것도 그와 같은 고구려 사람들의 진출이라는 역사적 사실에 기초하고 있다.

일본열도의 혼슈 섬 가운데서 한국동해 안쪽으로 삐어져 나온 반도가 노또(能登)반도이다. 예로부터 노또반도를 중심으로 한 후꾸리꾸(北陸)일대를 '고시(越)'의 나라로 부르고 전, 후, 중부를 갈라서 에찌젠(越前:후꾸이현), 엣쥬(越中:도야마현), 에찌고(越後:니이가타현)로 나누었다. '고시(越)'의 나라란 일본말로 '건너온 나라' 는 뜻이다. 말하자면 그 말에는 한국에서 건너온 나라라는 뜻이 담겨져 있다. 그 '고시국'의 앞바다는 오래동안 '고시'의 바다로 불러왔다. 현재 일본에서는 부르는 '일본해'라는 명사는 고대와 중세, 근세까지 없었으며 한국에서는 역대로 '한국동해'로 불러왔다. 이즈모의 신화에 나오는 오로찌(八岐大蛇)도 『고사기』에 의하면 고시의 오로찌(高志八俣遠呂智)였다고 한다.[28] 오로찌는 한국식 산성으로 상징되는 한국의 정치집단이 이즈모지방에 이동, 정착하였다는 것을 말해 준다.

1) 관동지방의 고구려소국

668년 고구려 멸망이후 고구려 유민들을 국권회복을 위한 줄기찬 투쟁

---

28 노성환,『고사기』, 상권, 1991, p. 99. 「故其老夫答言「僕者國神, 大山上津見神之子焉, 僕名謂足上名椎, 妻名謂手上名椎, 女名謂櫛名田比賣。」亦問「汝哭由者何.」答白言「我之女者, 自本在八稚女. 是高志之八俣遠呂智此三字以音每年來喫, 今其可來時, 故泣.」爾問「其形如何.」〈노부부가 대답하기를 저는 국토의 신 오호야쯔미노가미(:대산상진견신(大山上津見神)의 아들입니다. 나의 이름은 아시나즈찌(족명추(足名椎) 처의 이름은 데나즈찌(수명추) 딸의 이름은 즐명전비매(櫛名田比賣)라고 합니다. 그러자 스노오노미고토(수좌지남명(須佐之男命)가 묻기를 너희들은 어찌하여 울고 있는가? 그러자 노인은 원래 8명의 딸이 있었는데 고시의 야마다오로찌(팔우대사(八俣大蛇)가 매년와서 잡아먹었습니다. 지금 그 뱀이 올 때 이어서 이렇게 웁니다. 스사노오노미고토가 묻기를 그 모습은 어떻게 생겼느냐?〉 『일본서기』에는 '八岐大蛇', 『고사기』에는 "高志之八俣遠呂知"로 기록되어 있다

을 벌려 698년 고구려를 계승한 발해국을 창건하였다. 하지만 고구려 유민들중 일부는 일본에로 갔다.

고구려 유민들은 주로 일본의 서해안을 거쳐 태평양연안 간또지방에 정착하였다. 그것은 다음과 같은 사실을 통하여 알 수 있다. 716년 일본국가는 중부일본 동쪽의 쯔루가(靜岡현), 가히(山梨현), 사가미(神奈川현), 가즈사(千葉현), 시모사(千葉, 茨城현), 히따찌(茨城현), 기모쯔께(栃木현)에 흩어져 사는 고구려 사람들 가운데서 1,799명을 골라 무사시벌(武藏벌,東京都)에 옮겨 고구려군을 설치하였다.[29]

고마군은 1898년 사이다마현 이리마(入間)군에 병합되기 전까지 실로 1180년 동안 고마군으로 존재하였다. 그 일대는 1930년 현재 고구려와 관계된 고마라는 지명들이 붙박혀 있는데 고려원(高麗原), 고려본향(高麗本鄉), 고려천촌(高麗川村), 남고려촌(南高麗村), 고려상(高麗峠),[30] 고마벌 고마촌[31]등이 바로 그것이다.

그리고 고마왕의 묘, 고마신사, 고마산 성천원(聖天院), 고구려왕을 제사지낸 사당들도 있다.

『일본서기』 웅략기에도 가히의 구로고마(甲斐黑駒)라는 인물이 나온다. 가히국은 시나노국과 더불어 야마나시현의 고원지대에 위치해 있는 명마의 산지였다. 그것은 일찍부터 그 일대에 진출 정착한 고구려 사람들의 말 사육과 관계되었을 것이다. 고마(駒)는 곧 고마(고려)이며 6세기 이후의 고마는 고구려이다.

---

29 『속일본기』(권7 영구2년 5월신묘) 「以駿河. 甲斐. 相摸. 上総. 下総. 常陸. 下野七國高麗人 千七百九十九人. 遷于武藏國. 始置高麗郡焉. 」

30 『고마향의 유래 및 고마왕 사적』, 고마신사 사무소발행, 1931년, p. 2.

31 『일본지명대사전』 3권, (p. 2879. 고마촌, p. 2880. 고마벌.)

무사시(武藏) 고마군의 중심에는 고구려의 왕족으로 자칭하는 고마약광(高麗 若光)이 있었다. 고마군의 중심마을은 현재 고마촌이 있는 도꾜도(東京都)의 이리마(入間)군 고마향이다. 거기에는 「고마신사」가 있다. 고마신사에는 고구려왕이 썼다는 칼과 고마 개와 사자 그리고 「고마씨계도」 등이 남아 전하고 있다.

고마신사에는 본래 그 산하에 21사(社)가 있어서 고마명신(高麗名神)을 고마총사(高麗總社)로 하였다가 차차 확장되어 총수 40여사로 퍼졌다고 한다. 그리고 고마명신은 고마산 성천원(高麗山聖天院)에 안치했는데 그 절간은 말사 54개사를 헤아리게 되었다고 한다.[32]

2) 북시나노(信濃)의 고구려 소국

에찌고(越後)지방에 진출한 고구려 사람들의 한 집단은 지구마강(千曲川)을 거슬러 올라 시나노(信濃)의 내륙지방에 진출, 정착하여 독자적 소국을 형성하였다. 북시나노에서 가장 발전한 곳인 지구마강 하류일대가 바로 그것이다.

지구마강하류 유역의 양쪽 기슭에는 자연관개에 적합한 논이 매우 넓게 전개되어 있다. 지역적으로 보면 마쯔모또(松本)시, 지이 사가따(坂田)군, 사라시나(更級)군, 고쇼꾸(更埴)시, 나가노(中野)시, 수사까(須坂)시, 시모다까이(下高井)군, 가미다까이(上高井)군 일대를 포괄하는 곳이다.

북시나노에서 가장 오래된 무덤은 현재 나가노(長野)시 시노노이(篠ノ井)에 있는 센류쇼궁즈까무덤(川柳将軍塚古墳)무덤이다. 지구마강을 내려다보는 표고480m의 산꼭대기에 있는 전방후원무덤(길이 90m, 후원부 직경 42m, 높이 8.2m, 전방부 31m, 높이 6m)인 이 무덤에서 많은 유물로

---

32 조희승, 『일본에서 조선소국의형성과 발전』,1990, 백과사전, p. 521.

서는 각종 거울 7개, 관옥 102개, 작은구슬 560개 등이다. 1800년, 1893
년의 두 차례에 걸친 발굴 때 남긴 기록에 의하면 거울 모두 27면(혹은
42면)이며 구리활촉 17개, 가락바퀴 2개, 쇠칼, 검, 차륜 등이 있었다고 한
다.

그런데 주목할 만한 사실은 발굴당시에 남긴 책인「시나노기승록」에
이상한 글자로 쓴 일월명 내행꽃무늬거울이 있었다고 한 것이다. 그 글에
는 "고구려)문자와 53명의 용감한 사람의 모양이 있다."라고 씌여 있었다
한다.[33]

무덤의 축조시기는 그 위치 형태, 돌칸의 모양, 유물들로 보아 비교적
이른 시기라고 하며 묻힌 자의 성격에 대해서는 "다만 단순히 이 지역이
왕일뿐 아니라 거울 27면과 차륜석의 존재로 보아 (…) 또 통모양동기(성
장:聖杖)의 존재는 그 주인이 사제왕(司祭王)이였음 이야기해 주고 있다."
라고 한다.[34]

센류 쇼궁즈까이무덤의 주변에는 그 무덤을 계승하는 4세기후반기의
모리쇼궁즈까무덤(森將軍塚古墳)이 있다. 고쇼꾸시(更埴市)모리의 구릉
마루에 위치한 그 무덤은 전방부가 서남쪽을 향하게 만든 전방후원무덤
이다 (길이 약 90m, 후원부의 직경 약 42m, 높이 9m, 전방부의 너비 약
35m, 높이 약 5m).

내부시설로서는 편평한 판돌을 쌓아올린 수혈식 돌칸(길이 7.65m, 너
비 약 2m의 장방형)이 있다. 도굴당한 후의 조사에 의하면 거울조각, 쇠
활촉, 검, 철제 칼, 창, 손칼, 낫, 굽은구슬, 관옥 등이 나왔으며 전방부에서

---

33 『신관 고고학강좌』5권, 웅산각 1975, p 117.

34 『신관 고고학강좌』5권, 웅산각 1975, p 117.

돌상자 널과 목부위에서 횡혈식 돌칸이 발견되었다.[35]

그 무덤의 주변 100m이내에서 12기의 원형무덤이 발견되었다. 무덤의 직경은 4m안팎이며 축조시기는 5~6세기로 추정되고 있는데 그 무덤들은 모리 쇼궁즈까무덤(森將軍塚古墳)과 관계가 있는 것으로 추측된다고 한다.[36] 한 무덤에서는 금고리가 나왔다고 한다.

모리쇼궁즈까무덤이 있는 곳에서부터는 야시로, 아메노미야, 구라시나, 모리의 4개 부락에 둘러싸인 약 100정보에 이르는 지구마강 유역가운데서 가장 낮은 습지대가 펼쳐져 있으며 고대무덤이 있는 곳에서는 조리제(條里制) 유적이 내려다 보인다고 한다. 그것은 모리쇼궁즈까무덤(森將軍塚古墳)을 남긴 사람들과 고대 조리제 유적이 일정한 연계가 있다는 것을 보여준다.

나노 고구려소국을 특징짓는 것은 큰 규모의 돌각담 무덤이다. 현재 알려진 돌각담 무덤은 나가노현에서 모두 850기 정도인데 그대부분이 지구마강 하류 동쪽기슭인 하니시나(埴料) 마쯔모도(松本)시 사라시나(更級)시 (현재 동지구마강군) 등지에 분포되어 있다.

먼저 오무로(大室)의 무덤떼(약 500기, 그 중 330기가 돌각담 무덤)에 이 무덤떼는 지리적 분포상태로 보아 5개의 가지떼(支群)로 나뉘어진다. 무덤떼는 유감스럽게도 본격적인 조사가 진행되지 못한 상태에 있다, 단편적 조사에 의한 가지떼의 돌각담 무덤의 분포형편을 보면 다음과 같다.

이 5개의 가지무덤떼 외에도 호시나(保料)의 계곡, 와다우찌(錦內)의 계곡, 수사까(須坂) 아유가와(點川)의 구름무덤(약 79기), 기지마(木島) 등에도 돌각담무덤떼들이 분포되어 있다.

---

35 조희승, 상게서, p. 484.

36 『시나노마이니찌신문』1984년 8월16일

가지무덤떼(支群) 명 칭	무덤의 분포정형	비고
기타가지군 (北支群)	16기 이상의 무덤이 있음. 직경 6~10m정도의 원형무덤으로서 흙과 돌이 섞인 봉토무덤이 많다. 내부시설은 횡혈식 돌칸이 기본으로 되어있다고 추측되고 있음	
오무로다니가지떼 (大室谷支群)	200기 이상의 무덤이 집결되어 있음. 그 가운데서 기본은 돌각담 무덤인, 그중 합장한 돌칸쌍무덤이 11기이상이나 확인됨	
가스미끼가지떼 (霞城支群)	약 40기의 무덤이 알려짐, 돌칸흙무덤이 10기, 합장한 돌칸쌍무덤 2기가 확인됨	
기타다니가지군 (北谷支群)	260기 가까운 무덤이 집결되어 있음. 대부분이 돌각담 무덤임, 내부시설에서기본은 횡혈식 돌칸이나 합장형 돌칸 쌍무덤이 6기가 인정됨. 매우 작은 규모의 수혈식 돌칸도 보인다고 함.	
가나이야마가지떼 (金井岐群)	약 40기의 무덤이 알려짐, 돌칸 흙무덤이 10기, 합장한 돌칸쌍무덤 2기가 확인됨	

표에서 보는 바와 같이 오무로다니무덤떼에서 주류를 이루는 것은 돌각담 무덤이며 내부시설은 횡혈식 돌칸으로 되어 있다. 일부는 수혈식 돌칸과 쌍무덤형식이 있다. 그 무덤떼의 대부분의 것은 고분문화시기의 후기, 즉 6세기에 축조된 것이지만 5세기경부터 만들어지기 시작하였다고 보인다. 그렇게 보는 것은 그것이지만 5세기에 만들어진 무덤이 여러 기 발견 조사되었기 때문이다.

5세기 돌각담 무덤의 대표적 실례는 수사까 요로이즈까(鎧塚) 제1호 및 제2호 무덤이다. 수사까시 핫쬬(須坂市八丁)에는 묘덕산을 배경으로 한 아유강이 흐르는 곳에 약 70기의 돌각담 고분군이 있다.

표고 518m정도의 부채살 모양의 구릉지대에 그 무덤떼의 제1호무덤은 직경 23m 높이 2.5m로서 돌각담 무덤이다. 무덤안에서 판돌로 조립식으로 만든 돌상자 널이 나왔다. 그밖에 유물로는 우수한 사신경조각과 여러 가지구슬, 벽옥제동팔지, 창, 칼, 쇠활촉, 패갑철편 등이 나왔다.

제2호 무덤은 제1호 무덤으로부터 20m 정도 떨어진 곳에 있는데 직경 25m(추측), 높이 15m 정도의 돌각무덤이다. 유물로는 금동제띠고리 3개, 유리알, 쇠활촉, 방울달린 행엽, 말자갈, 쇠칼, 패갑철편 등이 나왔다.

제2호 무덤은 제1호 무덤(5세기전반기에 축조) 보다 시기적으로 좀 더 뒤지는 것(6세기 전반기로 추측)으로 알려져 있다. 무덤에서 나온 금동제 띠고리는 주조품으로서 이발(齒)을 사려문 짐승(사자 아니면 호랑이)의 얼굴을 형성했는데 변두리의 평행선사이에는 파상무늬와 열점무늬를 가는 선으로 조각한 아주 우수한 수공업품이다. 그것은 고구려에 연원을 두고 있는 것으로 평가되고 있다.[37]

시나노 요로이즈까 제2호무덤에서 나온 고구려금동띠고리

동지구마군 아마즈미(東筑麻那麻積)분지를 내려다보는 아사까(安坂) 히가시야마(東山)의 산기슭과 산허리에는 아사까 쇼궁즈까무덤을 비롯한 돌각담 무덤이 있다. 그중 제1호 무덤과 제2호 무덤은 방분이며 유물도 고구려적 색채가 짙은 것으로 유명하다.

---

37 『시나노고고학 산보』, 학생사, 1973, p. 57~58.

아사까 제1호, 제2호 무덤에서는 다같이 수혈식 돌칸이 드러났는데 제
1호 무덤은 나란히 놓인 2개의 수혈식 돌칸으로 되어 있고 제2호 무덤은
하나의 수혈식 돌칸으로 되어 있다. 규모는 제1호 무덤이 1.7×5.0 m, 제2
호 무덤이 0.75×5.6m로서 깬돌의 면을 맞추어 쌓아올렸다. 벽은 높이 80
㎝이며 천정은 5~6장의 납작한 돌로 막은 것 같다고 한다.

제1호 무덤의 2호 돌칸에서는 갈돌과 끌, 창대패, 검, 곧은 칼(직도), 창
이 발견되었다. 그 중 검에는 큰 것과 작은 것이 있고, 큰 검의 자루는 얼
마간 휘여서 철검으로서는 아주 특이한 모습이라고 한다.

또한 끌과 창대패는 야수공업자들이 필수적으로 소용되는 공구들이다.
그 질이 높아 아주 우수한 것들이라는 것이 판명되었다고 한다.[38]

시나노 사꾸라오까무덤에서 나온 한국제금관띠

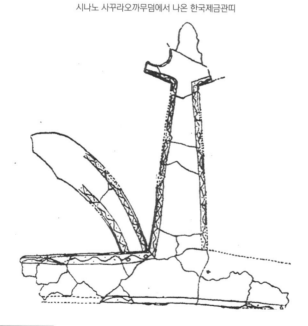

---

38 『시나노고고학 산보』, 학생사, 1973, p. 169~170. 조희승, 『일본에서 조선소국의 형성과 발전』 한
국문화사, 1996, p. 487.

아사까 제4호무덤은 한변의 길이가 15m의 모난 무덤으로서 높이 3.5m의 비교적 큰 무덤이다. 돌칸은 두 날개식의 횡혈돌칸으로서 무덤칸의 길이 4.93m. 너비 2.7m, 높이 1.4m 이다. 유물로는 구슬류와 금고리, 마구류, 스에끼 등이 나왔다.

아사까무덤떼의 축조년대는 제1호, 제2호 무덤의 내부구조와 거기서 나온 검, 창들의 편년으로 보아 5세기경으로 추측된다고 하며 제4호무덤은 7세기경으로 추정되는 것 같다. 그 무덤들에 묻힌 자는 그 땅이 고구려 이주민들인 아사까씨의 거주지라는 것과 무덤이 돌각무덤의 형태를 취하고 있는 것으로 보아 명백히 고구려계통의 이주민집단이었음을 알 수 있게 한다.

아사까지역은 『일본후기』에 나오는 고구려이주민인 젠부쯔나마로(前部綱麻呂)의 정착지이다. 돌각담 무덤은 아니지만 현재의 동지구마군에는 사꾸라가오까(櫻丘)무덤이 있다. 그 무덤은 일찍이 금고리와 굽은 구슬이 나왔다고 전해지며 1954년에 우연한 기회에 철제칼 1개, 검 4개, 창 1개, 배머리모양투구 1개, 단갑 1령, 목갑 1령 등이 발견되었다.

이어 1955년에 그 무덤에 대한 조사가 진행되었다. 그 무덤의 내부시설로서는 수혈식 돌칸인 주실과 부실이 설치되었다. 길이 1.85m, 너비 60㎝, 길이 30㎝의 부실에서는 금동관(天冠) 1개, 대나무빗 1개, 굽은 구슬1개, 둥근구슬 9개, 작은 구슬 35개, 검 1개가 나왔다고 한다.

무덤은 출토된 유물에 의하여 5세기말~6세기 전반기의 것으로 추정되고 있다. 특히 금동관은 앞 이마 부위에 맞추는 띠를 기본바탕으로 하여 세 가닥의 가지로 된 립권(立拳)장식을 단 '입권식' 계통에 속하는 액당식(이마에 붙이는 형식) 천관(天冠)이라고 하는 관이다.

세 가닥의 가지 중 가운데 것은 앞끝이 보주형이고 또 두 가닥은 첨엽

(尖葉) 형이며, 가지변두리와 띠변두리에는 가늘게 조각한 파장무늬와 구슬무늬를 연결시켜 그 양쪽을 평행선으로 매듭짓고 있다고 한다. 그 유물은 "아마도 대륙색이 짙은 제품으로서 묻힌 자의 성격도 추정할 수 있을 것이다."라고 한다.

대륙색이란 곧 고구려의 채색이다. 유물은 당시의 일본과 중국에 없는 고구려계통의 천관(天冠)이라고 말할 수 있을 것이다. 더욱이 그 지대는 가라이누가이(辛犬養)씨의 정착지로서 '신견양(辛犬養)'는 곧 '한견양(韓犬養)'이다. 아마도 고구려 소국의 우두머리집단에 직속하는 한국계통 부곡민집단의 정착지로 추측된다.

이상에서 북시나노에 있는 고구려적 무덤을 간단히 살펴보았다. 지금까지 본 요로이즈까(鎧塚)무덤, 아사까궁즈까무덤(安坂將軍塚古墳), 사꾸라가오까무덤(櫻丘古墳)의 공통적 특징을 알아보면 다음과 같다.

첫째, 북시나노지방의 무덤들은 고구려적 돌칸무덤이 기본이며 내부시설 역시 고구려적 횡혈식 돌칸이 주류를 이룬다. 그리고 그 밖에 일부 수혈식 돌칸과 합장형 돌칸이 있다.

둘째로 북시나노의 돌각담 무덤의 축조시기는 4, 5세기에 시작되어 6세기를 거쳐서 7세기에 이른다는 사실이다.

우선 돌각담 무덤자체가 고구려에서 3~4세기에 성행한 무덤형태이다. 고구려 돌각담 무덤은 고구려 초기의 영토전반에 걸쳐 분포되어 있지만 그 중에서도 고구려 초기의 중심지였던 환인현과 집안현을 중심으로 한 압록강유역에 가장 많다.

『삼국지』(위지 동이전 고구려전)에 의하더라도 고구려 사람들은 "죽으면 돌을 쌓아 봉한다."[39]라고 하였다. 고구려 무덤형식의 변천역사를 보면

---

39 『삼국지』「위지」(동이전 고구려전) 「厚葬, 金銀財幣, 盡於送死 積石爲封, 列種松柏.」

평양천도(427년 장수왕 15년)를 전후한 시기 이전은 기본적으로 돌각담 (積石)무덤이고, (일부 돌칸 흙무덤 축조)그 이후는 돌칸 흙무덤이 지배적 이다.

물론 그렇다고 하여 평양 천도 이전에는 돌각담 흙무덤만 축조된 것이 아니라 안악 제3호 무덤처럼 돌칸흙무덤도 축조되었다. 하지만 5세기를 전후한 시기를 계기로 돌각담 무덤과 돌흙무덤의 점차적 이행이 벌어졌다고 보아 크게 잘못은 없을 것이다.

이와 같은 사실은 돌각담 무덤이 고구려에서 주로 4~5세기 이전시기에 성행한 무덤형식이라는 것을 알 수 있게 한다. 북시나노에서는 그와 같은 돌각담무덤이 7세기까지 성행하는 것이다.

그것은 북시나노의 고구려 이주민들이 본국에서 돌각담무덤이 축조되던 시기에 일본으로 건너간 사람들(집단)로 이루어졌으며 그때의 무덤풍습을 자손대대로 고수해 왔다는 것을 보여준다.

왜 그렇게 말할 수 있는가 하면 한국(고구려)에서는 돌각담무덤, 돌칸 흙무덤으로 이어지는데 북시나노에서는 그와 같은 순차적 단계로 이어지는 무덤이 없고 기본적으로 돌각담무덤 한가지로 이루어지고 있는 것이다. 그것은 또한 4~5세기에 일본으로 건너간 고구려 사람들이 그 후에는 거의 고구려와의 연계가 없었다는 것을 보여준다.

셋째로 북시나노무덤떼의 규모를 통하여 거기에 독자적 정치세력이 존재하였다는 것을 인정하지 않을 수 없다는 사실이다. 500여기에 이르는 오무로(大室)무덤떼는 그 규모와 축조시기의 지속성으로 존재하여 거기에 독자적 정치세력이 있었다는 것을 알게 한다. 독자적 정치세력이란 바로 한국계통소국을 의미한다. 무덤떼의 고구려적 성격은 곧 거기에 고구려의 소국이 있었다는 것을 말해 준다.

앞에서 본바와 같이 북시나노의 무덤떼는 오무로무덤떼를 중심으로 하여 여러 작은 집단을 이루고 분포되어 있었다. 이로써 고구려 소국은 산과 강에 의하여 무덤떼의 작은 분포로 보아 여러 개의 작은 정치집단인 소국들이 형성되어 있었다는 것을 볼 수 있다.[40]

3) 노도반도의 고구려소국

해류관계로 한국으로부터 동해를 거쳐 일본에로의 길이 곧게 열려져 있는 곳은 노도반도 일대였다. 또한 거기에는 좋은 나루들이 많았다. 고구려 사람들은 한반도 동해안의 신포기 오매리(靑海土城)와 같은 좋은 항구를 떠나 노또반도로 건너갔다.

현재 작은 요트를 이용하더라도 순풍에 돛을 달 때에는 사흘이면 한국 동해를 횡단한다고 한다. 고구려 사람들이 일본의 어느 지점으로 많이 상륙하였는가는 자세하지 않다.

『일본서기』에 그들이 고시국에 표착한 사실 등이 단편적으로 전한다. 그리고 발해사신이 도착하고 떠나던 곳을 보면 에찌젠(越前) 사까이(坂井郡)군 미구니미나또(三國湊)와 구도류강(九頭龍川)하구 등지의 나루 등이 많이 이용되었다.

고구려 사람들이 집중적으로 정착한 곳은 고시국일대 가운데서도 현재의 도야마(富山)현 도야마시 서쪽의 도야마평야일대와 이시가와현 가시마군오찌가따(鹿島郡邑知瀉)평야 일대이다.

먼저 도야마평야에서 고구려 사람들이 남긴 것으로 짐작되는 유적에 대하여 보기로 하자. 도야마평야의 대표적인 무덤떼로서는 하네야마(羽根山)무덤떼와 사꾸라다니(櫻谷)무덤떼가 있다.

---

40 조희승, 상게서, p. 489.

도야마현에서 가장 큰 전방후원무덤을 포함하고 있다는 사꾸라다니무덤떼는 다까오까시 오따(高岡市 태전)의 니쬬(以上) 구릉 북동 끝에 있다. 눈앞에 한국 동해가 펼쳐져 있다. 전방후원무덤 2기, 원형무덤 9기 이상으로 이루어져 있던 그 무덤떼는 현재 전방후원무덤 2기가 남아있을 뿐이다. 이들 무덤에서는 금동고리, 구슬, 쇠칼, 검 등이 나왔고, 1945년 제7호 무덤이 파괴될 때 금동띠고리와 쇠활촉이 나왔고, 제8호무덤에서는 횡혈식 돌칸이 노출되었다.

도야마현 네이군 휴쮸(婦負郡 婦中)정에 있는 하네야마무덤떼에서는 전방후원무덤 1기, 전반후반무덤 1기 원형무덤 10기로 구성되어 있다. 이밖에 도야마평야에는 구례하산 동북쪽에 반신산(番神山)무덤떼와 스기다니(衫谷)무덤떼(네모퉁이 돌출형 무덤이 나온 것으로 유명하다) 등이 있다.

4. 유적·유물을 통한 고구려 소국

1) 지명 유적을 통해 본 기비 고마소국

현 구메군(久米郡)은 오가야마현의 거의 중앙부를 차지하는 고을로서 북은 도마다(笘田)군과 즈야마(津山)시 동으로 가즈다(勝田)군에, 동남으로 아까이와(赤磐)군에, 서남은 미쯔(御津)군, 서북은 마니와(眞庭)군에 인접하고 있다. 본래 구메군은 기비 비젠국(吉備肥前國)에 속해 있었는데 8세기초 비젠(肥前)에 속한 구메군 등 6개 고을 떼서 미미사까(美作)국으로 나누어지면서 비젠군으로부터 떨어져 나갔다.

『속일본기』 화동6년 8세기 구메군은 오오이(大井), 시도리(倭文), 니시리(西利), 나가오까(中岡), 이나오까(稲岡), 가모(鴨), 유께즈(弓削),구메(久米)의 8개 향(鄕)으로 구성되어 있다. 옛 구메군은 일본에서도 이름난 쌀 생산지의 하나인 쯔야마(津山:일명 가가미노분지)와 요시이강(吉井川)과 아사히강을 낀 고장으로서 비교적 온화한 기후와 농사 짓기에 유리한 관개수를 가진 곳이다.

「구메」라는 것은 「고마」가 변화된 말이다. 구메는 자음 「ㄱ」,「ㅁ」는 그대로 있으면서 모음 「오」가 「우」로 「아」가 「에」로 모음조화를 이루어 생겼다. 일본에서 헤이안시기 『만엽집』이 편찬될 당시까지도 모음조화가 있었다는 것이 일본어학계의 정설이다.

「구메」가 「고마」였다는 것은 일본학자들도 인정하고 있는데 기다 데이기찌(喜田貞吉)가 "구메는 구마의 전화된 말로서 고마히또(肥人)족이다."[41]라고 한 것이 그것이다. 일본에서 가야국을 「구야」,「게야」라고 한 것처럼 「ㅔ」와 「ㅏ」는 통한다. 이처럼 구메는 구마이며 구마는 고마이다. 말하자면 고마-구마-구메로 되어 오늘에 이른 것이다.

이 고구려 건국신화(建國神話)를 신무동정설화(神武東征說話)에 대비하면 전자에서는 강을 건너는 것이 후자에서는 바다를 건너는 것으로 전자에서의 거북이와 자라가 후자에서는 거북이로, 전자에서는 아버지쪽이 하늘이고, 어머니쪽이 강신의 딸이었다면 후자에서는 천손이고 어머니쪽은 바다신의 딸로 되어 있는 것이다. 실로 큰 차이가 없다. 이 같은 양자의 유사성은 어디로부터 오는 것인가.[42]

거기에는 큐슈지방의 가라계통세력에 의하여 단행된 가와찌와 야마또지방에로의 동천-신무동정에 관한 설화에 고구려 건국신화가 유사하게나마 반영되었다는 것을 알 수 있다.

---

41 『오까야마현통사』,1930, p. 245.

42 조희승, 상게서, p. 303.

바로 신무동정(神武東征)에는 구메베(久米部)의 조상들이 한 몫 끼여 있는 것이다. 고구려 사람들의 진출도 일본역사에 큰 작용을 하였던 것이다.

구메가 그것이 지명이든 인명이든 고구려적 요소, 고구려적 색채를 다분히 띠는 것은 십분 주목할 일이다. 실례로 기비 가야국에 기노죠 산성과 가야 문만사 사이에 있는 구메라는 지대에 구메무덤떼가 있는데 여기에는 방분(方墳)이 큰 비중을 차지한다. 또한 야마또 아스까의 오꾸야마 구메사이에는 백제적 기와장과 함께 고구려적 기와장이 나온다.

요컨대 구메라는 것이 고구려와 밀접한 관계했던 이름임은 의심할 바 없다. 일본도처에 있는 구메의 부곡이 군사적 성격을 띤 것도 고구려와의 관계속에서 고찰하여야 할 것이다. 앞으로 구메와 고구려와의 관계를 더 깊이 연구해야 할 것이기도 하다.

「구메」는 「고마」이며 이 고을은 대화개신 이전에는 나라국으로서 구메국 즉 고마국이었던 것이다. 이 구메-고마국이 한국계통 소국이었다는 것은 이 고을의 한국지명을 통해서 잘 알 수 있다. 옛 기비 고마국의 남단으로 볼 수 있는 미쯔군에는 고구려에 의한 고려라는 지명이 집중적으로 분포한다.

즉 우가끼촌(宇垣村)의 고오라산, 고마이(駒井), 고려거(高麗居), 작은 마을 이름으로서의 고오라(河原), 가나가와정(金川町)의 고오라, 우에다께베(上建部村)촌의 위 고오라, 아래 고오라가 있고 이밖에도 고오라지(지(地), 고후라지(地)라는 지명이 많다. 이 지명들은 고려에서 온 지명으로 추측된다.[43]

고을명 구메(고마)라는 것과 함께 니시고리, 시도리, 유즈끼 등은 한국

---

43 『아까이와(赤磐)군지』,강산현, 적반군교육회, 1940, p. 301.

계통 부곡명들이다. 시도리라는 것은 직물의 옛 이름으로서 아마, 모시 그리고 각종 무명에 무늬를 새겨 짜는 것을 말한다. 이 기술 역시 한국에서 전래된 것이며 시도리(倭文)향이라는 것은 바로 이러한 천짜는 사람들이 모여 살던 부곡이다. 니시고리(錦織)는 한국에서 건너간 비단짜는 사람들이 모여 살던 부곡명이다.

구메군일대가 한국이주민들이 건너가 살면서 비단들을 짰으며 거기서부터 하나의 향으로 되었다는 것은 구메군 야나하라정(柵原)에 있는 '쯔끼노와(月の輪)'고분을 통해서도 잘 알 수 있다.

이 고분에서 한국적인 거울, 칼, 검, 쇠활촉, 구리활촉과 각종 공구들이 나왔는데 여기에는 또 80종에 달하는 각종 비단들로 된 비단천으로 감아 천조각 300점이 검출하였다고 한다. 특히 도검들을 한 개씩 비단천으로 감아 비단자루에 넣었던 것으로 추정될 뿐 아니라 매 비단들은 서로 마다 다른 질의 것이었다고 한다.

그 비단천들은 직조수법(織造手法)이 고도로 치밀하고 세련되었으며 누에는 집누에로서 비단실 가운데는 황색, 적색, 록색, 청색, 갈색, 등이 염색된 것이 검사에 의해 밝혀졌다고 한다.

이 무덤은 대체로 5세기경으로 편년되고 있다. 고마소국에 군림하던 통치자들은 누렇고 파란 울긋불긋한 비단 천들로 궁실을 화려하게 장식하고 또 고운 비단들로 몸들을 휘감고 살았던 것이다.

이것은 『일본서기』(흠명기 23년 8월조)에 있는 고마국의 왕궁을 침입해서 고마국왕의 내전에 폈었다는 칠직장(七織帳)⁴⁴이란 장막을 빼앗아

---

44 『일본서기』「흠명기」23년8월조〈八月, 天皇遣大將軍大伴連狹手彥, 領兵數萬, 伐于高麗. 狹手彥乃用百濟計, 打破高麗. 其王踰墻而逃. 狹手彥遂乘勝以入宮, 盡得珍寶貨賂·七織帳·鐵屋, 還來. 舊本云「鐵屋在高麗西高樓上, 織帳張於高麗王內寢.」以七織帳, 奉獻於天皇. 以甲二領·金飾刀二口·銅鏤鍾三口·五色幡二竿·美女媛媛, 名也幷其從女吾田子, 送於蘇我稻目宿禰大臣. 於

왔다는 기록과도 상통하는 것이다. 7색 찬란한 가지각색 고운 비단필을 짜는 한국장공인들의 집단이 살았기 때문에 이들이 사는 마을을 시도리(倭文), 니시고리(錦織)로 부른 것 같다.[45]

2) 고고학적 유적을 통해 본 기비고마 소국

구메군이 고마국이었다는 것은 고분을 비롯한 유적유물을 통해서도 알 수 있다.

구메군일대의 고분의 특징을 보면 첫째 무덤형식에 있어서 방분[46]이 지배적이라는 것, 둘째 내용에 있어서 군집무덤의 형태를 띠면서 횡혈식 무덤이 많다는 것을 들 수 있다. 우선 이 구메군일대에 고구려 특유의 방형무덤이 많이 분포해 있다는 사실이다.

전방후방무덤은 방형무덤에 네모난 제사터인 넓은 제단이 붙은 것인데 그 구조형식은 전방후원무덤과 다른 것이 없다. 이 일대에 수장들이 고구려적 무덤형식을 답습하거나 그 요소를 섭취하여 축조하였다는 것을 보여준다고 생각된다.[47]

다음으로 이 구메군에 고구려적 무덤형식이 있다는 것은 전형적인 군집(떼)무덤이 형성되어 있는 것을 두고도 말할 수 있다. 군집무덤이라는

是, 大臣遂納二女, 以爲妻居輕曲殿. 鐵屋在長安寺, 是寺不知在何國. 一本云「十一年, 大伴狹手彦連共百濟國, 驅却高麗王陽香於比津留都.」〉 (본장 주25 참조 및 본문참조)

45 조희승, 상게서, p. 299.

46 조희승, 이덕일 해역, 『임나일본부해부』말, 2019, p. 183. 일본의 전방후원, 전방후방무덤이란 원래 한국의 고유한 묘제이다. 왜 그런가하면 『삼국시기』 한국무덤의 외형에서 기본이 원형과 방형이기 때문이다. 여기에 네모난 제단을 단 것이 전방후원, 전방후방인 것이다. 여기에 고구려에 연원이 있다는 것을 보여준다. 구태여 더 말하다면 일본의 방분과 전방후원무덤 그리고 사우(四隅) 돌출모양 방분(方墳)은 바다건너 고구려와 인접한 동해안에 면한 지역들에만 독특하게 존재한다.

47 조희승, 상게서, p. 305.

것은 무덤떼의 한 형태로서 산턱같은 일정한 좁은 지역에 규모가 같은 무덤들이 밀집해 있는 것을 말한다.

이 구메군에는 군집무덤연구의 선구가 되었다고 하는 쯔야마시(津山市) 사라야마(佐良山)다고 하는 현 쯔야마시(津山市) 사라야마촌을 중심으로 한 산기슭에 200기에 이르는 사라야마(佐良山)무덤떼가 있다.

대부분이 15m 이하의 작은 원형무덤이 10여개의 갈래별로 나뉘어 있는데 (1960년대 초에 총 96기) 내부시설은 거의 다 횡혈식 돌칸이다. 군집무덤은 횡혈식 돌칸 무덤과 함께 고구려에서 발전한 것인데 고구려의 강성과 더불어 5~6세기에 이르러 백제, 신라에도 보급되었다.

그 시원을 따지면 고구려에 있으며 고구려의 문화적 영향이 강화되면서 백제와 신라에서도 횡혈식 돌칸을 가진 군집무덤이 일반화되었다. 그리고 한국에서의 이러한 무덤형식의 성행이 일본에도 파급된 결과라 하겠다.

구메군에 있는 이 사라야마무덤떼는 그 이름과 이 일대에 진출한 고구려세력의 존재 등으로 보아 고구려적 성격을 띠고 있다고 보아도 무방하다. 더욱이 이 무덤떼의 이름이 붙은 사라야마(또는 사라라야마)라는 것은 사라라노 무라지(佐良連)[48]에서 출발한 것으로서 사라라노 무라지는

---

48 『신찬성씨록』 「하권」 하내국제번 제27권 佐良連은 『화명초』에 河內國 讃良(佐良)이라 하고, 「천무기」 12년10월 사라라마사조(沙羅羅馬飼造)에게 성(姓)을 연(連)을 하사하고, 「흠명기」 23년 추7월 更荒郡 鸕鷀野邑의 신라인(新羅人)의 선조(仙鳥)이다. 라고 하였다.

48-1) 상기 기사와 관련된 『일본서기』의 기록을 년대순으로 간략이 보면 먼저 ① 흠명왕23년 〈秋七月己巳朔, 新羅遣使獻調賦. 其使人, 知新羅滅任那, 恥背國恩, 不敢請罷. 遂留, 不歸本土. 例同國家百姓, 今河內國更荒郡鸕鷀野邑新羅人之先也.〉(신라는 사신을 보내 공물을 헌상하였다. 그 사신은 신라가 임나를 멸하였다는 것을 알았으므로, 국은에 배반하였다는 것을 부끄럽게 여기고 돌아가지 않겠다고 청하였다. 그래서 머물러서 본도에 돌아가지 않았다. 나라의 백성과 같은 처우를 받았다. 지금은 하내국 경황군 노자야읍의 신라인의 선조이다.) ② 천무12년 〈冬十月乙卯朔己未, 三宅吉士·草壁吉士·伯耆造·船史·壹伎史·娑羅·馬飼造·莬野馬飼造·吉野首·紀酒人直·采女造·阿直史·高市縣主·磯城縣主·鏡作造, 幷十四氏賜姓曰連.〉(삼택길사, 초벽길자, 백기조, 선사, 일기사, 사라라마사조, 토야마사조, 길야수, 기주인직, 채녀조, 아직사, 고시현주, 기성

백제의 추모왕과 같은 나라 사람인 구메쯔히고(久米津彦)의 후손이라 한다.

비록『신찬성씨록』에는 사라야마무라지를 백제국에 포함시켜 놓았으나 추모왕(고주몽)의 이름에서 볼 수 있듯이 흔히 양자는 혼동하기 쉬운 것이다. 구메고을 일대가 고마 즉 고구려국이었기에 그곳의 도처에 고구려 문화의 자취가 남아있다.

그러한 대표적 실례로 마니와(眞庭)군 구세(久世)정의 고단폐사(五反廢寺)를 들수 있을 것이다. 그 폐사는 하꾸호(白鳳)시기 (7세기후반기)의 절간인데 그 가람배치는 아직 본격적인 발굴이 진행되지 않아 잘 알 수 없다.

현재까지 알려진 기와 막새로는 7종류가 알려져 있는데 보통 연꽃무늬기와와 3가지류의 변형 연꽃무늬기와가 주목된다. 그 하나에는 비교적 큰 자방(子房)에 9개의 연밥을 놓고 마치도 국화와 같은 가는 연꽃잎이 32잎이나 새겨져 있다.

무늬의 주변에는 네겹이나 되는 동그라미를 새겼고 그것이 해살모양으로 16개로 나뉘어져 있다. 그 막새는 크면서도 입체적으로 잘 꾸며져 있는 그 양식이 고구려 기와막새에 바탕을 두고 있다는 것을 알 수 있게 한다.

다른 두 가지 종류는 자방에 일곱 개의 연밥이 있고 그것을 열한 잎의 연꽃잎이 둘러치고 있는데 그 꽃잎은 작고 짧은 도토리모양이다. 꽃잎이 도토리모양으로 된 것은 평양시 대성산의 안학궁에서 나온 고구려 기와막새에서 확연히 볼 수 있어 그것이 고구려에 계통을 두고 있다는 것을 알 수 있다.[49]

현주, 경작조, 모두 14씨에 성을 주어 주어 무라지(: 연(連)이라 하였다.

49 니시가와(西川宏),『기비의 나라』, 학생사, 1975, p. 216. 및『오까야마와 조선』니시가와(西川宏)

고구려 기와. 기비구메군 고단폐사터(좌)와 평양 안학궁터(우)

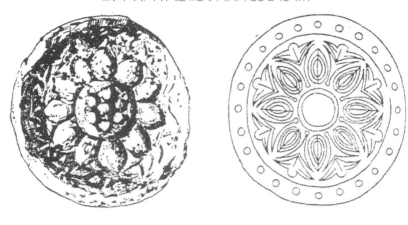

고단절터는 구메군 구메정의 바로 곁에 위치해 있다. 그곳은 아사히강과 모꾸기천(目木川)이 합치는 기름진 평야지대이며 고대 조리의 유적인 「모꾸기다조리제」(目木田 條里制)유적이 있는 곳이다. 근처에는 가나야무덤떼(金屋), 다다무덤떼(多田), 도미야무덤떼(富屋), 등이 분포되어 있다.

이 밖에도 고마국의 중심지대라고 할 수 있는 현재의 구메군 구메정의 니시고리고분(錦織)과 시도리고분(倭文), 산나리무덤(三成)이 삼각선을 이루는 중심중부에는 일본에서 가장 오래된 제철로 자리의 하나가 있다는 것도 스쳐지날 수 없다.

옛 구메(고구려)군에서는 1984년 당시까지 여러 기의 고대 제철터가 발견되었는데 그 대표적인 유적으로 오구라이께 남쪽(大藏池南)제철유적: 현재 구메군 구메정)과 미도리야마(祿山)제철유적을 들 수 있을 것이다. 오구라이께 남쪽의 제철유적은 쯔야마분지의 서쪽에 위치해 있으며 7면의 작업면과 6기의 제철터가 조사, 확인되었다고 한다. 시기는 6세기후반

일본문교 1984판 참고

고대 일본은
한국의 분국

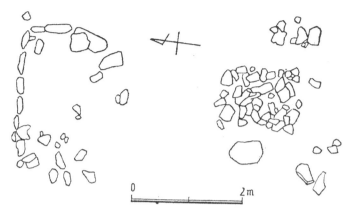

고구려 쇠부리터 (자강도 시중군 로남리)

기의 것으로 추측되고 있다.

미도리야마 제철유적은 쯔야마분지의 북동부에 있으며 2기의 제철로터와 9기의 제단가마터가 확인되었다고 한다. 잘 아는 것과 같이 완성된 제철로의 존재는 그곳에 철을 소유한 강력한 국가가 존재해 있었음을 웅변으로 보여주고 있다.

야마또국에 바쳤다는 쇠방패도 거기서 만들어졌다고 추측할 수 있을 것이다. 이처럼 한정된 몇 가지 단편적인 고고학적 자료를 가지고 서도 구메군일대는 고구려적 색채가 매우 강한 지대였다는 것을 알 수 있다.

구메군일대를 맨 처음으로 개척한 고구려 사람들과 그 후손들과 그 소국이름을 자기네 본국의 이름을 따서 고구려라고 지었다가 그 후 세월이 흐른 다음에도 그의 자손들과 그 나라에 있던 원주민들이 고구려를 동경하여 계속 고마란 나라이름을 지니고 존재할 수 있었던 것이다. 그리고 초기에는 문화면에서 고구려적 영향을 많이 받아오다가 그것이 지속되지 못하고 중단될 수도 있었을 것이다.

그러면 어떻게 되어 고구려의 세력이 그곳에 정착하게 되었는가? 그것은 우선 한국의 동해를 거쳐 이즈모일대에 정착한 고구려의 일부 세력들이 내륙지역으로 들어가면서 척량산맥을 넘고 쯔야마분지일대에 정착한 것으로 생각할 수 있다.[50]

이즈모와 그 일대를 연결하는 고대의 도로가 있다는 것도 이미 밝혀져 있다. 또한 한국동해를 거쳐 이즈모일대에는 신라세력과 함께 가야세력과 고구려세력도 수많이 정착하였던 흔적이 있는데 일본학계의 고고학적 학술보고에 의하면 그 일대의 무덤 가운데서 1970년대 중엽까지 알려진 무덤만도 540기가 넘으며 그 가운데서 111기가 방형무덤에 근원을 두고 있는 전방후원무덤 역시 60기 가량 있다고 한다. 그 가운데서 17기가 이즈모지방에 있다.[51]

그런데 이즈모지방의 방형무덤 및 전방후방무덤은 같은 이즈모라고 할지라도 마쯔에시(松江)와 야스기시(安來市)를 중심으로 하는 미호만(美保灣)일대를 축으로 하여 분포되어 있다. 즉 야스기일대에는 미야야마무덤(전방후방분 52m), 쯔꾸리야마 제1호무덤(방형무덤 60m), 제2호무덤(전방후방분 50m), 제3호무덤(방형무덤 58 × 44m)등의 18개 무덤들이 있고 마쯔에시 일대에는 야마시로 후따고즈까무덤(山代 二子塚, 전방후방분 90m), 다께야(多慶屋) 이와후네(磐船)무덤(전방후방분 50m) 등 76기가 있다.

그 지역이 고구려 사람들의 정착지였다는 것은 미호만의 주위에 고구려와 깊은 연관이 있는 지명과 마을들이 있는 것으로도 설명될 수 있을 것이다.

---

50 조희승, 『일본에서 조선소국 형성과 발전』한국문화사 1996, p. 309.

51 아오끼, 『고대의 수수께끼』, 1976, p 227. 『이즈모의 나라』학생사 1973판 참고. 그 후의 조사에 의하면 이즈모의 무덤가운데서 방분은 약 250기에 이르렀다고 한다.

이즈모 호오끼(伯耆)국 사이호꾸(西伯)군의 서북쪽 해안에는 코례(高麗)촌이란 마을이 있는데 그곳은 해안충적평야의 일부로서 일찍부터 개척되어 벼농사가 잘된 고장이다. 마을 뒤에 솟은 코레이산(孝靈山) 751m)은 곧 고려산이라고 불러오는데 고려산(高麗山)이라고도 쓰며 한산(韓山), 와산(瓦山)이라고도 써서 '가와라야마', '가라야마'로도 부른다.[52] 그러한 호칭은 물론 '고려', '고구려'에서 유래된 것이다.

그 산에는 한국식 산성이 있을 가능성이 많다. 그리고 그 산기슭에는 400기 이상의 무덤떼를 비롯하여 숱한 고대유적유물이 존재한다. 그것도 고구려의 것이라고 전한다. 또한 그 일대에는 고구려적인 돌말(돌로 만든 말모양 조각품, 몸길이 150㎝, 높이 61㎝)이 있는데 그것이 고구려의 영향에 의해서 만들어진 것임은 틀림없다.

고려는 곧 고구려이며 바로 고구려 사람들은 좋은 항구가 있는 그 충적평야지대에 진출, 정착한 것이었다고 볼 수 있다. 그 가운데 일부세력이 이즈모거리(出雲街道)를 거쳐 현재의 구세정과 구메정 일대에 진출하여 고마소국을 세웠을 수 있는 것이다. 다음으로 동해바다를 거쳐 현재의 돗또리평야일대 진출, 정착한 고구려세력이 찌즈거리(智頭街道)를 거쳐 구메군 일대에 진출했을 수도 있다.

이나바국 이와미군 국부정 오까마스(岡益)에는 네모난 축대위에 배부른 기둥이 솟은 고구려식 돌당(石堂)이 있다. 돌당은 높이 90㎝, 너비와 안길이 6.2m이며 돌로 만든 기단위에 높이 1.78m, 직경 63~75㎝의 한국에 특유한 배부른 기둥이 치받고 있다.

둥근 기둥위에는 두 개의 네모난 돌이나 불탑의 상륜(相輪)을 본 딴 돌을 쌓아올렸다. 그 돌당에 고구려 무덤벽화에서 보는 인동무늬가 새겨져

52 『일본지명대사전』 3권, p. 2752

있다. 일본사람들도 그 인동무늬는 고구려 무덤벽화의 것과 일치한다고
한결같이 말해오고 있다.

그들 속에서는 근처에 있는 고구려무덤과 결부시켜 그 일대에 고구려세
력이 정착하였다는 가설들이 나오고 있다. 오까마스의 돌당의 모습은 용
강에 있는 고구려의 쌍기둥무덤의 기둥이다. 또한 고구려의 후계자인 발
해의 상경용천부 돌등을 방불케 한다.

돌당 (고구려적 돌칸무덤안에 고여있던 지탱돌로 추측됨)은 일본에서
는 가장 큰 것이라고 하며 고구려무덤의 특징을 갖춘 그러한 유적은 일본
에 다른 유례가 없다고 한다. 돌당의 기둥은 호방한 고구려 사람들의 기
풍을 보여주듯 굳세고 강렬하여 강한 인상을 준다. 그 축조에서 쓰인 길
이를 재는 단위(자) 역시 고마자(高麗尺)를 섰다는 것이 판명되었다.

오까마수의 이시도(돌당)
(받침대돌과 연변쌍화문)

가지야마(梶山)무덤에는 고구려무덤에는
고구려무덤벽화를 모방한 채색그림이 그려
져 있는데 당시(7세기경) 일본에서는 최고의
수준이라고 할 수 있는 가치있는 벽화이다.
오까마스의 돌당과 그리 멀지 않은 곳에 벽
화무덤이 있는 것은 바로 그 일대에 강한 고
구려세력이 존재하였다는 것을 보여준다.

당시 돌당은 왕족들의 무덤에만 쓸 수 있
는 구조물이다. 그 일대에 틀고 앉은 고구려
세력의 한 갈래가 찌즈가도를 거슬러 산줄
기를 넘어 현재의 구메정 일대에 정착하여
고구려 소국을 형성하였다고 보아지는 것이
다. 방형무덤의 분포와 고대도로의 개척은

한국의 문양 (일본에서 조선소국형성과 발전) (출처: 조희승, 『일본에서 조선소국형성과 발전』)

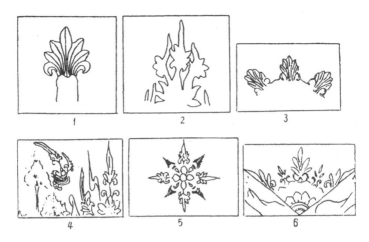

바로 고구려 사람들의 그러한 진출을 역사적으로 증명해 주고 있다.

셋째로 북시나노(信濃)무덤떼의 규모를 통하여 거기에 독자적 정치세력이 존재하였다는 것을 인정하지 않을 수 없다는 사실이다. 500여기에 이르는 오무로(大室)무덤떼는 그 규모와 축조시기의 지속성으로 존재하여 거기에 독자적 정치세력이 있었다는 것을 알게 한다. 독자적 정치세력이란 바로 한국계통소국을 의미한다. 무덤떼의 고구려적 성격은 곧 거기에 고구려의 소국이 있었다는 것을 말해 준다.[53]

3) 노또반도의 고구려 소국

해류관계로 한국으로부터 동해를 거쳐 일본에로의 길이 곧게 열려져 있는 노또반도 일대였다.

또한 거기에는 좋은 나루들이 많았다. 고구려 사람들은 한반도 동해안의 신포시(新浦市 :함경남도 북청군) 오메리(靑海土城)와 같은 좋은 항

---

53 조희승, 상게서, p. 489.

구를 떠나 노또반도로 건너갔다. 현재 작은 요트를 이용하더라도 순풍에 돛을 달 때에는 사흘이면 한국동해를 횡단한다고 한다.

고구려 사람들이 일본의 어느 지점에 많이 상륙하였는가는 자세하지 않다. 『일본서기』에 그들이 고시국에 표착한 사실 등이 단편적으로 전한다.

그리고 발해사신이 도착하고 떠난 곳을 보면 에찌젠 사까이군 미구니미나또 판정군 삼국진(坂井郡 三國湊)와 구도류강(九頭龍川) 하구 등지의 나루 등이 많이 이용되었다. 고구려 사람들이 집중적으로 진출 정착한 곳은 고시국일대 가운데서도 현재의 도야마현 도야마시 서쪽의 도야마평야 일대와 이시가와현 가시마군 오찌가마(鹿島郡 邑知潟)평야일대이다.

먼저 도야마평야에서 고구려사람들이 남긴 것으로 짐작되는 유적에 대하여 보기로 하자. 도야마평야에서 가장 큰 전방후원무덤을 포함하고 있다는 하네야마(羽根山) 무덤떼와 사꾸라다니(櫻谷)무덤떼가 있다. 도야마현에서 가장 큰 전방후원무덤을 포함하고 있다는 사꾸라이무덤떼는 다가오까시 오따(高岡市太田)의 니죠(二上) 구릉 북동쪽 끝에 있다.

눈앞에는 한국동해가 펼쳐져 있다. 전방후원무덤 2기, 원형무덤 9기 이상으로 이루어져있던 그 무덤떼는 현재 전방후원무덤 2기가 남아있을 뿐이다.

1921년에 조사된 제3호무덤에서는 금동띠고리와 쇠활촉이 나왔다고 하며 1945년 제7호무덤이 파괴될 때 금동띠고리와 쇠활촉이 나왔다고 한다.

제8호무덤은 1924년에 봉토가 벗겨졌을 때 횡혈식 돌칸이 노출되었다. 그때 쇠칼, 은으로 된 칼장식(철제도장구(鐵製刀裝具), 금고리, 스에끼, 사람뼈 등이 나왔다고 한다.

도야마현 네이군 후쥬(婦負郡婦中)정에 있는 하네야마무덤떼는 전방후원무덤 1기, 전방후방무덤 1기 원형무덤 10기로 구성되어 있다. 그 무덤떼는 구례하산(吳羽山)구릉의 한 지맥인 표고 120m의 대지위에 있다.

대표적인 무덤으로는 죠꾸시즈까(勅使塚)무덤(길이 75m, 후원부의 직경 45m, 높이 2m), 오즈까(王塚)(전방후원무덤 길이 62m, 후방부의 한 변의 길이 36m, 높이 8m 전방부의 너비 26m, 높이 4m)이 있다.

그 밖에도 도야마평야에는 구례하산 동북쪽에 번신산(番神山)무덤떼와 스가다니(衫谷) 무덤떼(네모퉁이 돌출형 무덤이 나온 것으로 유명하다) 등이 있다.

또 하나의 무덤떼는 오찌가따(彼方)평야에 있다. 거기에 전형적인 고구려무덤들이 집중적으로 분포되어 있다. 그러한 대표적 무덤으로서는 아메노미야(爾之宮)무덤떼, 에조아나무덤, 오로끼 제11호무덤, 가메즈끼(龜塚), 신노즈까(親王塚)가 시마정에 위치, 직경 60m, 높이 15m의 원형무덤),

소산 제1호무덤 도리야(鳥屋)정에 위치:전방후방무덤으로서 길이 52.6m, 후방부는 대모양), 나베야마(鍋山)무덤:가시마정에 위치, 직경 51m의 원형무덤, 돌상자돌널이 나옴), 마도가께무덤(나나오시 미무로정에 있는 원형무덤, 내부의 횡혈식 돌칸은 길이 8.78m, 무덤관의 길이 5.1m, 너비 2.15m, 높이 약2m, 무덤 길의 길이 3.5m이상 너비 1.45m, 높이 1.75m) 리끼노미야무덤(七尾市) 미무로(三室)정의 구릉위에 있는 원형무덤으로서 내부는 횡혈식 돌칸임) 등이 있다. 대표적인 무덤 몇 기를 보면 아래와 같다.

① 아메노미야(雨の宮)무덤떼 (일명 가미나리가미네(雷神峰) 무덤떼)
가시마(녹도(鹿島)군 로꾸세이(六盛)정의 표고 188m의 미죠산(眉丈山)

부근에 분포되어 있다.

② 가메즈까(龜塚)무덤

가시마군(鹿島) 가시마정에 있는 길이 61m의 전반후원무덤이다.

③ 오쯔끼(小槻) 제1호무덤

가시마군 도리야마(조산(鳥山)정이 한 구릉에 있다.

④ 에조아나(蝦夷穴)무덤

가시마군 노또지마종 스소(須曾)의 표고 60m정도의 구릉 경사면에 있다. 직경 30m, 높이 약 4.5m의 원형무덤이라고 하지만 모난 무덤이었던 것 같다고 한다. 무덤에는 남쪽을 향해 2개의 횡혈식 돌칸이 있는데 동쪽 것을 「오스아나(雄穴)」, 서쪽 것을 「메스아나(雌穴)」라고 한다.

동쪽 돌칸은 길이 6.2m, 무덤칸의 길이 2m, 너비 3.25m, 높이 약 2.15m, 무덤길의 길이4.2m, 너비 약 1.2m, 높이 1.25m, 두 날개형의 횡혈식 돌칸이다.

서쪽 돌칸실은 파괴가 아주 심하지만 두 날개식의 J 자형의 평면설계이다. 유물로는 쇠활촉, 쇠칼의 조각, 철제둥근손잡이 큰칼의 자루대가리(鐵丹頭大刀柄頭), 칼마구리(탁(鐸), 스에끼 등이 나왔다. 축조된 시기는 7세기 중엽경으로 추측되고 있다고 한다.

오찌가따(彼方)평야에 전개된 고구려무덤을 개괄하면 다음과 같다.

첫째, 오찌가따평야에 집중되어 있는 무덤들 가운데서 주류를 이루는 것은 고구려식 방분(전방후원무덤 포함)이라는 사실이다. 오찌가따지대의 중추부에 틀고 앉은 무덤가운데서 대개가 방분이거나 방분의 변형인 전방후원무덤이었다. 그 방분은 고구려방분에 계보가 이어진다고 말해야 옳을 것이다.

둘째로 오찌가따평야를 중심으로 하는 노또반도에는 발생기부터 7세기에 이르는 기간에 축조된 무덤들이 면면히 이어져 있다는 사실이다. 발생기의 무덤이라고 하는 오쯔끼 제1호무덤을 비롯하여 아메노미야무덤떼(4~5세기), 에조아나무덤(7세기)등이 면면히 이어져 있다.

셋째로 노또반도에는 방분에는 방분이라는 외형뿐 아니라 내부시설에 이르기까지 고구려적 횡혈식 돌칸무덤이 지배적 자리를 차지한다는 사실이다. 그러한 대표적 무덤이 실례가 바로 에조아나(蝦夷穴)무덤이다.[54]

에조아나무덤에 묻힌 자는 비단 노또반도를 지배한 호족이 아니었음은 쉽게 짐작할 수 있다. 적어도 노또반도를 중심으로 한 주변일대를 타고 앉았던 왕자였을 것이다.

그리고 에조아나의 고구려무덤은 7세기에 돌연히 출현하는 것이 아니라 아메노미 제1호무덤, 제2호무덤, 가메즈까(龜塚)무덤, 인나이(院內)죠꾸시즈까무덤(나나오시에 위치한 방분, 큰 통돌을 써서 만든 횡혈식 돌칸무덤, 6세기 후반기)축조에 이어지는 무덤이다. 계속하여 지명유적과 옛기록을 통해 본 노또반도주변의 고구려유적에 대하여 보기로 한다.

우선 고구려신사에 대하여 보면 일본 중세기에 나오는 도나미군(礪波郡) 다까礪波)군 다까세(高瀨)촌에 있다. 다까세신사는 연희식(신명)에 밝혀진 신사였다. 다까세신사는 일명 고마(고구려)신사라고 한다. 고마신사는『속일본기』[55]와 『일본후기일문』에도 나오는 오래된 신사이다.

---

54 조희승, 상게서, p. 495.

55 『속일본기』(보구11년(780년) 12월 갑진)「甲辰. 越前国丹生郡大虫神. 越中国射水郡二上神. 礪波

또한 다까세신사가 위치한 그 일대의 지명인 「구례하」의 「구례」는 구려
－고구려에서 전화된 말일 것이다.

노또반도의 오찌가따평야에도 역시 고구려에 준한 지명과 신사가 남아
전한다. 가시마군의 북서쪽에 위치한 현재의 아까지마정(:중도정 능등우
사군(中島町 能登羽咋郡)에는 구마기(熊木) 마을이[56] 있다.

구마기는『화명초』에 의하면 히꾸이군 구마기(熊來)향으로서 구마기는
곧 구마(고마 - 고구려)가 왔다(래(來)라는 뜻이다.

구마기와 관련하여 언급해야 할 것은 구마기마을에 있는 「구마가부도
아라가시히고신사」(久麻加夫都阿良加志比古神社이다. 본래 그 신사는
하구이(羽咋)군에 있던 것이다.

쯔누가아라시도(都怒阿羅斯等)와 아라가시히꼬(阿良加志比古)를 제
사지낸다. 그런데 그 신사는 속칭 구마가부도궁(熊甲宮)이라고 불리우는
데서 알 수 있는 바와 같이 구마(고구려)와 아라(阿良)-가야)가 합쳐져서
생긴 이름이다.

그리고 이시까와현과 도야마현의 지경에 있는 구리가라(俱利伽羅)고
개[57]는 가라, 가야에 유래하는 지명이다.

『일본서기』「수인기」에 의하면 가야의 아라시도가 에찌젠(월전(越前)
의 게히(氣比)의 포구(筍飯浦)에 갔다는 것을 전한다. 말하자면 수인통치
시기라는 아주 오랜 시기에 가야사람들이 쯔누가일대에 진출하였는데 그
들은 해류관계로 보아 노또반도에도 진출하였던 것으로 추측하게 된다.

노또반도일대에 있는 가야계통지명은 실지로 그곳에 진출한 가야사람

郡 高瀬神並叙従五位下.」勅左右京」

56 『일본지명대사전』3권, 평범사, 1988, p. 2432.

57 『일본지명대사전』3권, 평범사, 1988, p. 2486.

들이 마을을 이루고 산데서 나온 말이다. 그렇게 말하게 되는 것은 그곳 일대에 지명뿐아니라 실지로 가야사람들을 제사지내는 신사들이 있기 때문이다.

「연희식」에 의하면 후게시고을에는 미마나히꾜(任那彦), 미마나비고(美麻那比古)신사, 미마나히메(任那媛) 미마나북미(美麻那北咩)신사가 있다.[58]

그리고 또 「연희식」 노또국 하구이(羽咋)군 14좌에 있는 「구마가부도아라가시히꾜신사(久麻加夫都阿良加志比古神社)」는 본시 노또국 17좌 가운데 있는 가부도히꾜(加夫刀比古)신사와 아라가시히꾜(阿良加志比古)신사가 합쳐진 사당이었다고 한다.[59]

3~4세기경에 해류관계 등으로 일찍이 노또반도일대에 진출한 가야계 통이주민집단위에 5세기 이후 그곳에 진출한 고구려세력이 타고 앉은 것으로 볼 수 있을 것이다.[60]

5. 고구려 유민들의 정착

668년 고구려 멸망 이후 고구려유민들은 국권회복을 위한 줄기찬 투쟁을 벌려 698년 고구려를 계승한 발해국을 창건하였다. 하지만 고구려 유민들중 일부는 일본으로 갔다. 고구려 유민들은 주로 일본의 서해안을 거쳐 태평양연안 간또지방에 정착하였다.

이미 앞에서 관동지역에서 고구려인의 정착과정을 개략적으로 살펴보

58 『일한고사단』, 도야마보(富山房), 1911, p. 281.

59 『일한고사단』, 상게서

60 조희승, 상게서, p. 497.

앞다, 물론 716년에 취해진 조치가 비단 668년 이후에 정착한 고구려유민들만을 포함한 것은 아닐 것이다.

실례로 고구려 사람들이 뽑은 7개 나라가운데서 가히국에는 고구려에 유래한 고마군(巨麻) 고마이(駒井)촌[61] 등의 오랜 지명이 있을 뿐 아니라 『일본서기』(웅략기)[62]에도 가히의 구로고마(甲斐黑駒) 라는 인물이 나온다. 가히국은 시나노국과 더불어 야마나시(山梨)현의 고원지대에 위치해 있는 명마(名馬)의 생산지였다.

가히국은 시나노국과 더불어 야마나시(山梨)현의 고원지대에 위치해 있는 명마의 생산지였다.

그것은 일찍부터 그 일대에 진출. 정착한 고구려 사람들의 말사육과 관계되었던 것이다. 고마(駒)는 곧 고려(高麗)이며 6세기이후의 고마는 고구려이다. 또한 히다찌(日立)(이바라기현)의 기와라에(瓦曾)촌에 있는 국분사(國分寺)에서 많은 고구려기와가 나오는 것도[63] 거기에 고구려 사람들이 많이 정착한 사실과 관계된다. 앞서 본 716년『속일본기』의 기록에 히따찌국에서도 고구려사람을 뽑았다고 하였다.

무사시(武藏) 고마군의 중심에는 고구려의 왕족으로 자칭하는 고마약광(高麗若光)이 있었다. 고마군의 중심마을은 현재 고마촌이 있는 도꾜도(東京都)의 이리마군 고마향이다. 거기에 '고마신사'에는 본래 그 산하에 21사(社)가 있어서 고마명신(高麗明神)을 고마총사(高麗總社)로 하였

---

61 『일본지명대사전』, 3권, p. 2875 및 p. 2881.

62 『일본서기』「웅략기」(13년 9월)「天皇聞是歌, 反生悔惜, 喟然頹歎曰「幾失人哉. 」乃以赦使, 乘於甲斐黑駒, 馳詣刑所, 止而赦之. 用解徽纆, 復作歌曰, 」〈천황은 노래를 듣고 후회한탄하며 그 사람을 잃을 뻔하였구나. 사면의사자를 갑비의 흑마에 태워 형장으로 달려가게 하여 형을 멈추게 하여 용서하였다. 결박을 풀었다, 다시 노래를 불렀다.〉

63 『일본고대지명사전』2권 , p. 1894

다가 차차 확장되어 총수 40여사로 펴졌다고 한다. 그리고 고마명신은 고마산성천원(高麗山聖天院)에 안치했는데 그 절간은 말사 54를 헤아리게 되었다고 한다.

「고마신사」의 유래는 다음과 같이 전해온다. 「천무천황(673년)때 고구려 약광이 나라의 난리를 피하여 본국(일본)에 왔다. 종5위에 임명되었으며 친족과 신민들이 찾아오는 자가 많았다.

대보 3년(703년) 왕(王)씨 성을 받았다. 영구 2년(716년) 여기에 이주시켜 고마군을 두었다. 약광이 이곳에 옮겨 살고 친척과 신하들이 수많이 같이 살았다. 후에 점차 각지에 흩어져 살면서 땅을 개척하였다..... 약광은 무리들을 잘 다스려 안착시켰으며 후에 그 후예들이 갈라져 나와 여러 가지로 성으로 고쳤다.

하지만 정통을 잇는 것은 의연히 고마(고구려)씨를 칭하였다. 약광이 죽은 다음 맏아들대에 모든 신하족속들이 약광을 제사 지내고 '고마신사'라고 존칭하였다.

드디어 고마신사와 시라가미(白髮)신사를 합치니 고구려 사람들로서 각지에 흩어져 사는 자들이 이것을 나누어 제사(分社)지내었다.」[64]

고마약광이 왕씨 성을 받은 것은 정사의 기록에 명시 되어있다. 『속일본기』(권3 문무 대보 3년(703년) 4월 을미)[65], 고마왕씨의 가문은 대대로 무사시국의 세력가로 있었으며 그들 가운데는 지방장관(국사)으로 되는 자도 있었다.

고구려유민들이 간또평야(도꾜도를 중심으로 한 지방)에 정착하였음은

---

64 『일본고대지명사전』2권, p. 28-79. 『고마촌 및 고마향 유래 및 고마왕 사적』(1981년판) 시라가미신사는 일명 고마대궁(고려대궁)이라고 하며 고구려왕을 제사지낸다. 오늘날까지도 면면히 고구려씨의 후손으로『고마씨계도』라는 족보를 귀중히 간직하고 있다.

65 『속일본기』문무 대보3年(703년)(4月 乙未)「從五位下高麗若光賜王姓.」

고구려귀족의 후손 다까구라아소미(高倉朝臣) 복신(福信)을 보아도 잘 알 수 있다. 복신의 약력에 의하면 무사시국 고마군사람이며 본명은 배나(背奈)라고 하였다.

그의 할아버지인 복덕은 평양성 함락에 관계했다. 복신은 천황이 사는 궁전인 '양매궁'을 지었으며 오미(사가현)와 무사시(도꾜도)의 장관도 하였다. 그는 고마씨를 고쳐 다까구라씨를 칭하게 되었다고 한다.

『속일본기』 (권32)』(보구 4년 2월 임신)[66], 『속일본기(권40)』(연력 8년 10월 을유)[67] 약광과 복신의 내력은 고구려유민들이 무사시벌에 수많이 진출 정착하였음을 보여주는 동시에 높은 기술문화를 가진 고구려유민집단에 의해 그곳 일대가 개척됨으로써 집단의 우두머리들은 원주민들의 존경을 받으면서 큰 세력을 떨칠 수 있었다는 것을 보여준다.

맨 처음 고마약광을 비롯한 고구려유민들은 도꾜만에 들어가 오늘의 히라즈끼(平塚)시와 오이이소(大磯)정 일대에 정착하였다. 그들은 하나미즈(花水)강과 우마이리강(馬入川 오늘의 사가미강)하류유역의 원야를 개척하면서 생활터전을 닦아나갔다.

지금도 거기에는 고마산(高麗山)과 고마산 남쪽의 산기슭에 다까구(高來)신사, 고마신사가 있다. 다까구는 고구려에서 간 말이다. 그것은 고구려유민들의 정착의 자취라고 말할수 있다. 그밖에[도 고마산주변에는 가라가하마, 가라가하라(唐濱:唐原)등 한국에 유래한 지명이 남아 있다.

사가미강중류에 위치한 곳에는 현재 고좌(高座)군이 있다. 그 고을은 지난날 다까구라(高倉)군으로 불리운 고장이다. 그 고장을 다까구라고을

---

66 『속일본기 (권32)』 (보구 4년 2월 임신) 「壬申. 初造宮卿從三位高麗朝臣福信專知造作楊梅宮. 至是宮成. 授其男石麻呂從五位下. ▼是日. 天皇徒居楊梅宮.」

67 『속일본기 (권40)』(연력 8년 10월 을유)「乙酉. 散位從三位高倉朝臣福信薨. 福信武藏國 高麗郡人也. 本姓背奈. 其祖福德属唐將李勣拔平壤城. 來歸國家. 居武藏焉. 福信即福德之孫也.」

로 부른 것은 그곳을 고구려 사람들이 개척하였기 때문이다.

앞서 고마복신이 고마씨를 다까구라씨로 고쳤다는 것을 상기할 필요가 있다. 사가미평야일대에 진출한 고구려유민들은 716년의 조치에 의해 그 일부가 뽑혀 무사시벌의 고마군(현재의 이리마군)에 자리를 옮기게 된 것이다. 이렇게 간또평야일대는 고구려 사람들의 적극적 정착 활동과정에 원야(原野)들이 개척되었다. 물론 7세기 후반기에 간또평야가 처음으로 개척된 것은 아니었다. 이미 간또평야지대에는 현재의 고마에(拍江)시 일대 다마강(多麻川)주변에 고구려계통이주민들이 집중적으로 살면서 그곳 일대를 개척, 개간하였다.

실례로 6세기초 고마에 백총(拍江百塚)이라고 불리는 큰 고분무덤떼가 있었는데 그것은 일찍부터 고구려계통의 무덤떼로 알려져 있다. 거기서 고구려무덤들이 수많이 발견되었으며 특히 가메즈까(龜塚)가 유명하다.

가메즈까는 가부또즈까(兜塚)와 더불어 고마에 무덤떼을 상징하는 대표적 무덤이다. 가메즈까는 말 그대로 거북이모양으로 생긴 무덤인데 다마장을 바라보는 낮은 대지위에 있는 밥조개형의 전방후원분무덤이다. 길이 48m, 후원부의 직경 35.9m, 높이 6.9m 전방부의 너비 15.7m이다.

특히 이 무덤에서 나온 용과 기린, 인물을 나타낸 금동제 모조장식판(毛彫飾坂)은 고구려 사신도를 방불케 하는 아주 우수한 유물이다. 그밖에도 온고리 쇠칼, 쇠활촉, 등자, 말자갈, 행엽, 운주 등 고구려계통의 마구류가 수많이 나왔다.[68]

이렇게 가메즈까를 필두로 한 고마에 무덤떼를 그곳의 지명(高麗)와 결부시켜 볼 때 그곳에 고구려계통의 호족(소국)이 있었던 것으로 생각된다.

---

68 요시가와, 『일본고분의 연구』, 홍문관, 1962, p. 255~256.『일본지명대사전(3권)』, 평범사, 1938, p. 2881.『고마에촌 고분사전』도꾜당 등 참고

7세기 후반기 고구려의 유민들은 그와 같은 고구려적 색채가 짙은 다마강 상류에 집중적으로 정착하여 고마군을 운영하였던 것이다.

VII

맺음말

1. 일본어의 기원과 시대별 인구 구성

1) 일본어의 기원

언어는 말의 실제소리 음운과 말을 만드는 규칙인 문법, 즉 언어구조와 말의 의미를 담은 낱말들이 체계가 서로 유기적인 결합을 이루는 하나의 시스템이다.

말은 세월의 흐름과 함께 생활환경의 변화에 따라 이런 시스템에 변화가 온다. 새로운 변화에 따라 말이 없어지기도 하고 새로운 낱말이 추가되기도 한다.

이런 변화를 가속화시키는 외적요인 중에 이민족의 대량유입에 있다. 일본어는 한반도로부터의 이민, 이는 절대적 영향에 의해 형성된 언어이다. 일본어는 언어계통분류에 의한 분류하여 보면 알타이어 제어인 퉁구스계제어·몽골계제어·터키계 제어 속에 들어 있다. 한국의 어문학자 이기문와 일본의 중진 언어학자 오노신(大野晋)은 '일본어의 조어(祖語)는 부여어(扶餘語)이다.'라고 결론을 내리고 있으며, 일본의 만요가나(萬葉假名)가 백제의 이두 문자를 이용하여 발전하게 되고, 일본고대의 분명한 언어시대는 아스까시대까지 와서 평안조(平安朝:710년) 초기 까지는 백제어가 공용어(公用語)였다고 본다.[1] 그래서 역사에서 '그때 만일'이라는 가정은 무의미하다고 여긴다. 그러나 백강전투이후 한일 두 언어에 나타난 극적인 변화를 두고 '가설설정'의 유혹을 뿌리칠 수 없다. 만일 백제가 승리했다면 한반도와 일본 열도의 언어는 영국과 미국이 영어를 쓰는 것처럼 백제어 중심으로 되었을 것이다.[2] 또한 그때 일본에 최초로 들어간 한자의 음과 뜻은 모두 백제이며, 백제학자가 훈독과 일본의 이두인 만엽문자의 시조입니다, 하지만 고대 한국어는 현 한국어보다 일본어에 가깝다고 한다.[3]

이러한 경향은 백제가 망하고 중국의 수·당과 직접 문화수교를 하게 되면서 더욱 심화되어 진다.[4]

2) 일본인의 인구 구성

세석문화의 일본열도 전파경로에 대한 역사인류학자 가또우 진뻬이(加藤晋平)의 가설로서 일본인의 북방계 종족적 특징의 타당성을 뒷받침하려는 것으로 세석인들이 아래의 경로를 통하여 들어갔을 것이라고 보았다.

- 시베리아→사활린→북해도→혼슈동북지방

---

1 『백두산문명과 한민족의 형성』, 만권당, 2020, p. 549. 언어학 방면에서 한·일언어의 뿌리가 같기에 한·일이 동족이라는 주장이 나타났다. 대표적 논자는 도 데이칸(藤貞幹 :1732~1797) 가나자와 쇼자부로(金澤庄三郎:1872~1967)등이다. 일본의 한민족기원연구는 실상 한·일 민족의 기원에 대한 연구의 의미를 지닌다.

2 김용운, 『한국어는 신라어 일본어는 백제어』, 시사일어사, 2010, p. 342.

3 김용운, 『천황은 백제어로 말한다』, 한얼사, 2009, p. 128.

4 승천석, 『고대동북아시아와 예맥한의 이동』, 책사랑, p. 485~517.

- 연해주 →고려해 →혼슈동북지방

- 연해주 →한반도동해안 →남해안 →북큐슈

　최근의 연구에서 이러한 사실을 더 확실하게 뒷받침해 주고 있다고 한다, 이중 하나가 시베리아와 한반도에 살던 빗살무늬토기인이 BC 4000경부터 고려해(동해)를 건너 일본의 혼슈로 직접 건너갔다는 연구이다.

　그러나 일본인종의 원류에 대한 연구는 일본의 근대화가 시작된 메이지(明治)시대 초기에 일본에 와있던 몇몇 외국인들에 의해 시작되었는데 그들은 메이지정부가 근대화를 추진하면서 초빙되어 온 학자들이었는데 그 중 대표적인 사람으로 독일인 내과 의학박사였던 발츠(Erwin von Bälz:1849~1913)라는 학자였다. 그는 1876~1905년 사이에 일본 동경대학 의학부의 교육·연구 및 진료를 담당하는 교수였다. 그는 본인의 의학 교육보다 일본인종의 원류에 대한 관심이 더 많아 일본 각지 여행하면서 자료를 모아 분석하고 일본인은 대별해서 두 가지 타입의 인류로 분류되는데 하나는 얼굴이 길고 코가 높으며 화사한 체격을 가진 귀족적(貴族的)인 모습의 사람이다. 다른 하나는 이와는 대조적으로 두리뭉실한 얼굴과 낮은 키의 체격이며 넓적한 코를 가진 타입의 사람으로 일반서민층(一般庶民層)에 많이 보이는 사람들이다. 전자는 죠슈(山口縣)사람들중에 많으며 후자는 사쯔마(薩摩), 가고시마(鹿兒島縣) 사람들 중에 많이 보인다.

　"이와 같은 다양한 현상과 지역성의 원인은 기원을 달리하는데 세 종류의 인종이 혼혈을 이루어 성립된데서 비롯되었을 것"이라 말하고 "일본에서 먼저 선주민으로 아이누인이 살고 있었는데 그 후 한반도를 거쳐서 대륙 북방으로부터 몽골계통의 인종들, 만주·한국계 사람들이 도래한 후,

이어서 이번에는 남방을 그 근원으로 하는 사람들, 몽골·말레이시아계 사람들이 구주로 들어가 점차로 퍼져나간 것으로 생각한다."고 하였다.

이것이 바로 '발츠의 혼혈설'이란 것이다. 발츠의 이 가설은 이후 일본인들의 연구에 지대한 영향을 미쳐 이에 자극받은 일본인들의 연구로 도리류조(鳥居龍藏)의 '고유일본설(固有日本說)'·가나세끼다께오(金關丈夫)의 '도래인설(渡來人說)'·스즈끼히사시(鈴木尙)의 '이행설(移行說)'등이 있다.[5]

그리고 자연인류학적 입장에서 본 일본인의 균질한 집단이 아님을 보여준 하니하라 가즈로(埴原和郎)는 '낀기지방은 두형(頭形)에 있어 한국형에 가까운 인상적이다 하였고, 두개골이 다른 지방의 일본인보다 큰 차이를 보이고, 야요이시대의 유적인 도이가하마(土井ヶ濱)는 한반도로부터의 도래인과 혼혈 사람의 유골'이라고 추론하였다.[6]

고대 각 문화기의 인구추정 (자료 :택전양태랑(澤田洋太郎),『야마또국가의 성립의 비밀』)
(출처: 승천석 『고대동북아시아의 여명』 백림 2003, p 262)

연대	승문기	미생기	고분기
BC 7,000년	20,000		
BC 1,000년	73,000		
AD 100년		600,000	
AD 750년			5,400,000

AD 750년경의 도래인과 죠몽인구의 구성비는 「각 자료들과 아래 각 지방의 인구추정 3」을 토대로 일본인 형성의 4개 종족인 '죠몽인+해인계+야요이인+고분인' 등의 구성 비율을 필지가 추정한 것이다.[7]

---

5 승천석, 『고대동북아시아와 예맥한의 이동』, 책사랑, 2011, p. 253.

6 하니하라 가즈로(埴原和郎) 편저, 배기동역 『일본인의 기원』, p. 11~32.

7 승천석, 『고대동북아시아의 여명』, 백림, 2003, p. 265.

일본내 계통별 및 각 지역별 인구 구성비

[※ 시마누키모토히사(島貫基久)의 각 지방의 인구추정 3. 고대일본의 남북방계지방별인구비율로 현대일본인
기준 澤田洋太郎『야마또국가 성립의 비밀』. 승천석,『고대동북아시아의 여명』, p265에서 재인용]

지역	南西諸島	秋田縣	西日本	九州	東日本
남방형	89%	55%	16%	8%	34%
북방형	11%	45%	84%	92%	66%
나량시대죠몽인구			32%	16%	68%

AD 750년 경의 도래인과 죠몽인구 구성비

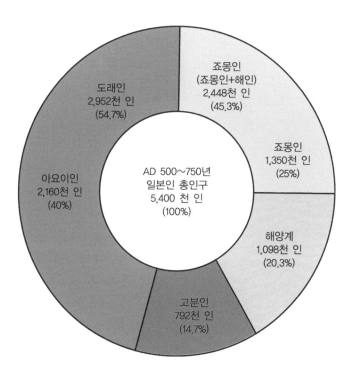

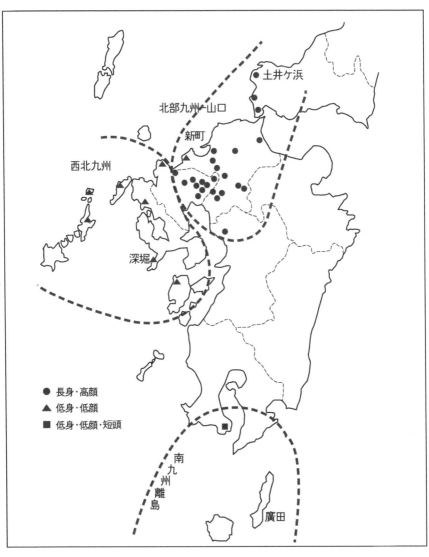

凡例
● 長身·高顔
▲ 低身·低顔
■ 低身·低顔·短頭

土井ケ浜
北部九州~山口
新町
西北九州
深堀
南九州離島
廣田

2. 삼한사국(가야·백제·신라·고구려)의 독립왕국(분국)의 수는 얼마나 될까?

1) 지역별 고분분포 및 유물 출토 현황

일본의 주요지역고분에서 출토된 고분사전에서 가려낸 중요유물이다. 1만기가 넘는 오사까·나라의 고분 수와 도표의 조사 고분 수만을 비교해 보아도 알 수 있듯이 실상의 고분 수에 비해 여기 제시된 발굴조사 묘수는 아주 적은 일부에 지나지 않는다. 그럼에도 이 유물들은 총고분과 함께 그 지역에 삼한 사국계의 독립왕국이 존재했다는 것을 증거하기에 충분한 유물이라고 생각된다.

일본사에 있어 고대 왕권국가가 확립되는 시기는 7세기의 아스까왕조(비조시대)이다.

아래 표에서 보다시피 고대사의 국가형성과정중 고대국가라고 하는 것은 왕권이 확립되고 세습적 군주제가 성립되고 주위의 아직 통합되지 않은 저항세력들을 무력으로 정복해 나갈 수 있는 강력한 군대를 가진 왕권확립이 전제된다. 『일본서기』상의 야마또 대화왕조로 불리는 왕국이 이런 형태의 고대국가가 되는 시기는 대개 서기 6세기 후반이후로 본다.

위의 금동관(金銅冠)·환두대도(環頭大刀 : 고구려검)·기마 무구 등은 원주민인 당시의 야요이인 죠몽인들로서는 꿈에서도 보지 못한 '신기(神器)'들이었을 것이다. 이 보물은 그들을 천신(天神)과 같이 느끼게 하기에 충분한 것이었고, 이들 침입자들이 왕국건설에 성공하였다는 증거는 고총고분의 축조상황으로 알 수 있는 것이다. 「보물」이 묻혀 있는 높다란 전방후원형 무덤이 수대에 걸쳐 축조되었다. 이는 그들이 거기에 왕국을

건설하고 여러 대를 내리 왕노릇을 했다는 증거이다.[8]

일본의 지역별 유물출토현황 (출처: 대총초중(大塚初重)·소림삼랑(小林三郞) 공편『고분사전』)

	조사 고분수	금동관	금동신발	환두대도	동경	마구	벽화
좌하(坐夏), 비전국(肥前國)	11	3	0	0	12	3	2
복강(福岡), 축자국(筑紫國)	49	2	1	10	53	19	10
웅본(熊本), 웅습국(熊襲國)	26	2	1	5	15	9	9
강산(岡山), 길비국(吉備國)	31	0	0	3	30	12	0
경도(京都), 하내국(河內國)	28	1	1	4	72	3	0
대판(大阪), 하내국(河內國)	69	2	1	7	54	16	1
나량(奈良)	77	2	2	11	128	9	1
도근(島根), 출운국(出雲國)	27	3	1	9	14	8	0
장야(長野), 신농국(信濃國)	23	1	0	4	22	11	0
군마(群馬), 상야국(上野國)	41	0	0	4	22	11	0
천엽(千葉), 상총(上總)	9	2	1	2	3	6	0
복정(福井), 월국(越國)	17	2	0	2	8	3	0
회목(栃木)	22	1	-	5	-	8	-
기옥(埼玉)	22			5 명문철대도1		6 마면주1	
천엽(千葉)	39	3		15		13	
합　　계	491	24	9	87	433	138	23

8　승천식, 『백제의「영남공략」실패와 새로운 선택』, 국학자료원, 2007, p. 35~37.

2) 일본 내 거대고분 지방별 분포 현황

앞에서 일본열도 내의 사국(四國)의 지명을 가진 지역명에 의한 일본열도내의 분포가 일본열도의 북해도를 제외하면 전체의 80% 이상을 점하고 있다. 야요이시대부터 이주 정착한 한반도인의 처음 무대가 북구주와 한반도와의 동일 문화권을 형성하였다.

점차적인 신천지를 찾아 세도나이까이 통한 동진의 결과는 고대나 현재의 일본열도의 심장부인 관동과 근기지방이 고대문화의 중심지임이 대형고분의 분포와 일치된 경향을 보이고 있다.

다시 말하면 고대의 대규모의 왕릉은 정치적 권력과 힘의 상징인 전제적인 권력이 수반된 하나의 결과물이다. 대규모의 왕릉의 조성이 가능한 것이다. 일찍부터 역사의 전환 계기에 의해 한반도의 정치적인 변화에 의하여 일본열도로 이주 진출하여 정착하여 그곳에서 문화의 꽃을 피웠다,

고분의 분포를 보면 관동지역과 가와찌에 전체의 78%가 집중되어 있다. 이는 굳이 말하지 않아도 고대일본의 중심에는 한국인의 문화의 전수 이전으로 오늘의 일본을 있게 만들었다. 그러나 한국의 문화의 전수의 보답은 커녕 한국에 대한 일본인들의 영원히 해소되지 않는 한국 기피증과 역사적인 만행에 일관되게 은폐하고 조작된 역사적 실증앞에서 조금의 뉘우침이나 반성이 없는 이웃 일본을 고까운 시선으로 보기에는 너무나 인도적인 양심이 용납되지 않고 그들의 역사적인 실증을 고백하지 않을 이웃을 생각하며 미래의 우리의 나아갈 길에 일본이라는 나라를 우리는 깊이 새겨야 할 것이다.

일본내 각 지방별 대형 고분 분포 현황(기) (자료 :대총초중(大塚初重)·소림삼랑(小林三郎) 공편 고분사전)

계	동북	관동	중부	근기	중국	사국	구주
126+1	2	24+1	7	74	14	1	4
100.0	1.6	19.7	5.5	58.3	11.0	0.8	3.1

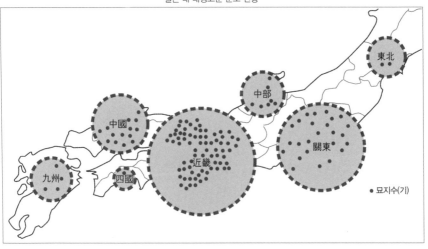

일본 내 대형고분 분포 현황

巨大古墳의 지방별 분포현황

地方	都道府県	300m以上	200-300m	150-200m	120-150m	合　計
東北	宮城県	0 0	0	1	0	1
東北	福島県		0	0	1	1
関東	茨城県	0	0	2	1	3
関東	栃木県	0	0	0	1	1
関東	群馬県[5]	0	1(+1)	4(+1)	8(+1)	13(+1)
関東	埼玉県	0	0	0	3	3
関東	千葉県	0	0	0	4	4
中部	山梨県	0	0	1	1	2
中部	愛知県	0	0	1	0	1
中部	岐阜県	0	0	0	1	1
中部	三重県	0	0	1	2	3
近畿	滋賀県	0	0	1	1	2
近畿	京都府	0	1	3	3	7
近畿	大阪府	4	8	8	8	28
近畿	奈良県	2	18	5	10	35
近畿	兵庫県	0	0	1	3	4
中国	岡山県	1	1	3	8	13
中国	山口県	0	0	0	1	1
四国	香川県	0	0	0	1	1
九州	福岡県	0	0	0	2	2
九州	宮崎県	0	0	2	0	2
合　計		7基	29基(+1)	33基(+1)	59基(+1)	126基(+1)

3) 일본열도 내 사국(가야, 백제, 신라, 고구려)의 분국 수

① 북한학자의 추정

북한학자 조희승은 일본열도내의 한국소국의 수를 아래와 같이 추정하고 있다.[9]

일본열도 내 삼한사국(가야, 백제, 신라, 고구려)의 분국 수

4국별 분국 수	합계	가야	신라	백제	고구려
소국·분국(왕국) 수	58	5	5	34	14

② 본인의 분국수 추정

일본내의 분국수(分國數)는 왜왕(倭王) 무(武)의 상표문(上表文)(478년)을 감안할 때 동, 서, 북쪽의 여러 나라를 무찌르고 영역을 차지하였다 하는 나라 수가 216개국으로 나타나고 있다.

일본열도의 최초의 나라인 사마대국인 비미호(卑彌呼)시대에 구주(九州)지역에 100여국이 있다고 하였다. 또 『삼국지(三國志)』「위서(魏書)」(오환선비동이전(烏丸鮮卑東夷傳)에 보면 마한(馬韓) 54국, 변·진한(弁·辰韓) 각 12국이 있었다.

이 당시의 한 나라의 규모는 대국(大國)은 1만 4~5천 가구이고, 소국(小國)은 수천 6~7백 가구라고 하는 것을. 감안해 보더라도 일본내 대왕급의 왕릉에 비견할 수 있는 왕릉의 규모를 120m이상인 수장급 고분은 독립적이고 절대적인 권력을 갖추고 수개의 소왕국을 거느린 대왕국이었음이 틀림없다.

다시 말하면 이 대왕릉은 소국의 연합체인 수장급 우두머리의 왕국은 최소 3~5개의 소국을 거느리고 있었음을 감안하여 삼한사국의 분국 내지 고분시기의 삼한사국이 차지하는 영역은 일본전역(북해도 제외)을 감

---

9 조희승, 『일본에서 조선소국의형성과 발전』, 백과사전, 1990, p. 528~531.

안할 때 삼한사국의 분국(소국)은 최소한 조사된 대왕릉 수인 125국에서 수장급 대왕릉이 거느린 소국을 고려하여 400여개의 분국이 형성되어 있었을 것으로 추정된다.

4) 분구요소별(墳丘要素別) 국제비교(國際比較)

분구요소별로 분형, 분구의 규모, 주호, 배총, 외부장식 등을 비교해 놓은 표는 아래와 같다.

분구요소별(分區要素別) 국제비교(國際比較)

요소	왜국	신라	가야	백제	고구려
분형(墳形)	전반후원분, 전방후방분, 원분 방분. 조립된 원분	원분, 일부 쌍원분	원분	원분	방분
분구규모 (噴口規模)	최대 525m	최대 120m	10~30m	10~30m	최대 63m
주호(周濠)	일중, 이중, 외제(外堤)	없음	없음	없음	없음
배총(陪塚)	위성형 등	없음	없음	없음	없음
외부의 장식	圓筒埴輪列, 壺形埴輪形, 단축, 즙석(葺石)	기본 없음	기본 없음	기본 없음	기본없음 (적석총이 전통)

3. 맺음말

우리는 앞에서 고대일본의 역사발달과정에 한국이 일본의 문명과 문화를 형성하는 과정에 미친 영향은 절대적이었음을 살펴보았다. 일본열도가 1500년전 야요이시대부터 고분시대를 거치는 과정에 1000년간은 한국인의 손길은 일본열도 문명의 개척과 문화의 창출에 필수적인 시혜에 의한 결과이었다고 해도 과언이 아니다.

　그런데 19세기 말기에서부터 20세기중반까지 7000년 역사속에 씻을 수 없는 기억조차하기 싫은 역사적인 크나큰 치욕의 오점과 명예의 35년간 식민지배로 우리는 건국조인 단군을 잃어버리고 대륙사관에서 반도사관으로 전락, 왜곡과 조작에 의한 우리의 역사관이 이 지경에 이른 까닭을 냉철한 비판과 분석을 통하여 어디에서부터 초래된 원인과 배경에 대한 물음의 답은 무엇인가를 뼈를 깎는 아픔으로 참회하는 마음의 성찰이 필요하다.

　장구한 역사는 단군에서 시작되어 부여를 거쳐 고구려 및 발해로 이어지는 대륙중심의 역사관이 신라시대의 모화사대사상(慕華事大思想)과 고려와 조선시대의 사대주의와 소중화 의식(小中華 意識)같은 중세기적인 집단 정체성이 없는 단적인 말로 표현한다면 5000년의 단군의 자손으로서의 민족적 정체성이 없는 역사관으로 일관되어 오다가 19세기에 와서는 위조되고 조작된 일제의 식민사관에 의해 우리의 역사관은 대륙적인 사관이 반도사관으로 전락하였음에도 해방 된지 75여년이 지나도록 아직도 식민사관과 사대주의 사관에서 헤어나지 못하고 있는 실정이다.

　우리는 간과하지 말아야 할 것은 19세기 일본의 침략 당하게 된 원인을 그 당시의 역사학자들이 분석한 결과는 유학에서 온 것이라는 것을 밝혀냈다. 즉 우리나라는 불교가 들어오면 부처의 니라는 있되 우리의 아(我)의 정체는 없고 유학이 들어오면 유교는 있으나 우리의 아(我)는 없는 사대와 모화사상과 사대로 일관된 무조건적인 몰입과 맹목적으로 추종하는 자성 없는 숭상의 결과이다.

　이제 개개인의 인권으로부터 우러나오는 민주주의 발로에서 새로운 민족적이고 독립적인 실증적인 사실을 통한 정체성(正體性)위에 자각, 자립이 우선한 역사관을 정립함으로서 사대사상이나 모화사상으로 탈피해 지난 십 수 세기 동안 우리는 너무나 자책에 찌 들은 사고와 생각을 벗어나고, 또 지난 30년 여 년간 역사서를 접하고 느낀 점은 참으로 놀라운 일은 인류의 가장 우수한 문화와 시원(始原)의 역사를 지닌 천손족으로 가장 우수한 DNA를 지닌 민족으로서 21세기 이후의 세기에 인류를 이끌어 새로운 세계를 지도하는 나라로 발도둠을 준비해야 할 때이다.

일부에서는 자민족(문화)의 중심주의를 버리고 세계주의와 공존하는 민족주의 추구를 해야 한다면서 한민족의 개별성보다 우선한다는 이야기 하는데 우리는 이를 우선하여 경계를 해야 할 부분이다.

그 존재의 이유를 보편주의(普遍主義)에 두고 있으나 우리는 우리의 역사가 외세에 의해 사대화(事大化)와 모화(慕華)로 왜곡되고 조작되고 굴곡 된 역사가 정립되고 독자적이고 독립된 정체성(正體性)을 지닌 역사관의 확립이 무엇보다도 가장 우선적인 급선무이다.

역사관이 무너지면 민족적인 동질성과 뚜렷한 역사관이 없다면 그 민족은 토인비의 말처럼 인류의 문화속에 사장되어 흔적조차 없이 사라질 것이다. 오랜 역사속에서 가려진 은막을 빗겨내면 이보다도 독특하고 자랑스런 우리의 역사를 보존하는 첫째의 길이 무엇보다도 우선한 정체성 있는 우리의 역사관이 정립된 후에나 가능한 일이라 생각한다.

나는 보았다. 느꼈다. 우리 민족의 장래를 기대해도 좋다는 것을 자라나는 젊은이들에게서 어느 민족, 어느 누구보다도 선지자가 될 것이라고 장담한다. 왜냐하면 우리 젊은이들에게는 인류의 시원의 역사에서부터 잠재된 무한한 창의력과 지금까지의 굴곡 된 역사의식에서 벗어나 어느 나라의 젊은이보다 우선된 생각과 사상의 자유로움이 있으니까. 무궁 무진한 창의적인 발전 말이다.

참고문헌

참고문헌

I. 기본사료

『삼국사기』·『삼국유사』·『삼국지』·『주서』·『송서』·『양서』·『신당서』·『구당서』·『수서』·『후한서』·『책부원귀』·『신동국여지승람』·『일본서기』·『고사기』·『고려도경』·『속일본기』·『속일본후기』·『신찬성씨록』·『풍토기』

II. 저서 논문

1. 고준환
   • 사국시대 신비의 왕국, 우리출판사, 1993

2. 계연수 편저 안경전 역주
   • 환단고기, 상생출판, 2012

3. 김달수
   • 일본속에 살아있는 한국, 1985, 조선일보
   • 일본열도에 흐르는 한국혼
   • 일본속에 살아있는 한국(2), 1995, 대원사
   • 일본속에 살아있는 한국(3), 1995, 대원사

4. 김석형
   • 초기조일관계사(하), 사회과학사, 1988

5. 김성호
   • 비류백제와 일본의 국가기원, 지문사, 1990
   • 일본은 구다라 망명 정권, 기파랑, 2012
   • 씨성으로 본 한일민족의 기원, 푸른숲, 2003

6. 김영권
   • 대가락사(大駕洛史)의 이해, 수서원, 2015

7. 김영덕
  - 백제와 다무로 왜나라들, 글로벌콘텐츠, 2013
  - 왜나라와 백제, 열린출판사, 2006

8. 김용운
- 천황은 백제어로 말한다, 한얼사, 2009
- 천황이 된 백제의 왕자들, 한얼사, 2018
- 한국어는 신라어 일본어는 백제어, 시사일본어사, 2010

9. 김원룡
- 한국고고학개설 일지사, 1992
- 증보 한국문화의 기원, 탐구당, 1984

10. 김인배, 김문배
  - 일본서기 고대어는 한국어, 빛남, 1991
  - 역설의 한일고대사 임나신론, 고려원, 1995
  - 일본 천황가의 한국식 이름연구 신들의 이름, 오늘, 2009.11,

11. 김태식
  - 가야연맹사, 일조각, 1993

12. 문정창
  - 한국고대사, 인간사, 1988
  - 한국사의 연장 일본고대사, 인간사, 1989
  - 백제사, 인간사, 1988

13. 박규태
  - 일본의 신사, 살림, 2017

14. 박영규
  - 백제왕조실록, 웅진지식하우스, 2010

15. 반재원
- 주해 홍사한은, 훈민정흠연구소, 2012

16. 부산대학교 한국민족문화연구소편
- 한국고대사 속의 가야, 혜안, 2013

17. 서정범
- 한국에서 건너간 일본의 신과 언어, 한나라, 1994

18. 손대준
- 고대한일관계사연구, 경기대학술진흥원, 1993

19. 손진기
- 『동북민족원류(東北民族源流)』, 서울 동문선 문예선서, 1992

20. 승천식
- 대백제의 꿈, 국학자료원, 2015
- 백제의 「영남공략」 실패와 새로운 선택, 국학자료원, 2007
- 고대 동북아시아와 예맥한의 이동, 책사랑, 2011
- 고대 동북아시아의 여명, 백림, 2003
- 장외사 곤지와 아스카베 왕국, 책사랑

21. 신채호
- 조선상고사, 비봉, 2014

22. 신형식
- 백제사, 이화여대, 1997

23. 연민수
- 고대 한일관계사, 혜안, 2001

24. 우실하
- 고조선 문명의 기원과 요하문명, 지식산업, 2018
- 동북공정 넘어 요하문명론, 소나무, 2010
- 전통문화의 구성원리, 소나무, 2007, 윤영식

25. 윤영식
- 백제에 의한 왜국 통치 삼백년사, 청암, 2011

26. 이덕일 해역
- 임나일본부해부, 말, 2018
- 리지린의 고조선의 연구, 말, 2018
- 대륙 고조선을 찾아서

27. 이시와타리, 안희탁 옮김
- 백제에서 건너간 일본천황, 지식여행, 2002

28. 이종기
- 가야공주 일본에 가다, 책장, 2006

29. 이진아
- 지구위에서 본 우리역사, 루아크, 2017

30. 인제대 가야문화연구소
- 구야국과 고대 동아시아, 2015

31. 정경희
- 백두산문명과 한민족의 형성, 만권당, 2020

32. 정연규
- 언어속에 투영된 한민족의 고대사, 한국문화사, 2002

33. 정형진
- 문화로 읽어낸 우리고대사, 위즈북스, 2017

34. 조원영
- 가야 그 끝나지 않은 신화, 혜안, 2008

35. 조희승
- 초기조일관계사(상), 사회과학사, 1988
- 조선단대사 2, 과학백과사전, 1996
- 일본에서 조선소국의 형성과 발전, 백과사전, 1990

36. 최성규
- 일본왕가의 뿌리는 가야왕족, 을지서적, 1993

37. 최재석

- 일본고대사연구비판, 일지사, 1991
- 백제의 대화왜와 일본화과정, 일지사, 1991
- 통일신라·발해와 일본의 관계, 일지사, 1993
- 고대한일불교관계사, 일지사, 1998
- 고대한국과 일본열도, 일지사, 2000
- 고대한일관계와 일본서기, 일지사, 2001
- 고대한일관계사연구비판, 일지사, 2010

38. 하니하라 가즈로 편저 배기동역

- 일본인의 기원, 학연문화사, 1992

39. 황순종

- 임나일본부는 없었다, 만권당, 2016

찾아보기

찾아보기